KB263250

정신분석 입문

돋을새김 푸른책장 시리즈 **015**

정신분석 입문 [개정판]

초판 2009년 11월 16일
개정 1쇄 2015년 7월 25일
큰글자책 1쇄 발행 2020년 06월 30일

지 은 이 지그문트 프로이트
펴 낸 이 최석진
편집디자인 안수진
기획위원 이헌석
제 작 처 돋을새김
주 소 서울시 종로구 이화동 27-2 부광빌딩 402호
전 화 02-745-1854~5
팩 스 02-745-1856
전자우편 doduls@naver.com

공급 및 판매처

제 작 엔드디자인, 아르텍, 월드페이퍼, 경문제책
주 문 한국출판협동조합 kbook.asia 플랫폼
전 화 070-7119-1791, 070-7119-1789
팩 스 02-716-6769

ISBN 978-89-6167-273-3 (03180)
정가 35,000원

*본 도서는 한국출판협동조합(kbook.asia)을 통해서만 구입이 가능합니다.

*이 책의 출판권은 돋을새김과 한국출판협동조합(kbook.asia)에 있습니다.
*저작권자와 출판사로부터 권리를 위임 받은 한국출판협동조합의 서면 동의 없는 무단 전재 및 복제를 금합니다.

큰글자책

*본 로고는 문화체육관광부/한국도서관협회의 사용 허락을 받았습니다.
*본 도서는 <큰글자책 유통 활성화 사업> 일환으로 출판사, 한국출판협동조합(kbook.asia), 제작처가 공동으로 협력해 제작합니다.

돋을새김
푸른책장
시 리 즈
0 1 5

정신분석 입문

프로이트 | 최석진 편역

돋을새김

사람들이 편협한 윤리적 잣대를 포기하기만 한다면
인간 본성 속에 있는 악과 선의 관계에 대한
더욱 공정한 공식을 발견하게 될 겁니다.

지그문트 프로이트, 1895년

프로이트의 대가족 사진, 1876년

Internationaler Psychoanalytischer Verlag
Wien, VII., Andreasgasse 3

SIGM. FREUD
GESAMMELTE SCHRIFTEN

Elf Bände in Lexikonformat, auf holzfreiem Papier

Preis des Gesamtwerkes für	Brosch.	Ganzleinen (englisch. Leinen)	Halbleder (englisch. Schweinsl.)	Ganzleder (handgeb. Saffian)
Deutschland in Goldmark	180'–	220'–	280'–	080'–
Oesterreich, Ungarn, Balkan, Polen u. Lettland in öst. K	2,400.000	3,000'000	4,000.000	9,000.000
England in Pfund	10.–.–	12.–.–	10.–.–	35.–.–
alle anderen europ. Länder in Schweizer Franken	225'–	275'–	350'–	550'–
außereurop. Länder in Dollar	45'–	55'–	70'–	170'–

Die Bände IV., V., VII. und VIII. erscheinen im Mai 1924, die anderen bis Ende 1925

빈에 있는 국제정신분석 출판사에서 출간한 『지그문트 프로이트 저작 선집』. 백과사전식으로 11권으로 구성되어 있다. 1924~25년

여가생활로 작은 조각상과 골동품을 모으던 프로이트에 대한 신문 기사. 대략 3,000여 개를 모았다고 한다. 1937년

Sammeln als Ersatzbefriedigung

[illegible]mund Freud war ein [illegible]ssionierter Sammler [illegible]n kleinen Statuen und [illegible]ntiken. In der Wiener [illegible]erggasse 19, wo der [illegible]sychoanalytiker lebte, [illegible]ind jetzt Dutzende seiner [illegible]000 Objekte ausgestellt.

[illegible] Guido Kalberer, Wien

[illegible]

Umgeben von seinen Antiquitäten: Sigmund Freud, 1937.

BBC 엔지니어와 녹음 중인 프로이트, 1938년

집무 중인 프로이트

모리츠 폰 슈빈트, 〈죄수의 꿈〉, 1916년, 『정신분석 입문』에 실렸던 삽화

차례

제3부 신경증에 관한 일반 이론

정신분석이란

정신분석은 프로이트가 시작한 정신과 치료 방법 중 하나이다. 쉽게 말하면 사람의 마음이 어떻게 작용하는지 이해하는 하나의 방법이다. 정신분석가가 환자와 대화를 통하여 그의 마음을 이해하고, 이것을 환자에게 알려주어 자신의 문제를 해결하도록 돕는 것이다.

정신분석에는 크게 두 가지 가정이 있다. 첫째는 한 사람이 현재 어떤 행동을 하는 것은 우연이 아니라, 과거에 겪었던 여러 가지 경험에 의한 것이라는 것이다. 둘째는 과거의 사건과 현재의 행동, 사고, 감정 등을 연결시킬 때 우리가 느낄 수 있는 '의식'으로는 잘 설명할 수 없지만, 우리가 잘 모르고 있는 '무의식'으로는 설명하기 쉽다는 것이다. 이 의식은 빙산의 일각처럼 드러난 부분일 뿐이며, 무의식이 훨씬 더 큰 부분을 차지하고 있다는 것이다.

환자가 갖고 있는 여러 가지 문제가 과거와 관련 있다는 확신이 들면, 분석가는 환자가 생각나거나 느끼는 것을 자유롭게 얘기하도록(자유연상) 하여 그의 무의식을 탐구하기 시작한다. 그러나 무의식의 내용이 보통은 가볍고 편하지 않기 때문에 분석 도중에도 환자는 '저항'하며 자신의 무의식을 마주하지 않으려 한다. 환자는 저항하면서 옛것 또는 정신 질환 속에 안주하려 하기 때문에 치료를 지속적이고 성실하게 해 나가야 한다.

환자는 자신이 정말 원하는 '무의식적 소망'을 이룰 수 없을 경우, 그 소망의 대상을 다른 것으로 바꾸기도 하는데 이를 '전이'라고 한다. 정신분석은 이것들을 찾아내고, 무의식이 아닌 의식에서 자신이 정말 원하는 것을 인정하고, 포기해야 할 것을 받아들이게 하는 과정이다. 정신분석은 사회가 강요하는 의무나 가치보다는 자신의 내면(특히 성적인 면에서)에 충실하기를 권하는데, 이것이 아마도 이 이론이 전개될 당시 보수적인 사회계층의 심기를 불편하게 한 것 같다.

정신분석을 통해 무의식을 다 알게 되었다고 해서, 모든 문제가 해결되는 것은 아니다. 어떤 깨달음을 실제로 행동으로 옮기는 것이 쉽지 않으며 때로는 오랜 시간이 걸리는 것과 같다. 다만 분석가는 환자를 이해하고 이를 바탕으로 환자 스스로 자신을 이해하도록 돕는다. 즉, 환자가 자신을 인정하고 인생의 어려움에 대처할 수 있도록 자아의 힘을 길러주고자 한다.

프로이트의 주요 이론과 개념들

| 치료 이론 |

자유연상 free association 프로이트가 신경증 환자를 치료하던 정신분석의 한 방법이다. 환자에게 떠오르는 생각을 자유롭게 말하도록 한 다음 심리적 변화를 추적, 숨겨진 환자의 저항 심리를 밝혀냄으로써 이를 극복하고 치유하도록 하였다. 생각나는 대로 말하도록 한 후 어떤 부분에서 막히고 갈등하는지를 관찰하면서 환자의 상태를 알 수 있다는 것이다. 이 방법에서 특히 중요한 것은 환자가 모든 것을 다 말하도록 하는 것이다. 필요 없다거나 창피하다고 해서 빠뜨려서는 안 된다. 선택과 해석은 분석자의 일이다.

꿈의 해석 interpretation of dreams 프로이트는 신경증 환자의 꿈을 해석함으로써 치료에 이를 수 있다고 보았다. 꿈은 무의식적인 욕망이 표출된 것이므로 아무 의미 없이 뒤죽박죽인 것처럼 보이는 꿈이라도 연구해 보면 그런 식으로 꿈이 왜곡된 원인이 분명히 있다는 것이다. 꿈은 분명한 정신 활동이며, 낮 동안 의식 세계에서는 드러나지 않았던, 숨겨져 있는 무의식적 충동이 일정한 과정을 거쳐 드러나는 현상으로 보았다. 다시 말해 자유연상을 통해 환자의 꿈을 해석해 보면 대부분의 꿈은 욕구의 표현인데, 이 욕구는 무의식적이고 성욕과 관련 있기 때문에 그대로 표현되지 못하고 자아의 검열을 거쳐 왜곡, 변형되어 나타난다. 그러므로 꿈을 분석해 보면 무의식적 욕구를 확인할 수 있다는 것이다.

전이 transference 욕구는 대상을 선택할 때 어떤 장애가 생길 경우, 새로운 대상을 선택한다. 그 대상으로도 본능적 욕구가 채워지지 않을 경우, 또 다른 대상을 찾아 나선다. 이와 같이 본능의 원동력인 에너지는 언제나 그대로 남아 있으며, 이 욕구를 충족시킬 대상이 마땅치 않을 경우 그 대상을 바꾸는 것을 전이라 한다.

| 성격 이론 |

리비도 libido 생의 본능인 관능적 에너지를 말한다. 이 에너지는 생물학적이나 물리 · 화학적인 것이 아닌 정신적 에너지이며, 인간 활동의 전 영역에서 표출되지만 특히 성적 활동에서 많이 표출된다. 따라서 리비도의 핵심을 성적 에너지라 하는 것이다. 이 리비도가 자기 자신의 내부로 표출되는 것을 '자기애narcissism'라 하고, 유아기의 애정 대상에 계속 머물러 있는 것을 '고착fixation'이라 하며, 과거에 지향했던 대상으로 되돌아가 애정을 나타내는 것을 '퇴행regression', 또 이런 에너지가 억제당하는 것을 '억압repression', 이타적으로 다른 고차원적인 대상을 향하는 것을 '승화sublimation'라 한다.

이드 id 이드는 완전히 무의식적이며, 모든 리비도의 원천이고, 여러 선천적 본능의 원천이다. 비논리적이고 비도덕적이며 동물적이고 맹목적으로 오로지 쾌락만을 추구할 뿐이다.

자아 ego 이드는 스스로의 만족을 위해서 외부 세계와 투쟁하는데, 이때 맹목적으로 쾌락만 추구하므로 현실과 적절히 조화를 이루도록 자아가 등장한다. 자아는 이드를 의식적으로 통제하고 적절한 방향으로 돌려놓아 현실적인 충족을 추구하게 한다. 자아의 일부는 의식적이며 또 일부는 무의식적인 것이다. 자아는 현실 원리에 충실하므로 현실에 대한 인식 과정, 즉 합리적이고 지각적인 기능이 중요한 역할이다.

초자아 superego 사회의 도덕이나 금기, 그리고 부모에게 받은 도덕 교육을 토대로 형성된다. 초자아의 기능은 이드와 자아를 비판하여 사회규범에 맞는 생활을 해 나가게 하는 데 있다. 특히 성 문제나 공격 본능을 억제하는 데 큰 역할을 한다.

| 정신의 영역 |

의식 consciousness 우리가 알거나 느낄 수 있는 모든 경험과 감각을 말한다. 우리가 무언가를 의식한다고 해도 그것은 아주 잠깐일 뿐이며, 시간이 지나거나 주의를 딴 데로 돌리면 그 의식 내용은 전의식이나 무의식으로 들어가 잠재해 있다.

전의식 preconsciousness 바로 의식되지는 않으나 우리가 조금만 노력하면 의식할 수 있는 경험이나 기억이다. 전의식은 의식과 무의식 사이에 있는 문지기로, 무의식의 내용이 전의식으로 나타나고 그 다음에 의식이 될 수 있다.

무의식 unconsciousness 전의식과 달리 전혀 의식되지 않지만, 인간 정신의 가장 크고 깊은 심층에 잠재해 있으면서 의식적 사고와 행동을 통제한다. 의식에 의해 억압되는 체험이나 생각이 무의식 속으로 들어가 큰 영향력을 행사한다. 이런 잠재된 경험들이 어떤 충동이나 일과 연상되어 나타나면 불안을 느끼며, 다시 밀려나 무의식적 갈등이 된다. 프로이트는 처음에는 최면술을 통해 이런 무의식적 갈등을 치료하려 했으나, 나중에는 무의식을 의식화하는 자유연상 기법을 사용하였다. 이렇게 함으로써 그는 무의식을 증명할 수 있다고 주장했다.

| 발달 이론 |

1. 구강기 유아가 입을 통해 쾌락을 얻는 1세까지를 말한다. 처음에는 음식을 빨아 먹는 데서 쾌감을 느끼지만 나중에는 이빨이 나기 때문에 깨무는 것을 통해 쾌감을 느낀다. 이 시기의 전반기에는 유일한 접촉 대상인 어머니에 대한 애정만이 존재한다. 그런데 후반기에 젖을 떼게 되므로 욕구불만을 느껴 어머니에게 우호적인 동시에 적대적이며 파괴적 경향을 보인다.

2. 항문기 대변을 가리는 훈련이 시작되는 1세 또는 1세 반에서 3세까지를 말한다. 유아는 대변을 불결하다고 느끼지 않는다. 그리고 배변 훈련 때 어머니에게 칭찬을 듣기 때문에 대변을 아주 소중한 것으로 여기고, 변을 어머니에게 주는 선물로 여기기도 한다. 이 시기의 전반기에는 대변을 배설할 때 쾌감을 느끼고, 후반기에는 배설을 미루고 있을 때 쾌감을 느낀다고 본다.

3. 남근기 3세부터 6세까지 유아가 자신의 성기를 만지고 주무르는 데서 쾌감을 느끼는 시기를 말한다. 리비도가 성기 부위에 집중되어 있기 때문에 그러하다고 본다. 그래서 이 나이가 되면 성기에 관심이 많아지고, 자위가 잦아지며, 또 이성과의 신체 접촉을 즐긴다고 한다.

4. 잠재기 6세부터 12, 13세까지를 말한다. 이 시기의 리비도가 지향하는 대상은 친구, 특히 동성 친구이다. 그래서 이 시기에 아동은 친구관계에 몰두한다. 부모에 대한 성적 관심은 애정 · 존경으로 바뀌지만 동일시의 대상은 친구이므로 친구에게 큰 영향을 받는다. 이 시기는 큰 문제없이 지나는 것이 특징이다.

5. 생식기 사춘기에 시작한다. 마지막 발달 단계인 생식기에는 급격한 신체적 성장, 즉 생식기(生殖器)의 발달과 더불어 호르몬의 변화가 찾아온다. 오랫동안 휴면하던 리비도가 성기에 집중되면서, 청소년은 이성에 대한 관심과 함께 성행위를 추구하기 시작한다. 이 시기에는 특히 성 역할에 대한 정체성도 생긴다.

⋮ 일러두기 ⋮

1. 이 책은 프로이트의 『A General Introduction to Psychoanalysis』(Boni & Liveright Publishers, 1920)를 기본 텍스트로 삼아 편역했다.

2. 원서는 처음부터 한 권으로 만들어졌던 것은 아니며 1915년에서 1916년에 걸쳐 빈 대학에서, 정신분석과는 무관한 일반인과 의과대학생들을 상대로 강의한 내용을 1917년에 책으로 묶어 출판한 것이다.

3. 원서의 스물일곱 번째 강의 '전이'는 다른 장(스물여섯 번째 강의)에서 설명이 되고 있으며, 전체적인 이해에 크게 방해가 되지 않으므로 생략하였다. 원서는 스물여덟 개 강의로 구성되어 있으나 이 책은 스물일곱 개 강의이다.

4. 12쪽 '정신분석이란'은 한국정신분석학회의 홈페이지(www.freud.or.kr/info)를 참조했다.

제1부

실수 행위의 심리

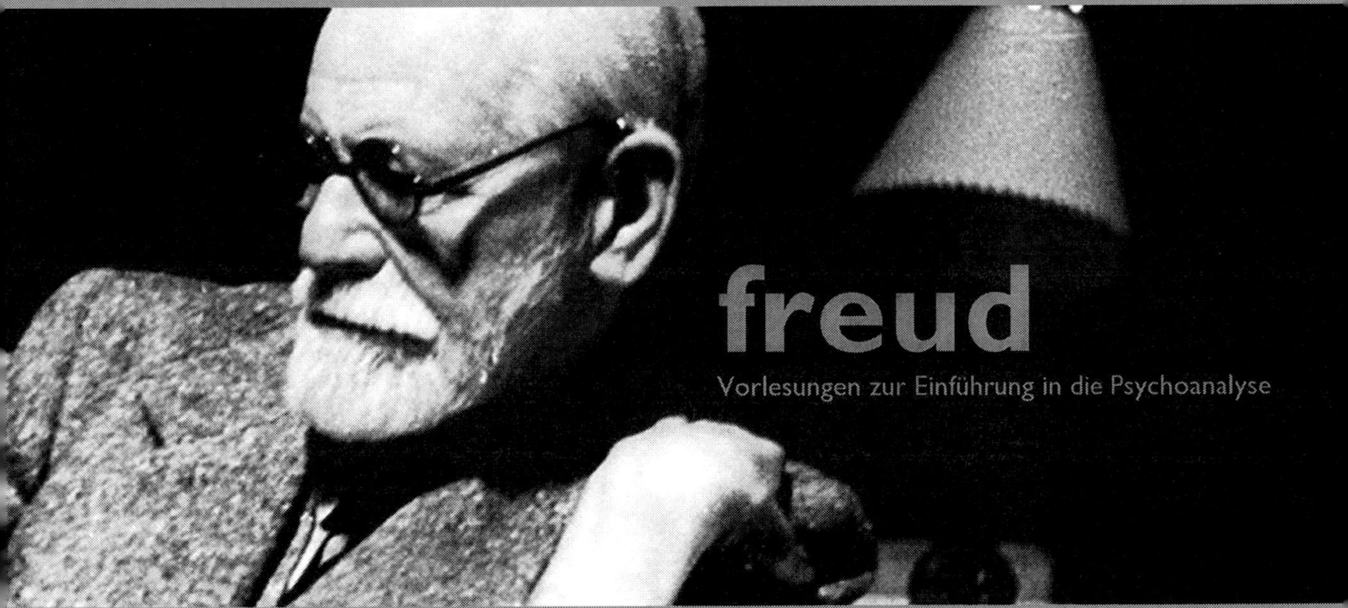

첫 번째 강의 소개

나는 여러분이 '정신분석'에 대해 어느 정도까지 알고 있는지 모릅니다. 그러나 어쩔 수 없이 '정신분석 입문'이라는 이 강의의 제목에 걸맞게, 여러분이 이 주제에 대해 아무것도 모르고 있으며 예비지식이 필요하다는 가정 아래 강의를 진행하려 합니다. 그렇다 해도 정신분석이 신경증 환자를 의학적으로 다루는 방법이라는 것쯤은 알고 있다고 가정해야겠지요.

먼저 정신분석에서는 의학에서 일반적으로 사용하고 있는 것과는 완전히 반대되는 치료 과정을 거친다는 것을 말씀드려야 할 것 같습니다. 통상적으로는 환자에게 생소한 치료법을 적용하려 할 때, 그 과정에 수반되는 불만을 최소화하면서 그 치료의 결과에 대해 확실한 기대를 갖도록 합니다. 그러나 신경증 환자를 정신분석적 방법으로 치료할 때는 다릅니다. 우선 이 방법이 많은 시간과 노력과 희생이 뒤따르는, 쉽지 않은 과정이라는 것을 환자에게 알려줍니다. 또한 치료가 반드시 성공하는 것도 아니며, 오로지 환자의 태도와 이해, 그리고 적응력과 끈기에 따라 달라진다는 것도 말해 줍니다. 물론, 이처럼 별난 방법을 사용하는 데에는 충분한 이유가 있지만, 여러분은 아마 이 강의의 후반부에 가서야 그 이유를 파악할 수 있을 겁니다.

그러므로 당분간은 여러분을 신경증 환자처럼 다룬다 해도 불쾌하게 생각하지는 말아주십시오. 솔직히 말해, 이 강의를 듣기 위해 다시 오지는 말라고 여러분을 설득하고 싶습니다. 나를 통해 정신분석에 관한 불완전한 지식이나마 얻어가는 것은 매우 어려운 일이며, 이 분야에 대해 여러분이 독자적인 판단을 내리는 것 또한 결코 쉽지 않기 때문입니다. 또한 그동안 받아온 교육과 기존의 사고방식은 정신분석을 쉽사리 받아들이지 못하도록 만들 것이며, 그러한 본능적인 거부감을 억누르는 일 또한 쉽지 않다는 것도 알게 될 것입니다.

여러분이 이 강의를 듣고 어느 정도까지 이해할지는 모르겠지만 한 가지 분명한 것은 현재로선 정신분석적 방법으로 진단하거나 치료할 수 없다는 사실입니다. 더 나아가 정신분석에 대한 개괄적인 지식만으로는 부족하다고 느껴 이것을 직업으로 선택하려는 분이 있다면 단념할 것을 권하겠습니다. 현재의 여건에서 정신분석을 직업으로 선택하는 것은 자신이 이룰 수 있는 학문적 성공을 스스로 포기하는 것이며, 개업의(開業醫)로 나선다 해도 사회에서 인정받기는커녕 불신과 적개심만을 불러일으키게 될 것이 분명합니다.

그러한 불편부당함에도 불구하고, 언제나 새로운 지식을 갈구하고 또 그것을 얻기 위해 고통을 감수하려는 사람들은 있기 마련입니다. 저의 간곡한 만류를 물리치고 다음번 강의에도 참석하는 분이 있다면, 반갑게 맞이할 것입니다. 그러나 여러분 모두에게 지금까지 언급한 정신분석의 어려움들이 구체적으로 어떤 것인지를 알아야 할 권리는 있습니다.

무엇보다 먼저, 정신분석을 가르치고 상세히 설명하는 데 따르는 근본적인 어려움이 있습니다. 여러분은 의학 교육을 받을 때, 눈으로 직접 보며 학습하는 것에 익숙해져 있습니다. 해부 표본(標本)이나 화학반응에 의한 침전물, 신경 자극에 의한 근육의 수축 등을 눈으로 직접 확인합니다. 또 환자를 직접 살펴보면서 병의 증상과 진행 과정도 관찰합니다. 외과에서는 수술 과정을 견학하고 또 직접 수술에 참여할 수도 있습니다. 정신의학 분야에서는 적어도 환자의 표정 변화와 말과 행동을 관찰하여 판단합니다.

그러나 불행하게도 정신분석에서는 사정이 전혀 다릅니다. 정신분석 치료에서는 환자와 의사가 주고받는 말 외에는 아무것도 없습니다. 환자는 과거의 경험을 말하고, 현재의 생각과 불만을 털어놓고, 자신이 바라는 것과 감정을 솔직히 드러냅니다. 의사는 그런 이야기를 들어주고 환자의 사고(思考)를 이끌어가면서 기억을 환기시키고, 특정한 경로를 따라 집중하도록 만듭니다. 또한 환자에게 설명을 해 준 후에 그것에 대한 이해나 거부감과 같은 반응을 관찰합니다.

영화에서 보았던 것처럼 눈으로 확인할 수 있는 명확한 치료만을 알고 있는 환자의 가족들은 종종, "단순한 이야기를 통해 어떻게 병을 고칠 수 있다는 거야?"라며 의구심을 드러냅니다. 그러나 이러한 의심은 앞뒤가 맞지 않는 근시안적인 생각입니다. 그들은 환자가 '단순히 상상만으로' 생긴 병을 앓고 있다고 확신하는 사람들이기 때문입니다.

언어는 본질적으로 마술 같은 것이었으며, 오늘날에도 과거의 마술적 효력을 풍부하게 지니고 있습니다. 우리는 언어를 통해 다른 사람을 축복할 수도, 절망에 빠뜨릴 수도 있습니다. 언어는 감동을 유발시키고 인간 상호간에 영향을 주고받도록 합니다. 그러므로 정신요법에서 언어를 사용하는 것을 과소평가해서는 안 되며, 혹시 의사와 환자 사이의 대화를 듣게 된다면 매우 만족스럽게 생각해야 할 것입니다.

하지만 그들의 대화를 듣는 것은 불가능합니다. 정신분석 요법에서는 다른 사람이 대화에 참여하는 것은 허용되지 않으며, 공개적으로 시연될 수도 없기 때문입니다. 분석에 필요한 대화는 환자와 의사가 정서적으로 공감을 나누는 순간에만 이루어질 수 있으므로, 관계없는 사람이 한 명이라도 있다면 환자는 입을 열지 않을 것입니다. 이런 대화들은 환자의 가장 내밀한 정신생활과 관련된 것이며, 독립적인 개인으로서 사회생활을 하기 위해 감추어야 하는 모든 것들을 포함하고 있고, 또한 통일되고 조화로운 인격체로서 스스로도 받아들이고 싶지 않은 내용을 담고 있기 때문입니다.

그러므로 정신분석 치료 과정을 지켜보는 것은 불가능하며, 다만 그 과정에 관한 이야기를 전해 들을 수 있을 뿐입니다. 엄격히 말하자면 전해 들은 이야기를 통해서만 정신분석을 배울 수 있다는 것입니다. 간접적인 방법으로 배워야 한다는 것 때문에 여러분은 어떤 판단을 내리는 데 있어 매우 낯선 입장에 처하게 됩니다. 정신분석과 관련된 모든 것은 가르치는 사람을 얼마나 신뢰하느냐에 달려 있기 때문입니다.

지금 여러분이 정신분석이 아닌 역사 강의를 듣고 있으며, 강사가 알렉산더 대왕의 업적에 대해 설명하고 있다고 상상해 보십시오. 여러분이 그의 이야기를 진실하다고 믿는 이유는 무엇일까요? 겉보기에 역사가는 정신분석가보다 불리한 조건을 갖고 있는 것처럼 보입니다. 역사가는 여러분들과 마찬가지로 알렉산더 대왕의 원정에 직접 참가해 보지 못했지만, 적어도 정신분석가는 자신이 일정한 역할을 맡아 수행했던 치료 과정에 대해 여러분에게 설명하는 것이기 때문이지요. 그러나 여러분은 강사가 제시하는 여러 가지 역사서 속의 기록이나 지금까지 보존되어 있는 유물 등을 검토하여 확인해 볼 수 있습니다.

 그리고 엄격히 말해 이러한 모든 사료는 알렉산더가 실재했다고 믿었던 사람들이 작성한 것일 뿐이라는 새로운 의구심으로 그 강의를 전적으로 믿을 수는 없다고 생각하더라도, 강연장을 박차고 떠나지는 않습니다. 다음과 같은 두 가지 상황을 고려해 그러한 판단을 내리는 것이지요. 첫째는 그 강사가 그 자신도 믿지 않는 사실을 진실이라고 말할 만한 합당한 동기가 없다는 것이며, 둘째는 모든 역사서들이 알렉산더 대왕의 업적에 대해 거의 동일한 내용을 전하고 있기 때문입니다.

그러므로 여러분은 당연히 이런 의문을 품게 됩니다.

"(역사처럼) 객관적으로 입증할 수도 없고, 그 과정을 예시할 수도 없다면, 어떻게 정신분석을 배우고 또 주장의 진실성을 확신할 수 있을까?"

사실 정신분석을 공부하는 것은 쉽지 않으며, 충분하게 배운 사람도 많지 않습니다. 그럼에도 불구하고 가능한 방법은 있습니다. 무엇보다 먼저 자신의 성격 분석을 통해 자기 자신을 연구하는 것으로부터 시작할 수 있습니다. 일반적으로 자기 관찰이라 부르는 것과 같지는 않지만, 아쉬운 대로 그렇게 정의할 수는 있을 것입니다. 몇 가지 정신분석 기술을 배우고 나면, 자기 자신을 분석하는 데 주된 재료로 삼을 수 있는 매우 일반적이며 널리 알려진 심리적 현상들이 많이 있습니다. 이 방법을 통해 정신분석에서 설명하는 사건의 실체나 정확한 기본 개념에 대한 확신을 얻을 수 있습니다. 그렇다 해도 이 방법에 분명한 한계가 있기는 합니다. 만약 유능한 분석가에게 자신에 대한 분석을 맡긴다면, 그 결과를 통해 더 많은 것을 배울 수 있으며, 동시에 그것이 분석 과정에 필요한 더욱 세련되고 상세한 기술들을 익힐 수 있는 기회가 되기도 합니다.

정신분석에 입문하면서 겪게 되는 두 번째 어려움은 정신분석학 자체가 아니라, 지금까지 의학 공부를 해 온 여러분에게 그 원인이 있다고 말해야만 할 것 같군요. 그동안 여러분이 익혀온 학습방법은 분명 여러분을 정신분석으로부터 멀어지게 만드는 걸림돌이 됩니다. 여러분은 신체기관의 기능이나 장애를 해부학적으로 분류하고, 화학과 물리학의 관점으로 규명하고, 생물학적으로 이해하도록 훈련받았지만, 놀라울 만큼 복잡한 활동이 왕성하게 이루어지고 있는 심리에는 관심을 가져본 적이 없습니다. 바로 이런 이유 때문에 심리학적 사고가 낯설게만 느껴지는 것이며, 의심을 품고 과학이라고 받아들이기를 거부하면서 이 분야를 문외한이나 시인, 자연 철학자(과학자) 그리고 신비주의자들에게 떠넘겨버리는 것입니다. 일상적인 인간관계가 그렇듯 환자는 무엇보다 심리적 특성을 먼저 드러내 보일 것이므로, 이 같은 한계 설정은 분명 여러분의 의료 행위에 해를 끼칠 것입니다. 그로 인해 여러분이 확보하기 위해 노력하는 치료 영역의 일부를 어쩔 수 없이 돌팔이 의사나 엉터리 자연요법 치료사 그리고 신비주의자에게 떠넘겨 주게 될 수도 있을 것입니다.

물론, 여러분이 지금까지 받아온 교육에 결함이 있었다는 것을 간과하는 것은 아닙니다. 거기에는 의료를 위해 실용적으로 활용할 수 있는 철학적 치료 기술이 전혀 없습니다. 학교에서 가르치는 사변 철학이나 기술(記述)심리학, 감각기관의 생리학과 결합된 이른바 실험심리학도 정신과 육체의 관계에 관한 유용한 정보를 제공하지 못하고 있으며, 심리 기능에 일어날 수 있는 장애들을 이해하는 데 필요한 실마리를 주지 않습니다. 사실, 의학 분야인 정신의학에서 정신 장애의 여러 유형을 설명하고 이를 임상적 증상으로 분류하고는 있지만 정신의학자 스스로도 이처럼 단순한 기록을 과학이라고 부를 수 있을 것인지 의심하고 있습니다. 이러한 증상들의 원인이나 심리 과정 또는 그것들의 상호관계에 대해서도 알려진 것이 전혀 없습니다. 또한 증상들에 부합하는 해부학적 정신기관의 변화들도 발견되지 않으며, 있다 해도 증상을 규명하는 데에는 아무런 소용도 없습니다. 그러한 정신 장애는 다른 신체기관에 발생한 질병의 이차적인 증상으로 인식될 때만 치료의 대상이 될 뿐입니다.

정신분석은 바로 이렇게 비어 있는 틈새를 채우려는 것입니다. 정신의학이 다루지 않는 심리학적 기반을 제공하고, 신체 질환과 정신 장애 사이의 연관관계를 풀 수 있는 일반적인 근거를 찾고자 하는 것입니다. 이런 목적을 위해 정신분석과는 이질적인 모든 해부학적 · 화학적 · 생리학적 가설에서 벗어나야만 합니다. 정신분석은 온전히 심리학적 가설만을 근거로 연구되어야 하는데, 이 점 때문에 여러분이 더욱 낯설어할까 봐 염려스럽습니다.

세 번째 어려움은 여러분이 이미 갖추고 있는 의학 지식이나 편견이 아닌 세상의 반감과 관련된 것입니다. 정신분석적 주장은 두 가지 면에서 사람들의 적개심을 불러일으킵니다. 그중 하나는 사람들의 지적 편견을 자극하기 때문에 발생하는 것이며, 다른 하나는 도덕적 · 심미적 편견을 흔들기 때문에 발생하는 것입니다.

사람들이 거부감을 보이는 정신분석적 주장 가운데 첫째는, 정신 과정 자체가 무의식적 과정이며 의식적인 것은 전체 정신 활동에서 벗어난 독자적인 것이거나 그 일부분에 불과하다는 것입니다. 하지만 우리는 일반적으로 정신과 의식을 동일한 것으로 간주합니다. 의식을 정신 활동의 두드러진 특징으로 파악하는 심리학은 바로 이런 의식의 내용을 다루는 과학으로 알려져 있습니다. 이러한 관점은 너무나 당연한 것처럼 받아들여지고 있어, 이와 반대되는 주장은 전혀 이치에 맞지 않는 것으로 간주됩니다.

하지만 정신분석은 이런 반박을 피해 가지는 않습니다. 다시 말해 정신분석은 의식적인 것과 정신적인 것이 동일하다고 인정하지 않습니다. 정신 과정을 느끼고 생각하고 의지를 품는 본질적 과정이라 정의할 수는 있지만, 그것에 무의식적 사고나 의지가 내재되어 있는 것도 분명한 사실입니다. 이런 주장 때문에 정신분석은 완고한 과학주의자들의 지지를 받지 못한 채, 어두운 골방에서나 연구해야 하는 신비주의적 학문 정도로 대접받고 있습니다. '정신적인 것은 의식적인 것이다.'라는 추상적 명제가 선입관에 불과하다는 제 주장에 여러분은 아직 선뜻 동의할 수 없을 것입니다. 정신 활동이 의식적인 것과 동일한가? 아니면 의식적인 것 바깥에까지 뻗어 있는가? 이런 물음은 공허한 논쟁처럼 보이지만 저는 무의식적 정신 과정을 받아들이는 것이 세상과 과학의 결정적인 새 지평을 여는 것임을 확신하고 있습니다.

이러한 정신분석의 대담한 주장과 다음에 언급할 두 번째 주장 사이에 얼마나 밀접한 관련이 있는지 아직은 이해할 수 없을 것입니다. 정신분석이 발견한 이 명제는 바로, 넓은 의미에서나 좁은 의미에서나 성적(性的)일 수밖에 없는 욕구충동(欲求衝動)이 신경증이나 정신병을 유발하는 데 중요한 역할을 하고 있다는 것입니다. 더 나아가 이 성적 충동이 인간 정신의 최고의 구현이라 할 문화적 · 예술적 · 사회적 창조에 이바지해 왔다는 것입니다.

정신분석의 이러한 결론에 대한 거부감이 정신분석이 마주치는 저항의 가장 중대한 원인이라고 생각합니다. 문명이란, 본능 충족을 포기하고 생존 경쟁에서 살아남기 위해 애쓰면서 만들어진 것이며, 공동체의 새로운 일원이 된 개인이 공동의 이익을 위해 본능 충족을 희생함으로써, 끊임없이 재창조되는 것이라고 우리는 믿고 있습니다. 이러한 본능적 충동 중에서도 성적 본능이 가장 중요한 역할을 합니다. 이처럼 성본능은 본래의 성적 목표에서 성적인 것이 아닌 사회적으로 중요시되는 다른 방향으로 목표를 바꾸어 승화됩니다. 그러나 이런 토대는 불안정하며 성욕은 억누르기 어려운 것이므로 승화된 활동에 참여한 개인은 그것에 역행하는 반항적인 성적 충동을 드러낼 수 있습니다.

사회의 관점에서는 이러한 성욕이 그 본성을 드러내는 것처럼 두려운 위협은 없을 것입니다. 따라서 사회를 유지하기 위해 억압해야 할 이 본능이 부각되는 것을 싫어하는 것입니다. 따라서 사회는 성본능의 위력을 인식하고 개인적 성생활의 중요성을 부각시키는 데에는 아무런 관심을 보이지 않는 것입니다. 오히려 성 문제에 대한 주의를 다른 곳으로 돌리려는 교육을 해 왔습니다.

사회는 정신분석이 성본능의 본질을 드러내는 것을 용납하지 않으면서, 불쾌하고 도덕적으로 위험한 것으로 낙인찍으려 합니다. 그러나 이런 반대는 과학적 연구의 객관적 결과에 대한 정당한 반박이 아닙니다. '싫은 것은 옳은 것이 아니다.'라는 통상적인 인식에 비추어보면, 사회가 본래는 감정적이지만 겉으로는 논리적인 척하며 정신분석의 시도 자체를 무력화하려는 것은 어쩌면 당연한 일입니다.

그러나 이러한 온갖 반대에도 불구하고 우리는 주장을 굽히지 않을 것입니다. 심혈을 기울인 우리의 연구 결과가 인정받기를 바랄 뿐입니다.

이상이 여러분이 정신분석을 배우려 할 때 마주치게 되는 어려움들입니다. 이것으로 첫 강의를 마치면서, 여러분이 그다지 어렵지 않다고 느낀다면 다음 강의를 계속하도록 하겠습니다.

두 번째 강의 실수 행위의 심리

두 번째 강의는 한 가지 연구 사례로 시작하겠습니다. 이 연구의 대상은 잘 드러나진 않지만 우리 주변에서 흔히 일어나는 일입니다. 그것은 바로 질병이 없는 보통 사람들도 범하곤 하는 '실수 행위'입니다. 실수 행위란 엉뚱한 말을 하거나 의도한 것과는 전혀 다른 무언가를 글로 쓰는 것과 같은 행위로, 본인이 알아차릴 수도 있고 알아차리지 못할 수도 있습니다. 또 책을 틀리게 읽거나 남의 말을 잘못 알아듣는 경우도 포함되는데, 물론 감각기관의 고장으로 일어나는 현상과는 다른 문제입니다.

비슷한 현상으로 익숙한 이름이 생각나지 않거나, 해야 할 일을 잊어버리는 것과 같이 '깜빡' 하는 경우가 있습니다. 이러한 예는 어딘가에 보관해 둔 물건을 다시 찾지 못하는 경우처럼 일시적인 현상과는 약간 다릅니다. 이는 망각의 일종으로 다른 예에서 볼 수 있는 것과는 달리 스스로 놀라고 짜증 내는 반응을 보이기도 합니다. 이 현상은 착각과 관련 있으며, 한동안 사실이라고 믿었던 것이 사실이 아님을 알게 되는 것으로, 이와 비슷한 현상들이 다양한 형태로 나타납니다.

이러한 현상들은 내면적으로 모두 깊은 관련이 있습니다. 이들을 지칭하는 독일어에는 모두 'ver'라는 같은 접두어가 붙는데 이 접두어가 붙은 단어들은 '하찮은 것, 일시적인 것, 생활에 큰 의미가 없는 것들'을 가리키므로 이런 현상에 별다른 관심을 두지 않게 됩니다.

이런 현상을 잘 살펴봐야 한다고 하면 여러분은 그다지 탐탁해하지 않을 것입니다. "정신 활동의 세계는 물론 외부 세계에도 수수께끼 같은 중요한 일들이 얼마나 많고, 정신 장애의 분야만 해도 풀지 못한 숙제들이 산더미 같은데 왜 그런 하찮은 일에 매달려야 하는 거지?"라며 반문할 것입니다. 저의 대답은 이렇습니다. "잠깐만 기다려주십시오. 아직은 저를 비난할 때가 아닙니다." 솔직히 정신분석가들이 사소한 일에 매달리지 않았다고 말할 수는 없습니다. 오히려 다른 학문에서 하찮다고 취급하는, 현상 세계에서 버려진 것들을 관찰의 대상으로 삼고 있습니다.

하지만 혹시 문제의 크기와 눈에 보이는 증상을 혼동하는 건 아닐까요? 대단한 의미가 있는 중요한 것들도 때로는 시간과 조건에 따라 아주 미미한 증상만을 나타내기도 합니다. 그런 실례는 얼마든지 찾아볼 수 있습니다. 예컨대, 어느 여성의 사랑을 받고 있는 젊은이라면, 아주 미세한 증상만으로도 그것을 알아차릴 수 있습니다. 굳이 사랑의 고백이나 열렬한 포옹이 없다 해도 짐작할 수 있습니다. 남들이 모르는 대수롭지 않은 몸짓이나 눈길만으로도 알아차릴 수 있습니다.

그러므로 아주 작은 실마리일지라도 무시해서는 안 됩니다. 사소한 징후일지라도 중대한 사건을 푸는 결정적인 실마리가 될 수 있습니다. 물론 현실 세계나 과학이 다루고 있는 중대한 문제들의 중요성을 부정하는 것은 아닙니다. 그러나 이러한 문제들은 막연히 연구하겠다는 마음만 먹어서는 아무런 진전도 이룰 수 없습니다. 대단한 결심을 했다 해도 도대체 어디서부터 시작해야 할지 막연할 뿐입니다. 과학적 연구에서는 연구 방법이 명백한, 가까운 곳에 있는 것부터 시작해야 합니다. 터무니없는 가정이나 선입견에 사로잡히지 않고 차근차근 연구해 나가면 처음에는 보잘것없어 보이는 것도 중대한 문제와 관련이 있을 수 있으며, 아주 사소한 문제를 통해 중대한 문제를 해결하는 실마리를 찾을 수도 있습니다.

평소에는 정확하게 말하는 사람도 ①기분이 안 좋거나 피로할 때, ②흥분했을 때, ③다른 일에 정신이 팔려 있을 때는 실수를 하곤 합니다. 사실 피곤하거나, 머리가 아프거나, 편두통이 일어나려 할 때 말실수는 빈번히 일어납니다. 고유명사 등을 잊는 것도 같은 경우이며, 고유명사가 생각나지 않아서 편두통이 곧 생길 것을 감지하는 사람도 있습니다. 흥분했을 때는 단어뿐 아니라 물건에 대해서도 혼동을 일으켜 정상적인 행동을 못하기도 합니다. 또 정신이 엉뚱한 곳에 팔려 있을 때는 하려던 일도 잊게 되고, 생각지도 못한 일을 저지르기도 합니다.

『플리겐데 블레터(Fliegende Blätter)』라는 풍자만화에 등장하는 교수에게서 이러한 예를 확인할 수 있습니다. 그는 자신의 다음 책에서 다룰 문제에 온통 정신을 쏟다가 엉뚱한 모자를 쓰고 외출합니다. 이처럼 어떤 일에 정신이 팔려 있을 때, 일정한 생각이나 약속 등을 잊게 되는 것은 우리 모두 흔히 경험하는 것입니다.

이러한 경우는 너무 잘 알려져 있어 별다른 관심을 끌지 못하기도 합니다. 그러나 실수 행위는 좀 더 주의해서 관찰해야 하는데, 이런 현상이 일어나기 위한 조건이 모두 다 비슷한 것이 아니기 때문입니다. 몸이 아픈 것이나 순환기 장애 등은 정상적인 기능을 방해하는 생리적 근거가 됩니다. 흥분과 피로, 그리고 주의력 결핍은 정신생리학적(Psycho-Physiological)인, 또 다른 종류의 조건입니다.

주의력 결핍이나 일반적 흥분 상태뿐 아니라 피로 역시 주의력을 분산시켜 집중을 방해합니다. 사소한 병에 걸리거나 중추신경기관에서 혈액이 평소와 다르게 공급되어도 같은 결과를 일으켜 주의력이 올바르게 집중되지 못하도록 영향을 미칩니다. 그러므로 어떤 경우에나, 실수 행위는 신체적 요인이든 심리적 요소 때문이든 주의력이 결핍되어 나타난 문제인 것입니다.

하지만 이런 것들은 정신분석 연구에 별다른 도움이 되지 않는 것처럼 보이며, 심지어는 연구를 그만두고 싶은 생각이 들게 만들 정도입니다. 그러나 좀 더 파고들면 실수 행위가 모두 주의력 결핍 이론만으로는 설명될 수 없다는 것을 분명히 알 수 있습니다. 이러한 실수나 망각은 피곤하거나 흥분하지도 않은 정상적인 상태에서도 일어납니다. 사실 성공적인 행위는 주의력 강화에 의해 보증되고, 주의력 약화에 의해 위협받는다고 단정할 수 있을 정도로 단순한 문제가 아닙니다. 극히 적은 주의력만으로도 수많은 행위들을 자동적이고도 성공적으로 처리할 수 있기 때문입니다. 우리는 걷고 있는 장소가 어딘지 모른다 해도, 방황하지 않고 목적지에 도달할 수 있습니다. 적어도 이것은 깨지지 않는 법칙입니다.

숙달된 피아니스트는 크게 주의를 기울이지 않아도 건반을 정확히 누릅니다. 물론 실수로 잘못 누르는 경우도 있겠지만, 기계적인 연주가 실수할 가능성을 높인다면 많이 연습해서 완전히 기계적으로 피아노를 칠 수 있게 된 사람일수록 오히려 더 많은 실수를 하게 된다는 이야기가 됩니다. 이와는 반대로 특별히 주의를 기울이지 않을 때 성공적으로 수행되는 일들이 더 많으며, 정확하게 하려고 안간힘을 쓰는 순간 실수가 발생한다는 것을 우리는 잘 알고 있습니다. 이것을 '흥분'의 결과라고 말할 수도 있지만, 흥분이 왜 그처럼 바라는 목적을 이루는 데 필요한 집중력을 강화시킬 수 없는지 이해할 수는 없습니다. 중요한 연설에서 실수로 자신이 하려는 말과 정반대되는 말을 할 때, 그것은 정신생리학적 이론이나 주의력 이론만으로는 설명되지 않습니다.

이 외에도 종래의 이론으로는 설명할 수 없는 실수 행위와 관련된 부차적 현상들을 많이 제시할 수 있습니다. 예를 들면, 누군가의 이름을 깜빡 잊었을 때 안간힘을 써서 어떻게든 기억해 내려고 집중하지만 성공하지 못합니다. 애를 쓰는데도 왜 그처럼 입안에서 뱅뱅 돌기만 하고, 누가 말해 주기만 하면 금방 떠오르는 그것을 생각해 낼 수 없는 것일까요?

또 다른 예로 실수들이 겹치고 뒤죽박죽되거나 뒤바뀌는 경우도 있습니다. 처음에는 약속을 까맣게 잊었다가 다음번에는 잊지 않겠다고 굳게 다짐하지만, 이번에는 약속 날짜나 시간을 틀리게 기억하는 실수를 저지르는 것입니다. 또는 잊어버린 단어를 우회적으로 생각나게 하려다 첫 번째 단어를 떠오르게 해 줄 두 번째 단어와 첫 번째 단어의 연관성마저 잊어버리는 경우입니다. 그래서 이 두 번째 단어를 떠올리려 하면 세 번째 단어를 잊어버리는 식으로 그것이 계속 이어집니다. 식자공들의 오식(誤植)이 이와 비슷한 방식으로 발생한다는 사실은 널리 알려진 이야기입니다. 이런 지속적인 착오가 사회민주당계의 신문에서 발생한 적이 있었습니다.

어떤 축제에 관한 기사에서 "참석하신 분들 중에는 옥수수 태자(Kornprinz)도 계셨다."라고 써놓고 그 신문은 다음날 사과문과 함께 "옥수수 태자(Kornprinz)는 당연히 혹부리 태자(Knorprinz)를 오식한 것입니다."라는 정정 기사를 낸 것입니다.[Kronprinz(황태자)를 연달아 잘못 쓴 것이다. – 역주] 우리는 이런 일들을 '식자기의 악마 짓'이라거나 '식자기의 장난'이라고 얘기하는데, 적어도 이러한 오식이 정신생리학과는 무관한 것이라고 간주합니다.

'말실수'는 이른바 암시에 의해 발생합니다. 언젠가 '오를레앙의 처녀'라는 연극에서 어떤 풋내기 배우가 "원수께서는 칼을 돌려보냈습니다(Connetable schicktsein Schwert zurck)."라는 대사를 "마부가 말을 도로 보내왔습니다(Komfortabel schicktsein Pferd zurck)."라고 읊었다고 합니다. 그것은 잔뜩 긴장해서 연습 중인 그를 놀리기 위해 옆에 있던 선배 연기자가 "마부가 말을 도로 보내왔습니다."라는 대사를 반복해서 중얼거렸기 때문이라고 합니다. 실수해서는 안 된다는 지적을 자주 받으면서 너무 주의한 나머지 그렇게 된 것입니다.

이런 실수 행위들의 세세한 특성들은 주의력 결핍 때문이라는 이론으로는 잘 해명되지 않습니다. 그렇다고 이것이 틀린 이론이라고 단정 지을 수도 없지만, 뭔가 보완이 필요한 건 사실입니다. 그러나 다양한 실수 행위 그 자체를 또 다른 측면으로 생각해 볼 수도 있습니다.

우리의 목적에 가장 잘 부합하는 실수 행위인 '말실수'를 추적해 봅시다. 물론 잘못 쓰는 경우나 잘못 읽는 경우도 마찬가지입니다. 그리고 여기에서 분명히 해 둘 것은, 지금까지는 언제 어떤 조건에서 말이 잘못 나오느냐에 대해서만 의문을 가졌고 그에 대한 해답만을 얻으려 했다는 사실입니다. 하지만 눈을 돌려, 왜 그런 특이한 말실수 외에 다른 실수는 하지 않는가, 그리고 그 실수의 효과는 무엇일까에 대해 생각해 볼 수 있습니다. 이 질문에 답하지 못하고 그런 실수에서 얻을 수 있는 효과를 설명하지 못한다면, 생리학적으로는 설명될 수 있는 것이 심리학적인 측면에서는 우연한 실수로 남게 된다는 점을 분명히 깨달아야 합니다.

말실수를 할 때, 수천 개의 단어들 중 유독 어느 하나만 엉뚱한 단어로 바꾸어 말하게 됩니다. 이 수많은 가능성 중에 하필이면 어떤 한 가지에서만 실수하도록 유도하는 뭔가가 있는 걸까요? 아니면 단순히 우발적이고 임의적인 것에 지나지 않기 때문에 이 문제에 관한 합리적 해결점이 없는 걸까요?

1895년 언어학자 메링어(Meringer)와 정신의학자 마이어(Mayer)는 이런 말실수를 규명해 보려고 했습니다. 이들은 많은 실례들을 모아 순전히 기술적(記述的)인 관점에서 연구했습니다. 물론 그들이 뚜렷한 설명을 내놓지는 못했지만 하나의 길잡이가 된 것만은 사실입니다. 그들은 의도했던 어떤 구절이 말실수를 거치면서 왜곡되는 현상을 혼동, 선발음(先發音), 후발음(後發音), 혼합, 대치 등으로 구분했습니다. 그들이 밝힌 실례들은 이렇습니다.

어떤 사람이 "밀로의 비너스(the Venus of Milo)"라 할 것을 "비너스의 밀로(the Milo of Venus)"라고 했다면 이는 단어 배열의 '혼동'에 해당합니다. 후발음의 경우는, "여러분, 선생님의 행복을 위해 축배를 듭시다(Ich fordere Sie 'auf, auf' das Wohl unseres Chefs 'anzustoßen')"라고 할 것을 그 전에 두 번이나 나온 'auf'라는 발음 때문에 "여러분, 선생님의 행복을 위해 트림을 합시다(aufzustoßen)."라는 식으로 앞의 발음이 뒤의 단어에 영향을 미친 경우를 말합니다. 여기에서 제시한 말실수의 예들은 그렇게 흔하게 일어나는 것은 아닙니다. 이보다는 축약이나 혼합의 형태로 잘못 말하는 경우가 훨씬 더 많습니다. 거리에서 한 청년이 숙녀에게 다음과 같이 말을 거는 경우를 생각해 봅시다. 청년은 "제가 동행해도 될까요?"라고 할 것을 "제가 동욕해도 될까요?(Wenn Sie gestatten, mein Fräulein, mchte ich Sie gerne 'begleit-digen'?)"라고 말하는 경우인데, 혼합된 말을 보면 'begleiten(동행하다)'이라는 단어 속에 'beleidigen(모욕하다)'라는 의미가 숨어 있음을 부인할 수 없습니다. 그 청년은 아마 자기 뜻대로 하지 못했을 겁니다.

이 두 학자의 설명 방식은 매우 불충분한 것입니다. 그들은 한 단어의 소리와 음절은 더 높은 값을 지닌 음의 영향을 받는다고 주장했는데, 그다지 흔하지 않은 선발음이나 후발음의 경우에 근거하고 있습니다. 하지만 이런 발음 선호 현상이 있다 해도 말실수의 다른 현상들과는 아무런 관련이 없습니다. 제일 흔한 현상은 어떤 말 대신에 그것과 아주 '유사한 다른 말'을 하는 말실수입니다. 예컨대, 어떤 교수가 취임 인사에서 "본인은 존경하는 전임자의 공적을 치하할 자격이 있다고 생각하지 않습니다(nicht geeignet)."라고 할 것을 "공적을 치하하고 싶지 않습니다(nicht geneigt)."라고 한 경우입니다.

말실수 중 가장 일반적이고 두드러진 현상은 '의도와는 정반대의 말'을 하는 것입니다. 그 이유에 대해서는 음운 관계나 유사성의 특질보다는 반대 어구가 더욱 강한 유사성을 띠면서, 심리적 연상 작용 속에서 특별히 가깝게 놓여 있기 때문이라는 설명이 가능합니다. 언젠가 국회의장이 개회사를 다음처럼 했습니다.

"여러분, 본인은 의원 여러분의 출석을 확인하고…… 이에 폐회(geschlossen)를 선언하는 바입니다."

사람들은 자연스럽게 다른 연상이 떠오를 때 반대 개념의 실수만큼이나 쉽게 함정에 빠집니다. 헬름홀츠(H. Helmholtz) 집안과 산업 재벌인 지멘스(W. Simens) 집안의 자녀 결혼식에서 축사를 맡게 된 생리학자 뒤 부아 레몽(Du Bois-Reymond)은 축사를 다음과 같이 마무리했습니다.

"새로운 '지멘스-할스케' 만세!"

할스케란 오랜 전통을 자랑하는 회사의 이름이고, 베를린 사람들이 두 회사의 이름을 합성해서 부르는 것은 빈 사람들이 '리델-보이텔'을 합성해서 부르는 것처럼 매우 자연스러운 일이었을 겁니다.

지금까지 말실수가 일어나는 일반적 조건을 검토하고 무엇이 이런 왜곡에 영향을 미치는지 알아보았습니다. 하지만 말실수가 일어나는 것과 관계없이 말실수의 영향 그 자체에 대해서는 아직 살펴보지 않았습니다. 말실수도 스스로 목적을 갖고 그것을 이루고자 하는, 그 자체가 완전히 유효한 심리적 행위로서, 내용과 의미를 지닌 행동 표현으로 볼 수 있습니다. 실수라 할지라도 완전히 '정상적인' 행위가 기대하거나 의도했던 다른 행위들을 대신해서 일어난 것뿐입니다.

실수 행위 그 자체가 의미를 함축하고 있다는 주장에 대해 이론의 여지가 없는 경우가 있습니다. 앞의 예에서 국회의장은, 회의를 열어봤자 좋은 결과를 기대할 수 없다는 것을 확신한 나머지 회의를 당장에 '폐회'하고 싶었을 겁니다. 어떤 사람이 상대방을 치켜세우기 위해 "이 멋있는 새 모자는 당신이 직접 골라 쓴 것인가요?"라고 물었을 때, 그 말에 "이 모자는 전혀 어울리지 않는군요."라는 의도가 숨겨져 있다 해도 아무도 반론을 제기하지 못할 겁니다. 또 기가 드센 어떤 부인이, "내 남편이 의사에게 '어떤 음식을 먹으면 좋겠냐?'고 물었더니 의사가 별다른 식이요법은 필요 없고 '내'가 원하는 것은 뭐든지 먹어도 좋다고 했다네요."라고 했답니다. 결국 이런 식의 말실수는 일관된 자기 생각의 명백한 표현으로 받아들여집니다.

말실수는 단지 몇 가지의 경우에만 의미를 갖는 것이 아니라 대부분의 경우에 의미가 있습니다. 따라서 이런 실수를 연구할 때 모든 생리학적 또는 정신생리학적 요소를 제거하고 실수의 의도에 대해 철저히 심리학적으로 연구할 필요가 있는 것입니다.

세 번째 강의

실수 행위의 심리(계속)

지난번 강의를 통해 우리는 실수 행위의 '본래 의도'보다는 실수 행위 그 자체만 알아보았습니다. 그리고 때로는 실수 행위가 고유한 의미를 나타내는 경우도 있다는 것을 알게 되었습니다. 실수 행위 그 자체가 의미를 지니고 있다는 것이 폭넓게 입증되면, 그 의미가 중요한 것이지 실수가 일어나는 조건은 그다지 관심거리가 되지 못합니다.

지난번 제시한 '말실수'의 예에서 의미나 의도의 여러 범주를 찾아볼 수 있습니다. 여기서 주의할 점은 우선 잘못 말하는 현상 그 자체에만 주목하자는 것입니다. 그중 특히 의도와는 '정반대의 말'을 하는 경우가 있습니다. "폐회를 선언하는 바입니다."라는 국회의장의 개회사가 그것입니다. 그는 분명히 폐회를 갈망하고 있었을 겁니다. 혹자는 '의장은 폐회가 아닌 개회를 하려 했으며, 그런 사실은 의장 스스로 증명해 줄 수도 있는 것 아닌가?'라며 저를 공박할지도 모릅니다. 하지만 그것은 우리가 실수 행위를 그 자체만으로 살펴보자고 동의했다는 것을 잊은 지적입니다. 실수 행위로 인해 방해받은 의도와 실수 행위의 관계는 나중에 다시 살펴볼 것입니다.

의도와 정반대되는 말이 나오지 않았다 해도 그 말실수에서 반대되는 의미가 드러나는 경우가 있습니다. "본인은 전임자의 공적을 치하하고 싶지 않습니다(nicht geneigt)."에서 '~을 하고 싶다(geneigt).'라는 말은 '~을 하는 데 자격이 있다(geeignet).'라는 말의 반대어는 아닙니다. 하지만 그것은 연설자가 그 상황에 잘 대처하기 위해 기울인 노력과 반대되는 무언가가 분명히 있었다는 점을 드러내기에 충분합니다.

원래 의도에 단순히 다른 의미를 첨가하는 경우도 있습니다. 두 번째 강의에서 거론했던 기가 센 어떤 부인의 "의사가 내 남편은 '내'가 원하는 것은 뭐든지 먹어도 좋다고 했다네요."라는 말은 마치 "내 남편은 자기가 좋아하는 것은 먹을 수 있지요. 하지만 좋고 싫고가 어디 있겠어요. 내가 좋아하면 남편이 좋아하는 것이지요."라는 뜻으로 들립니다.

한편, 실수가 그 의미를 스스로 드러내는 이 같은 경우들과는 반대로 말실수 그 자체에서는 아무런 의미도 찾을 수 없어 우리의 기대를 저버리는 경우도 있습니다. 고유명사를 뒤바꾼다거나 사용되지 않은 음절의 연결을 시도하는 경우가 이에 해당합니다. 그러나 이런 경우들도 자세히 연구해 보면 왜곡 현상의 이유를 알 수 있습니다. 요컨대, 이처럼 모호한 경우와 앞에서 거론한 명확한 경우들 사이에는 큰 차이가 없다는 것입니다.

기르고 있는 말이 건강한지 묻는 질문에 주인이, "네, 그것은 '계슬……' 아니 한 달 정도 더 계속될 것 같은데요(Ja das draut……Das dauert vielleicht noch einen Monat.)."라고 했습니다. 그에게 원래 하고 싶었던 말을 물었더니, 그는 '그것은 정말 슬픈 일(das sei eine 'traurige' Geschichte)'이라고 생각했지만 '계속되다(dauert)'와 '슬픈(traurig)'이라는 두 단어가 결합되어 'draut'라는 이상한 단어가 튀어나왔다고 대답했습니다.

잘 모르는 숙녀와 동행하려 했던 청년이 '동욕(begleit-digen)'이라고 했던 말을 상기해 봅시다. 그 청년에게 확인하지 않고도 우리는 'begleiten(동행하다)'과 'beleidigen(모욕하다)'의 두 가지 의미를 분리해 냈습니다. 이처럼 말실수라고 명확히 규명할 수 없는 경우들도 '충돌', 즉 두 개의 다른 의도가 간섭된 것으로 설명할 수 있다는 것을 알게 되었습니다. 어떤 것들은 정반대의 말을 잘못하는 경우처럼 하나의 의도가 다른 의도를 완전히 대치합니다. 하지만 또 어떤 것들은 단순한 왜곡이나 수정일 뿐, 그 자체로는 말하려는 의도가 뒤섞이는 뒤섞임 현상이 일어난다는 것 외에는 차이가 없습니다.

우리는 이제 말실수에 숨어 있는 많은 비밀을 찾아냈습니다. 이

대로 해 나간다면 신비에 싸여 있는 다른 사례들도 이해할 수 있게 될 것입니다. 예를 들어 이름을 왜곡할 때는 비슷하거나 상이한 두 개의 이름이 서로 경쟁했다고 할 수는 없습니다. 하지만 이런 경우에도 두 번째 의도를 알아내는 것은 어렵지 않습니다.

이름을 잘못 부르는 것은 말실수만큼 자주 일어나지는 않지만, 경멸을 나타내기 위해 이상하게 들리게 하거나 하찮은 것을 연상하도록 만드는 것은 흔히 있는 일입니다. 매우 거칠고 역겨운 예를 하나 들어보자면, 프랑스 대통령이었던 'Poincaré(푸앵카레)'를 'Schweinskarré(돼지갈비)'로 바꾸어 불렀던 경우가 있습니다. 이름의 왜곡이라는 말실수에는 어떤 경멸의 의도가 숨어 있다는 것을 알 수 있습니다.

우습고 황당한 결과를 가져오는 말실수에서도 우리는 비슷한 해석을 내릴 수 있습니다. "여러분, 선생님의 행복을 위해 트림을 합시다."라는 말이 불쑥 튀어나옴으로써 축제 분위기는 엉망이 되었을 겁니다. 표면적인 존경심과는 반대되는 다른 의도, 즉 '여러분, 내 본심은 이것이 아닙니다. 저자는 정말 웃기는 작자입니다.'라는 뜻이 숨어 있다고 해석할 수밖에 없는 것입니다.

비교적 손쉽게 실수 행위의 비밀을 알게 된 것 같습니다. 우리는 그것이 우연한 현상이 아닌 진지한 정신 활동이라는 것을 알게 되었습니다. 그것은 스스로 의미를 갖고 있으며, 서로 다른 두 가지 의도의 합동 작용이나 상호간섭 작용을 통해 나타나는 것입니다.

사실 실수 행위에 그다지 커다란 비중을 두지는 않습니다. 다만 실수 행위를 연구하여 정신분석에 유용한 어떤 것을 찾아내려는 것입니다. 이 단계에서 저는 스스로에게 이런 질문을 해 봅니다. '다른 것을 방해하는 의도나 경향은 무엇이며, 방해하는 경향과 방해받는 경향 사이에는 어떤 관계가 있을까?' 이 문제에 대한 해답을 얻고서야 우리들의 노력은 다시 시작될 것입니다.

모든 종류의 말실수에 대해서도 앞에서와 같은 해석을 내릴 수 있을까요? 저는 그렇게 믿고 싶습니다. 적어도 정신분석의 입문을 위해 필요한 정도의 해명에서는 그렇다는 말입니다. 또 말실수에서 얻은 결론을 잘못 읽거나, 펜을 놓치거나, 다른 물건을 고르거나, 잊어버리는 것과 같은 다른 종류의 실수에도 확대 적용할 수 있을까요? 저는 이 질문에도 미리 그렇다고 대답하고 싶습니다.

말실수의 심리적 구조만을 인정하고 순환기 장애나 피로, 흥분, 주의력 결핍 같은 다른 학자들이 주장하는 생리적 요소들을 모두 부정하는 것은 아닙니다. 정신분석에서는 다른 학문적 주장들을 반박하지 않고 그저 새로운 뭔가를 추가할 뿐입니다. 하지만 생리적 요소들이 실수 행위의 필수 요건은 아닙니다. 완전히 건강한 상태에서도 얼마든지 말이 잘못 나올 수 있습니다. 이러한 육체적인 요소는 본래 정신적 메커니즘인 말실수를 부추기고 조장하는 역할만을 할 뿐입니다.

흥분이나 주의력 결핍 같은 정신생리학적인 요소들은 우리의 설명에 뚜렷한 도움을 주지 못합니다. 문제는 무엇이 그와 같은 흥분과 주의력 결핍을 일어나게 했는가 하는 점입니다. 소리의 영향과 어휘의 유사성, 또 어떤 단어에서 발생되는 습관적인 연상 또한 의미 있는 요소로 인정해야 합니다. 그러나 소리와 어휘의 관계도 육체적 요인들과 마찬가지로 말실수가 쉽게 이루어지도록 도와주기는 하지만 근본적으로 설명해 주지는 못합니다.

상호간섭 작용을 일으키며 나타나는 두 개의 경향을 어떻게 확인할 수 있을까요? 이것은 매우 중요한 질문입니다. 두 개의 경향 중, 방해받는 경향은 의심의 여지가 없이 확실합니다. 우리가 궁금한 것은 다른 경향, 즉 원래의 의도를 방해하는 경향뿐입니다.

원래 의도와 정반대되는 말을 해 버린 국회의장의 경우, 그가 회의를 개회하려고 했던 것은 확실하지만, 그에 못지않게 회의를 끝내고 싶었다는 것도 의심의 여지없이 확실한 것입니다. 그렇지만 방해하는 의도가 원래의 것을 왜곡만 시키고 스스로의 의도를 드러내지 않는 경우는 어떻게 알아낼 수 있을까요?

그것을 알아내는 방법은 말한 사람에게서 직접 확인하는 것입니다. 실수한 후 그는 원래 의도했던 말을 올바르게 할 수 있습니다. "네, 그것은 '계슬……' 아니 한달 정도 더 계속될 것 같은데요(Ja das draut……Das dauert vielleicht noch einen Monat)."라고 곧바로 올바르게 고칠 수 있습니다. 그에게 본래 하려 했던 말을 물어보면 그는 '그것은 정말 슬픈 일(das sei eine 'traurige' Geschichte)'이라고 생각했는데 '계속되다(dauert)'와 '슬픈(traurig)'이라는 두 단어가 결합되어 'draut'라는 이상한 단어가 튀어나왔다고 해명할 것입니다. 이런 식의 간섭을 통해 작은 성공을 거두었다면 그것은 이미 정신분석을 해 낸 것입니다. 이것이 앞으로 우리가 해 나갈 정신분석의 원형이라는 것을 여러분은 이제 곧 알게 될 것입니다.

여러분은 여기서 다음과 같은 반론을 제기하고 싶을 것입니다.

"분석받는 사람이 스스로 해답을 이끌어내도록 하는 것이 정신분석 특유의 치료법이라는 점은 이해합니다. 하지만 은사를 위해 '트림을 합시다(aufstoßen)'라고 말한 학생에 대한 것은 자의적 해석에 불과하기 때문에, 그 학생에게 물어보더라도 은사를 모독할 의도가 있었는지 여부는 확인해 주지 않을 겁니다. 오히려 그는 격렬하게 부정할지도 모릅니다. 이런 분명한 반론에 대해 당신의 해석을 철회할 생각은 없으신지요?"

그렇습니다. 이는 날카로운 반론입니다. 내가 그 학생에게 선생님을 모독할 생각이 아니었냐고 집요하게 물어본다면 그는, "이제 그만하시죠. 매우 기분 나쁩니다. 저는 단순히 그 말의 앞에서 두 번이나 'auf'라는 발음을 했기 때문에 'anfzustoßen'이라고 해야 할 것을 'aufzustoßen'이라고 한 것뿐이고, 이것은 메링어가 지적한 후발음 현상이라는 것 외엔 달리 해석할 여지는 없습니다." 이것은 놀라운 반응이고, 격렬한 부정입니다. 하지만 그의 강한 부정에서 그가 자신의 말실수에 큰 관심을 가지고 있다는 것을 알 수 있습니다. 순전히 이론적인 연구를 위한 질문에 그가 그렇게 거칠게 반응하는 것이 이상하지 않나요?

 터무니없는 비유라는 비난을 각오하고 이 경우를 판사와 피의자의 관계에 빗대 설명해 보겠습니다. 판사는 피의자가 범죄 사실을 인정하면 그 말을 믿지만 사실을 부정하면 믿지 않습니다. 여러분은 사법제도가 때로는 결함이 있기는 해도 존속되어야 할 정당성을 지닌 제도라고 믿고 있을 것입니다.

이런 비교를 애써 부정할 필요는 없습니다. 겉보기에는 별것 아닌 것 같은 사소한 실수에 관한 문제도 조금만 연구해 보면 이런 중대한 차이점에 도달하는 것입니다. 피분석자가 스스로 인정했을 경우 실수의 의미에 대해 의심할 필요가 없습니다. 반면에 피분석자가 그것을 부정했을 경우 추측되는 의미에 대한 직접적인 증거는 어디에서도 찾을 수 없습니다. 피분석자가 아무런 정보도 제공해 주지 않을 때 역시 마찬가지입니다. 이런 경우 우리는 사법제도와 마찬가지로 간접증거에 의존하게 되며 그것을 사용하지 않을 이유는 없습니다. 과학의 교리에는 절대적으로 확실한 명제는 그다지 많지 않습니다. 그저 일정한 정도의 확률로 뒷받침된 주장들일 뿐입니다. 이렇게 조금이라도 확실성에 가까워지는 것에 만족하고 확증이 부족하다 해도 건설적으로 연구를 계속해 나가는 것이 과학적 사고방식의 표상입니다.

그렇다면 피분석자의 설명으로 실수 행위의 의미를 해석하지 못할 때는 해석의 근거, 즉 논증의 간접증거를 어디에서 찾아야 할까요? 우선 실수 행위 이외의 현상에서 유추해 보는 겁니다. 이를테면 이름을 잘못 부르는 경우, 일부러 비방하려는 의도가 있다고 유추하는 것입니다. 다음으로는 실수가 일어나는 심리적 상황이나,

실수를 저지르는 사람의 성격에 관한 지식에서, 그리고 그 사람이 실수를 저지르기 전에 받았던 인상에서 찾아보는 것입니다. 일반적 원칙에 따라 실수를 해석하려는 것이므로 이것은 하나의 추측이며, 이후에 다시 심리적 상황을 검토하여 확증하게 됩니다. 때로는 다가올 사건을 기다려야만 할 때도 있습니다. 어떤 실수가 일종의 징조처럼 나중에 일어날 결과를 암시함으로써 추측을 유효한 것으로 만들어주기 때문입니다.

앞의 예들을 다시 살펴봅시다. 숙녀를 '동욕(begleit-digen)'하려고 했던 그 청년은 틀림없이 부끄러움을 많이 타는 성격이었을 겁니다. 또 남편이 아니라 '자신'이 원하는 것은 뭐든지 먹어도 된다고 했던 그 부인은 집안에서 뭐든지 자기 맘대로 해야 직성이 풀리는 기가 센 여인이었을 겁니다.

말실수에 국한시키지 않고, 간접증거를 포착할 수 있는 다른 실수들의 사례를 들어보겠습니다. 어떤 사람이 친숙했던 고유명사를 잊거나 기억하지 못한다면, 그가 그 이름에 대한 거부감 때문에 그것을 기억하고 싶지 않는 것이라고 가정하게 됩니다. 한 가지 예를 들어보겠습니다.

Y라는 남자가 끈질기게 구애를 했던 여인이 X라는 다른 남자와 결혼을 했고, Y는 X를 이전부터 잘 알고 있었지만 X와 연락을 하려고 하면 이상하게 그의 이름이 기억나지 않았습니다.

Y는 분명히 자기보다 행복한 X에 대해 아무것도 알고 싶지 않았을 겁니다. 이렇게 이름을 잊게 되는 경우를 설명하기 위한 다른

관점도 있지만, 정신분석에서는 주로 그러한 망각이 일어나게 되는 심리적 상황에 관심을 갖습니다.

어떤 계획을 잊는 것은 그 계획을 거부하는, 반대되는 생각의 흐름에 원인이 있습니다. 친구의 부탁을 잊고 나서 나중에 그 친구에게 사과하는 것은 통하지 않습니다. 부탁했던 친구는 즉시 이렇게 생각할 것입니다. '내 부탁 따위는 안중에도 없었어. 들어준다고는 했지만 아예 처음부터 그럴 생각이 없었던 거야.' 이런 종류의 실수 행위들에 관해서는 일반적인 생각과 정신분석의 견해가 그리 달라 보이지는 않는군요. 어떤 실수 행위들은 일정한 의미를 지니고 있으며, 우리는 그 의미에 대해 처음으로 일치된 견해를 갖게 되었습니다. 하지만 이런 통찰을 다른 경우에까지 확대 적용하는 것에는 왜 동의하지 못하는 것일까요?

계획을 잊는 실수는 너무나 자명해서, 실수의 의미를 찾기 위해 심리적 상황에서 간접증거를 이끌어내려는 우리의 목적에 별다른 도움을 주지 못하는 것 같습니다. 그러니 유난히 애매하고 불투명한 실수 행위인 '분실'과 '잘못 놓기'에 관심을 돌려봅시다. 본인에게는 매우 괴로운 '분실'일지라도 스스로가 그 분실에 관여하고 있다는 사실을 여러분은 믿게 될 것입니다. 이러한 관찰 사례들은 매우 많습니다.

어떤 청년이 소중한 만년필을 잃어버렸습니다. 그런데 그는 그 일이 있기 며칠 전 매형으로부터, '너의 경박함과 게으름 때문에 한동안은 너를 도와줄 수 없다.'는 편지를 받았습니다. 그 만년필은 바로 매형의 선물이었던 겁니다. 이런 인과관계가 없었다면 이 분실 행위에서 그 물건을 잃어버리고 싶은 의도가 작용했다고 주장할 수 없을 것입니다. 물건을 준 사람과 관계가 나빠져서 그를 더 이상 기억하고 싶지 않거나 그 물건이 마음에 들지 않아 더 좋은 다른 것으로 대체하기 위한 구실을 만들고 싶을 때 우리는 그 물건을 잃어버리곤 하는 겁니다.

자신이 보관해 둔 물건을 자주 찾지 못하는 사람은 '잘못 놓기'에도 어떤 의도가 있다는 사실을 인정하지 않으려 할 겁니다. 하지만 물건을 잘못 놓게 된 주변 상황을 점검해 보면 그 물건을 없애버리고 싶어하는 마음이 있었음을 암시하는 경우가 종종 있습니다. 어떤 젊은이가 제게 이렇게 말한 적이 있습니다.

"제 아내는 분명 좋은 여자이긴 하지만 너무 냉정합니다. 우리 부부는 별다른 애정 표현 없이 지내고 있는데, 어느 날 아내가 제게 좋은 책이라며 책 한 권을 선물했습니다. 저는 고맙다고 하고 꼭 읽어보겠다고 했지만 그 책을 어디에 두었는지 도저히 찾을 수가 없었습니다. 약 반년 후에, 멀리 떨어져 살던 제 어머니가 병이 나셨는데 아내는 그곳까지 가서 어머니를 극진히 간호했습니다. 저는 아내의 헌신적인 태도에 감동을 받았고 바로 그 순간 별다른 생각은 없었지만 어떤 확신에 이끌려 서랍을 열었더니 바로 거기에 그토록 찾던 그 책이 있었습니다."

이처럼 동기가 소실되면 잘못 놓았던 상태도 끝나게 됩니다.

이러한 예는 수도 없이 많지만 지금은 정신분석을 준비하는 데 유익한 두 가지 문제, 즉 '반복적이며 복합적인 실수 행위'와 '나중에 일어나는 사건을 통해 해석의 타당성을 검증할 수 있는 것'만을 거론하겠습니다.

반복되는 실수 행위는 어떤 집요함을 드러내는 것으로, 그 집요함을 추적해 보면 결코 우연이라고 할 수는 없으나 의도에는 잘 부합한다는 것을 알게 됩니다. 즉, 여러 가지 방법으로 도달하고자 했던 의도가 중요하다는 것입니다. 반복되는 망각의 한 가지 예를 들어보겠습니다.

학자인 어니스트 존스(E. Jones)는 자신도 알 수 없는 이유로 어떤 편지를 부치지 않고 줄곧 책상 위에 놓아두었던 적이 있다고 합니다. 마침내 편지를 부치기는 했지만, 얼마 후 수취인 불명으로 반송되었답니다. 주소 쓰는 것을 잊어버렸기 때문이었습니다. 그는 겉봉에 주소를 쓰고 우체국으로 갔지만 이번에는 우표를 붙이지 않았습니다. 그래서 결국 그는 그 편지를 보내는 것에 대한 자신의 거부감을 인정하지 않을 수 없었다고 합니다.

내 친구 중 한 명도 망각과 착오가 뒤섞인 경험을 이야기해 주었습니다.

"몇 년 전에 어떤 문학단체의 위원으로 위촉된 적이 있었어. 큰 관심은 없었지만 그 학회가 내 희곡을 상연하는 데 도움이 되지 않을까 해서 매주 금요일마다 위원회 회의에 꼬박꼬박 참석했지. 그리고 바로 몇 달 전 그 희곡을 상연할 수 있다는 확답을 받았어. 하지만 그 뒤부터 그 위원회의 회의를 번번이 '잊어버리고' 말았지.

그런데 이런 문제에 대한 자네의 글을 읽고 나니, 그 위원회를 의도적으로 망각하는 것 같은 내 실수에 수치심을 느꼈어. 그래서 다음에는 기필코 잊지 않겠다고 다짐하고 그 다음 금요일에 회의장에 도착했는데, 문이 잠겨 있지 뭐야. 확인해 보니 그날은 토요일이더라구."

이런 예들을 수집하는 일은 재미있습니다. 계속해서 다른 예를 들어보겠습니다. 앞서 말했듯이 우리 주장의 타당성을 검증받기 위해 다가올 사건을 기다려야 하는 경우입니다. 언젠가 신혼부부의 집에 초대된 적이 있었는데, 그 부인이 웃으며 자신의 경험을 들려주었습니다.

신혼여행에서 돌아온 다음날, 쇼핑을 하러 가던 중에 길 건너편에 낯익은 남자가 지나가는 것을 보고 동생에게, "저기 봐. L 씨가 가고 있네."라고 했답니다. 그녀는 그 L 씨가 자신의 남편이라는 사실을 깜빡 잊었던 겁니다. 저는 이 말을 듣고서는 전율을 느꼈지만 감히 추론해 볼 용기를 내지 못했습니다. 몇 년 후 그 결혼이 불행하게 끝났다는 소식을 듣고서야 비로소 그때 들었던 이야기가 다시 떠올랐습니다. 또 저는 이혼하기 몇 년 전부터 자신의 재산과 관련된 서류에 자꾸만 결혼 전의 처녀 때 성을 서명했던, 지금은 이혼한 어떤 부인의 이야기를 알고 있습니다. 또 신혼여행 중에 결혼반지를 잃어버린 한 부인을 알고 있는데, 그녀의 결혼생활은 이 우연한 사건에 의미를 부여하기에 충분한 것이었습니다.

이와 같은 실수들에서 여러분은 고대인들의 전조(前兆)를 떠올릴

지도 모릅니다. 실제로 전조의 어떤 부분들은 실수 행위와 일치합니다. 예컨대 어떤 사람이 발에 걸려 넘어지는 것 같은 행동들이지요. 전조는 확실히 주관적이기보다는 객관적인 성격을 띠고 있습니다. 그러나 어떤 사건이 주관적 성격을 띠는지 객관적 성격을 띠는지 구분하기란 정말로 어려운 일입니다.

우리가 지나온 인생행로를 돌이켜보면, '인간관계 속의 작은 실수들을 전조로 보고 그 속에 숨어 있는 의도를 미리 알아차렸다면 많은 실망과 고통을 피할 수 있었을 텐데.'라며 아쉬워할 것입니다. 그러나 일반적으로 사람들은 그렇지 못합니다. 그런 태도는 과학을 버리고 미신을 신봉하는 것과 같다고 생각하기 때문입니다. 물론 모든 전조가 다 들어맞는 것은 아니지만, 여러분이 여기서 알고 넘어가야 할 것은 이 이론이 반드시 모두 들어맞을 필요는 없다는 점입니다.

네 번째 강의

실수 행위의 심리(결론)

실수 행위들도 나름대로 의미를 가지고 있다는, 지금까지의 연구 결과를 다음 연구의 토대로 삼아도 큰 문제는 없을 겁니다. 하지만 여기서 다시 한 번 강조하고 싶은 것은 모든 실수 행위들이 다 의미를 가지지는 않는다는 점입니다. 일상생활에서 저지르는 실수 중에서 극히 일부만이 우리들의 관찰 대상인 것입니다. 저는 계속해서, 실수 행위란 심리적인 것이며 두 개의 서로 다른 의도들의 간섭을 통해서 발생한다는 사실에 근거해 이야기를 해 나갈 것이지만, 이러한 분명한 한계가 있다는 점을 밝혀두고 싶습니다. 어쨌든 이러한 간섭이 일어날 수 있다는 사실과 그 결과로 실수와 같은 현상들이 나타날 수 있다는 사실은 정신분석의 첫 산물입니다.

우리는 실수 행위를 두 개의 의도, 즉 '방해받는 의도'와 '방해하는 의도'가 서로 간섭하여 나타나는 결과라고 말한 바 있습니다. 방해받는 의도에 대해서는 더 이상 논의할 것이 없습니다. 하지만 방해하는 의도의 경우 그것이 어떤 종류의 의도이며 이 두 가지 의도 사이에는 어떤 관계가 있는지를 따져볼 것입니다.

다시 한 번, 말실수를 이런 실수 행위들의 표본으로 삼는 것과 두 의도의 관계에 대해 먼저 이야기하겠습니다.

말실수에서 방해하는 의도는 방해받는 의도와 그 내용상 관계가 있습니다. 그럴 때 방해하는 의도는 방해받는 의도와 서로 모순되며 방해받는 의도를 수정하거나 보완하려 합니다. 더욱 애매하고 흥미로운 경우이긴 합니다만, 어떤 때는 방해하는 의도가 방해받는 의도와 내용상 아무런 관련이 없는 경우도 있습니다.

이런 관계 중 첫 번째 것은 우리에게 익히 알려져 있습니다. 정반대의 말을 하는 모든 말실수의 경우, 방해하는 의도는 방해받는 의도와 반대되는 의도를 나타내면서 이 둘의 양립할 수 없는 갈등을 표현한다고 할 수 있습니다. '개회를 선포하지만 차라리 회의가 폐회되기를 바란다.'는 의장의 말실수에 숨은 의도입니다. 뇌물 사건에 연루된 한 신문이, '우리가 언제나 최대한 공정하게(in uneigennützigster Weise) 대중의 안녕에 이바지해 왔다는 점은 독자들이 증명해 줄 것입니다.'라는 취지의 기사를 내보내야 하는데 기사를 담당한 편집장은, '매우 이기적으로(in eigennützigster Weise)'라고 쓰고 말았습니다. 이것은 그가 '변명의 기사를 쓰긴 써야겠지만 진실을 속일 수는 없어.'라고 생각했다는 것을 의미합니다. 황제에게 주저하지 말고(rückhaltlos) 진실을 말하라고 주장하려던 국회의원은 자신의 정의감이 도리어 해가 될지도 모른다는 내심의 목소리에 따라 '주저하지 말고(rückhaltlos)'를 '줏대 없이(rückgratlos)'로 잘못 말하고 말았습니다. 이처럼 모든 경우에서 말실수는 방해받는 의도의 내용 그 자체이거나 그것과 연계된 것에서 발생합니다.

두 개의 다른 간섭 사이의 관계는 다소 낯설게 느껴질 겁니다. 즉, 방해하는 의도와 방해받는 의도가 내용 면에서 아무런 관련이 없다면 그 간섭은 어디에서 유래하는 것일까요? 이를 해석하는 유일한 방법인 관찰 결과에 따르면 방해 작용은 바로 그 전에 몰두했던 사고 과정에서 기인합니다.

이에 대한 관찰 사례를 들어보겠습니다. 언젠가 이탈리아 여행 중에 빈에서 온 여성 두 명과 동행한 적이 있었습니다. 그중 한 여성이 여행의 불편함을 얘기하면서 "햇볕 아래서 하루 종일 걷자니 짜증이 나네요. 블라우스와 속옷이 땀에 흠뻑 젖어버려요."라고 하더니 한참 뜸을 들인 후에 "하지만 속바지(Hose)에 돌아가서 옷을 갈아입을 수만 있다면……."이라고 했습니다. 이 말실수는 굳이 분석해 보지 않아도 쉽게 이해할 수 있을 겁니다. 그녀는 입고 있던 '블라우스, 속옷, 그리고 속바지도 흠뻑 젖는다.'라고 말하려 했지만, 점잖지 않게 보일까 봐, 내용상으로는 관련이 없는 '집(nach Hause)'이라는 단어와의 연관성과 비슷한 발음 때문에 '속바지(Hose)'라고 말해 버린 겁니다.

이제 앞에서 거론했던 중요한 질문을 할 차례입니다. 이렇듯 다른 것을 방해하면서 표출되는 의도란 대체 무엇일까요? 여기에는 갖가지 의도가 있을 수 있겠지만 우리는 그 공통점을 찾아내야 합니다. 말실수의 수많은 사례들을 연구해 보면 세 가지로 분류됩니다.

첫째는 방해하는 의도를 이야기하는 본인이 잘 알고 있으며 실수 직전에 스스로도 느끼는 경우입니다. 어떤 사람이 자기가 불만스럽게 생각하고 있던 사건에 대해, "그 일은 '전잡한' 일로 드러나고 말았습니다(dann aber sind Tatsachen zum 'Vorschwein' gekommen)."라고 했는데 무슨 말을 하려 했던 것이냐는 질문에 그 일을 '추잡한' 것이라고 속으로 생각했다고 말했습니다. '전조(Vorschein)'와 '추잡한' 일(Schweinerei)이라는 말이 합쳐져 이상스러운 '전잡한(Vorschwein)'이라는 말이 만들어진 것입니다. 이 경우 말하는 사람은 그 사건에 대해 불쾌감을 표현하려는 의도가 있었음을 인정하고 있습니다.

두 번째는 말하는 사람이 방해하는 의도가 자신에서 비롯되었다는 것을 인정하고 우리의 해석도 받아들이지만, 그런 의도에 대해 스스로도 놀라는 경우입니다.

세 번째는 말하는 사람이 방해하려는 의도에 대한 해석을 완강하게 부정하는 경우입니다. 그는 그런 의도가 있었다는 사실 자체를 반박할 뿐 아니라 전혀 의도조차 없었다고 주장합니다. '트림을 합시다.'의 경우를 상기해 보십시오. 그의 의도를 해석했을 때, 그로부터 받았던 거친 반응을 기억하실 겁니다. 여러분은 왜 그런 가정을 내세워 곤란한 상황을 겪어야 하는 것인지 의아해 할지 모르겠지만, 그렇다고 해서 제가 내세우는 가정을 포기할 수는 없습니다. 제 해석에는 '말하는 사람 본인은 의식하지 못하지만, 간접적 증거로 관찰할 수 있는 여러 가지 의도는 표면에 나타난다.'는 가정이 전제되어 있습니다.

이러한 말실수의 세 가지 유형이 지닌 공통 요소에 대해 좀 더 살펴보겠습니다. 처음의 두 종류에서는 말하는 사람이 방해하는 의도에 대해 수긍합니다. 그러나 이 두 종류의 경우, 방해하는 경향은 억압됩니다. 말하는 사람은 자신의 의도를 말로 나타내지 않겠다고 결심했음에도 불구하고 말실수를 하게 된 것입니다. 억압된 생각이 말하는 사람의 의지와는 다르게 말로 표현되는데, 그것은 의도가 수정되거나 혼합되어 나타나기도 하고 대치되어 나타나기도 하기 때문입니다. 이것이 바로 말실수의 메커니즘입니다.

세 번째 종류 역시 이런 원리에서 벗어나지는 않습니다. 이 세 가지 유형들은 어떤 의도를 어느 정도 억압했느냐의 차이에 지나지 않는다고 가정하면 됩니다. 저는 다음과 같이 가정합니다. 오래전부터 억압되어 있어 감지하지 못하고, 그래서 스스로 부정하는 의도까지도 실수 행위에서 표출될 수 있다는 것입니다.

자, 이제 실수 행위를 훨씬 더 잘 이해할 수 있게 되었습니다. 우리는 실수 행위가 의미 있는 정신 활동이며, 서로 다른 의도가 방해하여 발생하며, 또한 어느 한쪽이 다른 한쪽을 방해하여 표출되기 때문에 그 의도가 어느 정도 억압된다는 것을 알게 되었습니다. 하지만 이것이 실수 행위에 대한 완벽한 설명은 아닙니다. 예컨대 방해하는 의도가 억압받는다면, 왜 그 의도가 완전히 숨겨지거나 완전히 표출되지 않고 불완전한 형태를 띠고 나타나느냐 하는 의문이 들 수 있습니다. 그러나 실수 행위는 타협의 산물입니다. 그것은 두 개의 의도 모두에서 절반의 성공과 절반의 실패를 의미합니다. 이러한 간섭이나 타협이 이루어지기 위해서는 어떤 특별한 조건이 존재할 것이라고 생각해 볼 수 있지만, 어떤 종류의 것인지 짐작할 수는 없습니다. 또한 이 문제가 더 깊은 연구를 통해 밝혀질 것이라고 생각하지도 않습니다. 어쩌면 그 전에 인간 정신 활동의 한층 어두운 영역에 대한 연구가 선행되어야 하는 것인지도 모릅니다.

지금까지의 분석 방법을 모범으로 삼아 실수 행위의 다른 분석들에 대해 살펴보기로 하겠습니다. 우리의 목적은 드러난 현상들을 단순히 기술하거나 분류하는 데 그치지 않고, 그것들을 정신 속에서 서로 협력하고 갈등하면서 목적을 추구하는 경향의 표현으로서 이해하자는 것입니다.

실수 행위의 세세한 부분까지 파고들지는 않겠습니다. 다만 전체적으로 살펴보고, 이미 알려진 것들을 재발견하고 새로운 사실을 찾아내고자 합니다. 다음과 같은 항목들 즉, 잘못 쓰기와 잘못 읽기, (고유명사, 외래어, 계획, 인상 등의) 망각, 착각, 잘못 놓기, 분실 등을 개별적으로 살펴보도록 하겠습니다.

'잘못 쓰기'는 말실수와 매우 흡사해서 특별히 다른 요인은 없습니다. 근본적으로 글쓰기를 싫어하는 성향이나 어서 끝내고자 하는 조급성의 표출이라 할 수 있습니다. 잘못 쓰기도 말실수와 마찬가지로 자기 자신은 잘 인식하지 못합니다. 여기에는 흥미로운 예가 하나 있습니다.

살인범 H에 대해 들어보셨나요? H는 박테리아 연구원이었는데, 연구실에서 매우 위험한 병원균을 배양해 주변 사람들을 해치기 위해 그 균을 사용했습니다. 이 사람이 언젠가 자신이 받은 배양액이 별로 효과가 없다는 불만을 연구소장에게 글로써 표출한 적이 있습니다. 그는 '생쥐와 모르모트에 관한 나의 연구에 의하면(bei meinen Versuchen an Mäusen oder Meerschweinchen)'이라고 써야 할 것을 '인간에 대한 나의 연구에 의하면(bei meinen Versuchen an Menschen)'이라고 써버린 것입니다. 제가 이러한 잘못 쓰기를 발견했다면 분명 그것을 수상한 조짐으로 받아들였을 겁니다. 이것은 어떤 실수가 그 이후에야 생각지도 못했던 의미를 부여받는 또 하나의 예입니다.

'잘못 읽기'의 경우는 말실수나 잘못 쓰기와는 확연히 구별되는 심리적 상황을 보여줍니다. 이 경우, 서로 갈등하는 두 의도가운데 한쪽이 감각적 자극으로 대치되고 그래서 덜 저항적으로 표출되는 듯 보입니다. 읽어야 할 단어를 다른 것으로 대체시키는데, 이때 원 문장과 대체되는 문장은 내용적으로 관련이 없는 경우가 대부분이고 주로 발음의 유사성으로 인해 발생합니다. 'angenommen(가정하면)'을 'Agamemnon[그리스 전쟁 영웅 - 역주]'으로 읽는 것이 잘못 읽기의 대표적 예라 할 수 있습니다.

잘못 읽기의 경우 그렇게 이끌었던 첫 번째 생각이 무엇이며 어떤 상황에서 잘못 읽게 되었는지를 따져보면 방해하는 의도를 파악할 수 있습니다. 예를 들어, 낯선 거리에서 용변이 급했던 어떤 사람이 건물의 높다란 간판에서 'Klosetthaus(화장실)'라는 단어를 읽었다고 가정해 봅시다. 그는 그 간판이 왜 저렇게 높은 곳에 걸려 있나 하고 의아해 하다가 사실은 그것이 'Korsetthaus(코르셋 전문점)'이라는 것을 알게 됩니다. 대개의 경우 잘못 읽기는 쉽게 설명할 수 있습니다. 'Agamemnon'으로 대체된 경우 무엇이 이것을 방해한 것인지 금방 알아차릴 수 있습니다. 지금과 같은 전시(戰時)[이 강의 당시는 1차 세계대전 중이었음. - 역주]에는 도처에서 도시명이나 장군의 이름, 군사적인 용어들을 읽게 됩니다. 낯설거나 흥미 없는 것 대신 관심을 두고 있는 내용이 그 자리를 차지하게 되어, 사고(思考)의 잔영들이 새로운 지각을 흐리게 만드는 것입니다.

잘못 읽기에는 이와 다른 경향들도 있습니다. 때로는 원치 않는 것을 읽어야 할 때가 있는데, 있는 그대로 읽지 않으려는 강력한 바람이 그것을 변형시키는 데 한몫했다는 것을 분석을 통해 알 수 있습니다.

'망각에 의한 실수'에서는, 두 개의 의도가 서로 갈등하고 그중 하나가 억압되는 현상이 더 뚜렷하게 나타납니다. 계획했던 것을 잊게 하려는 방해하는 의도는 왜 그렇게 반드시 은폐된 채로 표출되어야 하는가를 따져보는 것이 앞으로의 과제입니다. 이러한 반대 의지가 존재한다는 것은 분명합니다. 때로는 숨어 있는 반대 의지의 동기를 밝혀내기도 합니다. 하지만 그것을 공개적으로 지적하면 대부분 부인합니다.

'계획을 잊어버리는 행위'는 너무 단순하고 투명해서 우리의 연구 욕구를 자극할 만한 요소가 별로 없습니다. 하지만 여기서 주의할 것 한 가지를 짚고 넘어가고자 합니다. 계획을 잊는 것은 계획을 실행에 옮기지 않으려는 반대 의지를 나타내는 것이라고 했습니다. 그런데 이 반대 의지에는 직접적이지 않은 것도 있습니다.

몇 가지 예를 들어보겠습니다. 어떤 후원자가 제3자에게 추천서를 전달해야 하는데 그것을 잊었다면 그것은 그의 추천 의지가 강하지 않다는 점을 시사한다고 볼 수 있습니다. 그의 추천을 원했던 사람은 그의 실수에 대해 불쾌해 할지도 모릅니다. 그러나 여기에는 더 복잡한 문제가 있을 수 있습니다. 추천서의 전달을 잊게 만든 반대 의지는 어쩌면 제3자 때문에 비롯된 것일 수도 있습니다. 추천하려는 사람이 아니라 추천서를 전달해야 하는 제3자에 대한 거부감 때문에 계획을 잊어버렸을지 모른다는 말입니다. 또한 어떤 약속을 잊었다면 약속한 상대방 때문이 아니라 그 약속 장소에 대한 거부감 때문일 수도 있습니다. 우리의 해석을 실제에 적용할 때 일정한 문제가 발생할 수도 있기 때문에 그 해석이 타당한가를 평가할 때는 신중해야 합니다. 심리학적으로 동등한 가치를 지닌 것도 현실 생활에서는 다양한 의미를 가질 수 있기 때문입니다.

망각하는 실수에는 또 다른 중요한 요소가 있습니다. 계획에 대한 반대 의지 때문에 망각하는 실수를 범한다는 추론을 대다수의 예증을 통해 확인할 수 있다면, 우리는 이 해석을 피분석자가 부인하는 경우에도 적용해 볼 수 있겠다는 용기를 얻을 수 있습니다. 빌린 책이나 돈을 되돌려 주는 것을 잊는 따위의 일은 매우 빈번히 일어납니다. 잊어버린 사람이 책을 아예 갖고 싶었다거나 돈을 갚지 않으려 했다는 해석을 내렸을 때, 그 사람은 그런 의도를 부정은 해도 자신의 행동에 대한 어떤 해명도 내놓지는 못합니다. 이로써 우리는 '그가 그런 의도를 가지고 있었지만 단지 그 사실을 스스로 깨닫지 못했을 뿐이고, 그 의도는 망각이라는 실수를 통해 나타난 것이다.'라고 간주할 수 있습니다. 하지만 이런 상황에서도 그 사람은 '단지 잊었을 뿐'이라고 항변할 것입니다. 여기에서 우리의 해석을 일관되게 관철하기 위해서는 '사람들에게는 자기도 모르는 사이에 자신에게 작용하는 어떤 경향이 있다.'고 가정할 수밖에 없습니다.

외국어뿐 아니라 '고유명사나 외래어 망각'도 반대 의지 때문이라고 할 수 있는데 이런 경향은 간접적인 영향에 의한 것이 더 많습니다. 예컨대 지금 같은 전시에는 강요된 상황이 전개되고 있으며, 고유명사를 기억하는 능력도 무리한 연상으로 인해 손상되고 있습니다.

얼마 전 저는 모라비아 지방의 도시 비센즈(Bisenz)를 전혀 기억할 수 없었는데, 분석해 본 결과 직접적인 어떤 반감 때문이 아니라 단지 전에 제가 몇 번 방문해서 즐거운 시간을 보냈던 오르비에토[중부 이탈리아의 도시 – 역주]의 비젠치(Bisenzi) 궁과 발음이 비슷했기 때문이었습니다. 이런 식으로 이름을 기억하지 못하도록 하는 의도의 동기는 나중에 신경증 증후의 원인으로 매우 중요한 의미가 있음이 밝혀질 것입니다.

'인상이나 체험 망각'은 불편한 것을 기억하지 않으려는 경향이 어떻게 작용하는지에 대해 더욱 분명하게 보여줍니다. 인상이나 체험한 것을 잊는 것을 모두 다 실수라 할 수는 없으며, 지극히 비정상적으로 보이는 경우에만 실수의 범주에 포함할 수 있습니다. 불쾌한 인상을 잘 잊는다는 것은 분명한 사실입니다. 찰스 다윈도 이러한 사실을 잘 알고 있었기 때문에, 자신의 이론과 배치되는 관찰 사례들도 꼼꼼하게 기록하는 것을 철칙으로 삼았습니다. 그런 관찰 결과들은 당연히 쉽게 잊을 것이기 때문입니다.

망각을 수단으로 하여 불쾌한 기억을 방어한다는 원칙을 처음 듣는 사람은 거의 대부분 오히려 고통스러운 기억일수록 잘 잊히지 않는다고 이의를 제기할 것입니다. 하지만 우리가 강조하려는 것은 정신 활동이란 상반된 의도들이 투쟁하는 활동무대이며 전쟁터라는 점입니다. 특정한 의도가 있다는 것을 증명했다 해도, 그것과 대립되는 의도가 존재하지 않는다고는 할 수 없습니다. 다시 말해, 두 의도가 공존할 수도 있다는 것입니다. 중요한 것은 두 의도들의 관계, 즉 그 의도들에서 각각 어떤 작용들이 일어나는가 하는 점입니다.

'분실과 잘못 놓기'는 그 의도의 다양성으로 인해 특히 흥미롭습니다. 모든 경우에 공통되는 점은 무언가를 분실하고자 하는 소망입니다. 어떤 물건이 못 쓰게 되었거나 좀 더 나은 물건으로 바꾸고 싶을 때 사람들은 그것을 잃어버립니다. 또 그것이 싫어졌을 때나 그것을 준 사람과 사이가 나빠졌을 때도 잃어버립니다. 물건을 떨어뜨린다거나 상하게 하는 등의 행위도 같은 목적에서 비롯된 것입니다. 물건을 분실하는 것과 같은 행위는 대부분 자발적인 희생입니다. 또 분실은 반항과 자책의 충동으로 나타나기도 합니다. 요컨대 물건을 분실하여 멀리하려는 의도에 있는 더 깊은 동기를 간과해서는 안 됩니다.

'착각'도 다른 실수들과 마찬가지로 거부당한 욕망을 충족시키기 위해 종종 이용됩니다. 제 친구가 겪었던 일입니다. 그는 내키지 않는 약속을 지키기 위해 교외로 나가 누군가를 방문해야 했는데 기차를 잘못 갈아타서 다시 원래 도시로 돌아오고 말았습니다. 또 애인과 통화해서는 안 된다는 제 충고를 받은 환자는 저에게 전화를 한다는 것이 무심코 또는 실수로 애인에게 전화를 걸었습니다. 이런 식의 실수는 행복한 우연이라 할 수 있습니다.

지금까지 논의한 것이 실수 행위의 모든 것이라 할 수는 없습니다. 연구하고 논의해야 할 것이 아직도 많습니다. 우리가 지금까지 연구한 성과를 통해 신선한 충격을 주고 여러분이 이러한 가설을 받아들일 준비만 된다면 그것으로 충분합니다.

아직도 명쾌하지 않은 것들이 너무 많습니다. 실수에 관한 연구에서 우리의 주장을 전부 증명해 낼 수도 없습니다. 하지만 아무 증명도 없이 단순히 어떤 자료에만 의존하는 것도 아닙니다. 정신분석이라는 연구 목적에서 바라본 실수 행위의 가장 큰 가치는 그것이 우리 자신에게서도 빈번히 발견되는 현상이며, 꼭 신체적 질병을 전제로 발생하는 것은 아니라는 점입니다.

정신분석에 대한 설명을 여러분에게 직접 해 주지는 않겠습니다. 그 대신 여러분이 천천히 전체적인 관련성을 파악하고 그것을 통해 스스로 이해할 수 있기를 바랍니다.

제2부

꿈

freud

Vorlesungen zur Einführung in die Psychoanalyse

다섯 번째 강의

여러 가지 어려움과 일차 접근

몇몇 종류의 신경증 환자의 병리적 증상에는 일정한 의미가 있다는 사실이 발견되었습니다[1880~1882년 브로이어(J. Breuer)에 의해서 발견됨 – 저자 주]. 정신분석에 의한 치료는 바로 이 발견을 기초로 발전된 것입니다. 치료 도중 환자는 증상 대신 자신의 꿈에 대한 이야기를 하기도 합니다. 그래서 그 꿈에도 어떤 의미가 있을 것이라는 추측을 하게 된 것입니다.

우리의 목적은 꿈의 의미를 명백히 하여 신경증 연구의 기초를 닦는 데 있습니다. 꿈 연구는 신경증 연구의 가장 훌륭한 준비가 될 뿐 아니라, 꿈 그 자체가 신경증적 증상으로 건강한 사람들에게도 나타나므로 많은 이점이 있습니다. 실제로 모든 사람들이 다 꿈을 꾼다면, 우리는 꿈에서 신경증 연구가 찾아낸 거의 모든 점들을 통찰할 수 있을 것입니다.

그러므로 꿈은 정신분석 연구의 대상이 됩니다. 꿈은 실수 행위처럼 건강한 사람에게도 나타나며, 얼핏 보기에는 실질적인 가치가 없어 보입니다. 그리고 꿈 연구와 관련된 주변 여건은 그다지 좋지 않습니다. 실수 행위의 연구는 별다른 웃음거리가 되지 않지만, 꿈 연구는 불필요한 것이라고 하거나 비웃음을 사는 일이 다반사였습니다. 꿈 연구는 비과학적이며 신비주의자들이나 할 일이라는 빈축을 사곤 했습니다.

더욱이 꿈의 구조 자체가 정확한 연구를 어렵게 하는 여러 요인들을 지니고 있습니다. 또한 연구 대상, 즉 꿈 그 자체도 불확실합니다. 예컨대 망상은 분명한 형태를 지니고 있습니다. 망상증 환자는 공공연하게 '나는 중국의 황제다.'라는 식으로 떠벌리지만 꿈은 그렇지 않습니다. 대개 꿈은 남에게 이야기할 수 없는 것이 많습니다. 꿈의 내용을 이야기할 때도 있는 그대로 정확히 이야기한다고 볼 수 없습니다. 오히려 이야기하는 도중에 내용을 조금씩 바꾸거나 생각나지 않는 것은 적절히 꾸며 맞추기도 합니다. 일반적으로 꿈은 거의 올바로 회상할 수 없으며 사소한 부분들 외에는 잊어버리는 것이 보통입니다. 이런 자료를 해석해서 과연 얼마나 과학적인 치료 방법이 정립될 수 있을지 의심스러울 정도입니다.

연구 대상으로서 꿈에 대한 거부감은 너무나 극단적입니다. 그러나 앞에서 언급했듯이, 사소한 징후에서도 중대한 문제가 드러날 수 있습니다. 불확실한 대상이라는 것은 꿈의 특징 중 하나입니다. 어떤 대상에게 이런 특징은 가져야 하고, 저런 특징은 버려야 한다고 할 수는 없습니다. 꿈도 마찬가지입니다. 하지만 꿈에도 분명한 것이 있으며, 더욱이 정신 질환의 연구 대상에는 꿈처럼 불확실한 것이 많이 있습니다.

꿈을 확실하게 기억하지 못하기 때문에 생기는 이론적 결함은, 꿈꾼 이가 변형시킨 것과는 관계없이 그가 말하는 내용 그대로를 꿈으로 인정하는 것으로 극복할 수 있습니다. '꿈은 하찮은 것이다.'라고 단정 지을 수는 없습니다. 어떤 정신병은 꿈에서 시작되었으며, 꿈에서 시작된 망상에 집착하는 경우도 있다는 사실이 의사들에 의해 보고되기도 했습니다. 또 꿈에서 영감을 받아 중요한 일을 해냈다는 역사적 인물의 이야기도 전해집니다. 그러므로 저는 왜 학계가 꿈을 그토록 무시하는지 납득할 수 없습니다.

3천 년 전부터 우리 선조들은 우리와 비슷한 꿈을 꾸었습니다. 옛사람들은 모두 꿈에 커다란 의미를 부여했으며, 꿈을 실용적인 것으로 여겼습니다. 꿈속에서 징조를 보았던 것입니다. 알렉산더 대왕은 정복 전쟁 중에는 언제나 유명한 해몽가를 데리고 다녔다고 합니다. 그가 티루스라는 도시를 정복하기 위해 전쟁을 벌일 때의 이야기입니다. 격렬한 저항에 부딪혀 티루스 정복을 포기하려고 마음먹고 있던 어느 날 밤 그는 사티로스[그리스 신화에 나오는 반인반수의 괴수 – 역주]가 승리의 춤을 추는 꿈을 꾸었답니다. 해몽가는 그것이 도시 정복에 성공할 것을 암시하는 꿈이라고 해석했고, 대왕은 공격 명령을 내려 마침내 티루스를 정복했습니다.

꿈 해석은 그리스·로마 시대 내내 널리 활용되고 그 가치를 인정받았습니다. 그런데 그 이후 어떤 이유로 꿈 해석의 기술이 쇠퇴하고 불신의 늪으로 빠지게 되었는지 분명하지 않습니다. 꿈에 관심을 갖는 것은 미신으로 치부되었고 교육 수준이 낮은 사람들이나 하는 것으로 받아들여지게 되었습니다. 오늘날 남아 있는 꿈 해석의 사례는 복권의 당첨 번호를 꿈에서 찾아보려는 것 정도일 것입니다.

오늘날의 과학도 꿈을 다루고는 있지만 생리학적 이론을 꿈에 적용시키기 위한 목적으로만 활용하고 있습니다. 의사들은 꿈을 심리적 행위가 아닌, 신체 자극에 대한 반응으로 나타나는 정신 활동으로 간주하고 있습니다. 1878년에 빈츠(C. Binz)는 꿈을 설명하면서, '꿈은 육체적 과정으로, 유익하지 않고 병적이기까지 하다.'고 했습니다. 모리(L. F. A. Maury)도 꿈을 정상인의 운동과는 대조적인, 무도병(舞蹈病)의 발작적인 경련에 비유했습니다.

오늘날 과학이 제시하는 꿈에 관한 지식 중 유일하게 가치 있는 것은 잠자는 동안 신체적 자극이 꿈의 내용에 미치는 영향에 관한 문제입니다. 노르웨이의 학자 모울리 볼드(J. Mourly Vold)는 꿈에 관한 실험적 연구에서, 비록 팔다리의 위치 변화가 꿈에 어떤 결과를 가져다주는가에 대해서만 다루었지만 그의 연구는 정밀한 꿈 연구의 모범으로서 칭찬받을 만합니다. 꿈의 '의미'를 찾아보겠다고 했을 때, 과학자들의 반응은 쉽게 상상할 수 있습니다. 그러나 실수 행위들이 의미가 있다면 꿈 또한 마찬가지입니다. 실수 행위는 많은 면에서 과학자들이 간과해 버리는 의미를 지니고 있기 때문입니다.

모든 꿈들의 공통적인 특징은 우선, 우리가 꿈을 꿀 때 잠을 자고 있다는 것입니다. 꿈을 꾼다는 것은 분명 수면 도중의 정신 활동을 의미하며, 깨어 있을 때의 정신 활동과는 구별됩니다. 어쩌면 꿈과 수면 사이에는 더 깊은 관계가 있을지도 모릅니다. 그렇다면 잠은 무엇일까요?

잔다는 것은 생리학적, 생물학적 문제입니다. 잠이 무엇인가에 대해 정확한 결론을 내릴 수는 없지만 심리학적 특성을 밝혀볼 수는 있습니다. 잠이란 자아가 외부 세계와 아무런 관련을 맺지 않는 상태, 즉 자아의 관심을 외부에서 거두어들인 상태를 말합니다. 자아는 외부 세계에서 자신을 거두어들이고 외부의 자극들을 스스로에게서 떼어내면서 잠 속으로 빠져듭니다. 또 외부의 자극으로 피곤해졌을 때 잠들기도 합니다. 그러므로 잠의 생물학적 목적은 휴식인 것 같습니다. 또 그것의 심리학적 특성은 세상에 대한 관심을 꺼버리는 것입니다. 세상에 태어나기 이전의 상태, 즉 어머니 자궁 속의 존재로 돌아가는 것이기도 합니다. 잠을 잘 때 어머니의 배 속에 있을 때처럼 웅크린 자세로 자기도 합니다. 그러므로 아침마다 깨어나는 것은 매일매일 새로 태어나는 것과 같습니다.

잠의 정의에 의하면 꿈은 애초부터 잠의 계획 속에는 포함되지 않은 것처럼 보입니다. 오히려 환영받지 못하는 부속물처럼 보입니다. 잠을 잘 때는 어떠한 정신 활동도 있어서는 안 되는데, 이것이 흔들려 꿈을 꾼다면 정신 활동의 찌꺼기들이 완전히 없어지지 않은 것입니다. 이러한 정신 활동의 잔류물들을 꿈이라 할 수 있습니다. 그러나 내가 잠을 자고 있어서 정신 활동은 완전히 정지된 상태이고 단지 그 일부분만이 억눌리지 않은 채 나타난다고 해서, 그처럼 잉여적인 존재라고 해서 그것을 완전히 무시해 버리고 정신분석에는 부적절한 주제로 취급하는 것은 옳지 않을 것입니다.

정신 활동은 왜 잠들지 못하는 걸까요? 어쩌면 무언가가 정신의 안식을 허락하지 않는 것인지도 모릅니다. 어떤 자극을 받는다면 정신은 그에 대해 반응할 수밖에 없습니다. 그러므로 꿈은 잠자는 동안 받는 자극에 정신이 반응하는 현상일 것입니다. 우리는 여기에서 꿈을 이해하기 위한 하나의 방법을 발견합니다. 잠을 방해하려는 자극이 있으며 꿈이 그에 대한 반응이라면, 여러 가지 꿈들을 연구해 그것을 밝힐 수 있을 겁니다. 이렇게 우리는 모든 꿈의 첫 번째 공통점을 추론해 냈습니다.

꿈과 관련한 두 번째 공통점은, 잠들어 있을 때의 정신 과정은 깨어 있을 때와 전혀 다른 특성을 보인다는 것입니다. 우리가 꾸는 꿈은 주로 시각적인 그림으로 나타납니다. 꿈을 설명하기 어려운 이유 중 하나는 이러한 그림들을 언어로 번역해야 하기 때문입니다. 페히너(G. Th. Fechner)는 꿈이 활동하는 무대는 깨어 있을 때의 생활 무대와는 다를 것이라고 추측했습니다. 이와 같은 꿈의 두 번째 공통점을 완전히 이해하지는 못해도 주의 깊게 살펴볼 필요는 있습니다.

이 두 가지 외의 다른 공통점은 찾아보기 어렵습니다. 온통 차이점뿐이지요. 꿈의 지속 시간과 명확성, 감정이입 여부 등 모든 면에서 그렇습니다. 어떤 것들은 너무 생생해서 깨어난 후에도 한참 동안 꿈이 아니었던 것처럼 느껴지는 경우가 있습니다. 또 어떤 것들은 너무 어렴풋해서 그저 몽롱한 느낌뿐인 것들도 있습니다. 그리고 동일한 꿈에서도 강한 인상을 주는 부분과 인식하지 못할 정도로 희미한 부분들이 서로 섞여 있을 수 있습니다. 울게 할 만큼 고통스러운 꿈도, 무서워서 놀라게 되는 꿈도 있습니다. 일반적으로 깨고 나면 빨리 잊히지만 어떤 것들은 하루 종일 머릿속을 맴돌다가 저녁이 되어 희미해진 상태로 군데군데 연결이 끊어진 채 기억되기도 합니다. 또 어린 시절의 꿈들 중에는 30년이 지나도 생생한 체험처럼 잘 보존되는 것도 있습니다. 요컨대 밤에 나타나는 이런 정신 활동의 찌꺼기는 제멋대로 다양하게 변형되어 낮에 정신 활동이 할 수 있는 모든 것을 해 내지만, 그것은 전혀 다른 성질의 것입니다.

우리는 꿈이 잠을 방해하는 어떤 자극에 대한 반응이라고 결론을 내렸습니다. 실험심리학은 수면 중에 가해진 자극이 꿈을 일으킨다는 것을 증명했습니다. 모리는 자신을 대상으로 그런 실험을 한 적이 있습니다. 자고 있는 모리에게 오 드 콜로뉴 향수의 냄새를 맡게 하자 그는 카이로에 있는 어떤 향수 가게 앞에 있는 꿈을 꾸었습니다. 그리고 그 꿈은 계속해서 굉장한 모험들로 이어졌습니다. 또 그는 자는 동안 자신의 목덜미를 꼬집어보게 했습니다. 그러자 그는 반창고를 붙이는 꿈과 어린 시절에 그를 진찰하던 한 의사에 관한 꿈을 꾸었습니다.

우리는 자극 때문에 꾸는 다른 꿈들에서 이 같은 꿈 실험에서 발견되는 특징들을 더욱 분명하게 발견할 수 있습니다. 예리한 통찰력의 소유자 힐데브란트(F. W. Hildebrandt)가 보고한 두 개의 꿈은 모두 자명종이라는 자극에 대한 반응이었습니다.

어느 봄날 산책을 하던 중 동네 사람들이 성경책을 들고 교회에 가는 것을 보고 일요일이라는 것을 알게 되었다. 그래서 나도 예배에 참석하기로 했는데, 얼굴이 조금 달아오르는 것 같아 교회 옆의 묘지에서 열을 식히기로 했다. 그곳 묘지에서 묘비명들을 읽고 있을 때, 교회 종지기가 탑으로 올라가 종을 치는 것을 보았으며 그 순간 맑고 커다란 소리가 울려 퍼졌다. 그 소리가 너무나 우렁차 나는 그만 잠에서 깨고 말았다. 그런데 그 소리는 바로 자명종 소리였다.

거리가 온통 눈으로 덮여 있던 맑은 어느 겨울날, 썰매를 타러 가기로 약속한 나는 썰매를 기다리고 있었다. 썰매가 도착하여 나는 썰매에 올라탔다. 출발 준비를 하고 말들의 고삐를 당기는 순간 힘차게 흔들리는 방울들에서 귀에 익은 터키 행진곡이 울려 퍼졌고, 시끄러운 그 소리 때문에 잠에서 깨어났다. 그런데 이 또한 귀를 찢는 듯한 자명종 소리였다.

이것은 내용이 풍부한 꿈들로서 앞뒤가 뒤죽박죽인 다른 꿈들과는 구별됩니다. 이 꿈들의 공통점은 모두 소음에서 시작되었고 깨어보니 자명종 소리라는 것을 확인했다는 것입니다. 우리는 여기에서 꿈이 만들어지는 한 가지 과정을 알 수 있습니다. 꿈은 자명종을 인식하지도 못할 뿐 아니라 자명종은 꿈속에서 나타나지도 않습니다. 그 대신 꿈은 자명종 소리를 다른 것으로 대체시켜 놓습니다. 뭔가 꿈을 방해하는 자극을 암시하지만 그 자극을 매번 다른 방법으로 암시하고 있습니다. 왜 그럴까요? 명쾌한 해답은 찾을 수 없습니다. 어쩌면 임의적인 것처럼 보이기도 합니다.

꿈을 이해한다는 것은, 자명종 소리라는 자극이 왜 꼭 꿈에서 들었던 그런 소리들로 들렸는가를 설명하는 것입니다. 똑같은 의문을 모리의 실험에도 제기할 수 있습니다. 즉, 꿈꾸는 사람에게 가해진 자극이 꿈에 나타난다는 것은 알 수 있지만, 왜 꼭 그런 형태로 나타나는지 알 수 없다는 것입니다. 또 모리의 예에서 보듯이 오 드 콜로뉴 향수에 관한 꿈에서 이어지는 굉장한 모험들처럼 다양한 내용의 꿈들이 연결되는 것은 설명할 수 없습니다.

이제 여러분은 잠을 깨우는 꿈들로부터, 잠을 방해하는 외부 자극의 영향을 알아낼 수 있다는 점에 대해 의문을 제기할지도 모릅니다. 거의 모든 경우에 그것은 더 어려울 겁니다. 언제나 꿈을 꾸다가 깨어나는 것은 아니기 때문입니다. 아침에 일어나서 밤에 꾼 꿈을 기억한다 해도 밤 동안에 작용했을지도 모르는, 꿈을 방해했던 자극을 어떻게 찾아낼 수 있을까요? 저 역시 그러한 소리로 인한 자극을 나중에 기억한 적이 있습니다. 티롤 지방의 휴양지에서 교황이 죽는 꿈을 꾸었다고 생각하며 잠에서 깨었습니다. 그 꿈을 이해할 수 없었습니다. 그런데 그때 아내가 물었습니다. "여보, 아침에 성당 종이 마구 울리는 소리 들었어요?" "아니 못 들었는데. 잠이 깊이 든 것 같아." 그때서야 비로소 꿈을 이해할 수 있었습니다.

잠든 사람이 꿈을 꾸도록 만들어놓고, 아무것도 알려주지 않는 자극들이 얼마나 많을까요? 꿈에 영향을 미친 자극을 확인할 수 없다면, 그 자극 때문에 꿈을 꾸게 되었다는 어떤 확신도 할 수 없습니다. 잠을 방해하는 외부 자극이 꿈의 일부를 설명할 뿐, 꿈 전체를 설명할 수 없다는 것을 알게 된 이상, 우리는 이러한 자극을 지나치게 중시하지는 않을 것입니다.

하지만 이 이론을 완전히 버릴 필요는 없고 더 발전시켜 나갈 여지는 있습니다. 즉, 외부의 자극 때문이 아니라면 내부의 신체 자극 때문이라고 추론할 수도 있습니다. 신체 자극이 꿈을 생성한다는 이론을 뒷받침하는 사례들은 많습니다. 방광이 가득 차거나 생식기가 흥분하면 그것이 꿈 내용에 영향을 미친다는 것은 분명한 사실입니다. 꿈 연구가인 셰르너(K. A. Scherner)는 신체 자극 때문에 꿈을 꾼다고 주장하며 몇 가지 예를 제시했습니다.

'얼굴이 하얀 금발의 미소년들이 두 줄로 늘어서서, 서로 달려들어 드잡이하는 모습이 되풀이되는 장면'을 꿈에서 보았다면 미소년들이라는 암시는 치아에 해당하며 이런 꿈을 꾼 이후에 실제로 치아를 뽑았다면 그 해석은 확실한 것이라고 주장했습니다. '좁고 구불구불한 길'을 내장기관의 자극으로 해석하는 것 또한, '꿈은 특히 자극을 일으키는 신체기관을 그것과 비슷한 물건으로 표현하려 한다.'는 셰르너의 주장이 증명된 것이라 하겠습니다.

그러므로 우리는 내부의 자극도 외부의 자극과 똑같은 역할을 한다는 사실을 인정해야만 합니다. 하지만 이런 주장은 외부의 자극에서 살펴보았던 것과 같은 반론에 직면하게 됩니다. 신체 자극의 암시는 불확실하거나 설명하기 힘든 때가 많습니다. 몇몇 꿈들에서만 내적인 신체 자극이 작용했을 것이라고 추론할 수 있습니다. 그러나 내적인 신체 자극도 자극에 대한 직접적 반응으로 꿈을 설명하는 것 이상은 아닙니다. 그러므로 꿈의 나머지 부분이 도대체 어디에서 비롯되는가는 아직 밝혀지지 않았습니다.

꿈은 단순히 자극을 재현하는 것이 아니라 그것을 가공하고 암시하며, 일련의 관계 속에 배치시키고, 다른 것으로 바꾸기도 합니다. 이것이 꿈 활동의 한 단면이라 할 수 있는데 이를 연구함으로써 꿈의 본질에 접근할 수 있습니다.

꿈의 공통적 특질을 찾아내는 연구가 어렵다면 그 차이점에서 출발해 보는 것을 어떨까요? 꿈이란 일반적으로 무의미하고 몽롱합니다. 그러나 의미 있고 조리에 맞는 꿈들도 있습니다. 이런 꿈의 예로 최근에 들었던 어느 젊은이의 꿈을 여러분에게 들려드리겠습니다.

“도심지로 산책을 나가던 도중 X 씨를 만났습니다. 그와 한동안 대화를 나누다 어떤 레스토랑으로 들어갔는데 남녀 한 쌍이 제가 앉은 자리에 앉는 것이었습니다. 처음에는 화가 나서 그들을 쳐다보지도 않았지만, 나중에는 그들이 매우 예의 바른 사람들이란 것을 알게 되었습니다.”

그는 꿈을 꾸기 전날, 늘 다니던 도심지에서 X 씨를 만났던 사실을 기억하게 되었습니다. 커플과 관련된 내용은 직접적인 기억은 아니고 단지 오래전의 어떤 체험과 약간 관련이 있었습니다.

또 어떤 부인의 꿈 이야기를 들어봅시다.

“남편이 ‘피아노를 조율해야겠는데?’라고 말했는데 제가 ‘그럴 필요 없어요. 어차피 줄을 새로 갈아야 돼요.’라고 대답했어요.”

이 꿈은 그 전날 남편과 했던 대화를 거의 그대로 반복하고 있습니다.

두 가지 꿈에서 무엇을 얻어낼 수 있을까요? 이런 꿈들 속에는 일상의 반복이나 그것과 연관된 내용 외에는 아무것도 들어 있지 않습니다. 무의미해 보이고 엉터리처럼 보이는 꿈들에 대한 열쇠를 찾아내는 것은 불가능합니다. 우리의 관심은 꿈이 무엇을 말하고자 하느냐에 있습니다. 그 꿈이 무언가를 말하고 있는 것이라면, 조금 전의 예처럼 어떤 목적으로 우리가 알고 있는 사실이나 최근에 생긴 일이 되풀이해서 꿈으로 나타나는가를 알아보는 것이 중요합니다.

이제, 해결의 통로도 모르는 채, 단순한 관심만으로 연구와 실험을 계속하는 것이 얼마나 지루하고 힘든 일인지 아실 것입니다. 실험심리학은 자극의 의미에 대한 몇 가지 의미 있는 자료만을 제공해 주었을 뿐입니다. 철학이나 신비학도 별 도움이 되지 못합니다. '꿈이란 많은 것을 함축하고 있고 미래를 예견하게 해 준다.'는 세간의 통설도 증명하기 어렵습니다. 이렇게 우리의 첫 번째 노력이 미로에 빠져든 것처럼 보이는군요.

그런데 예기치 않게 지금까지 거들떠보지도 않았던 곳에서 힌트가 나타났습니다. '백일몽(白日夢)'이 바로 그것입니다. 백일몽이란 매우 흔한 것으로 병든 사람이나 건강한 사람 모두에게 나타납니다. 이 공상의 산물에서 가장 두드러지는 것은, 앞에서 언급한 꿈의 두 가지 공통점이 없는데도 '꿈[夢]'이란 이름을 갖게 되었다는 사실입니다.

잠자는 동안 하는 활동이 아닌데도 수면 상태와 관련된 이름을 가졌다는 것 자체가 모순처럼 보입니다. 백일몽 상태에 있을 때는 마음속으로 상상만 할 뿐 무언가를 체험하거나 환각 상태에 이르지는 않습니다. 그것들은 개인의 이기적 공명심이나 권력욕, 혹은 성애적 욕구들이 채워지는 장면이나 사건들로 이루어집니다. 그리고 남자든 여자든 상관없이 백일몽의 배후에는 성적 욕구들이 깔려 있다는 것을 자주 발견하게 됩니다. 작가들은 이런 백일몽의 욕구들을 잘 가공하여 위대한 문학작품을 만들어내기도 합니다.

백일몽이 이런 이름을 갖게 된 것은 현실과 맺고 있는 관계가 꿈과 비슷하기 때문일지도 모릅니다. 그 내용이 현실적이지 않다는 것을 가리키는 것이지요. 이름의 이러한 공통점은 어쩌면 우리가 찾고자 하는 것 중 하나인, 꿈의 심리적 특성 때문인지도 모릅니다. 어쨌든 이것은 나중에 밝혀질 것입니다.

여섯 번째 강의

꿈 해석의 전제와 기법

꿈에 대한 우리의 연구를 좀 더 발전시키기 위해서는 새로운 모색이 필요합니다. 이 새로운 모색을 위한 전제로 '꿈은 신체 현상이 아니라 심리 현상'이라는 것을 내세우고자 합니다. 만일 꿈이 신체 현상이라면 그것은 우리와 아무런 관계도 없습니다. 그것이 심리 현상이라는 전제하에서만 우리는 꿈에 관심을 갖습니다. 그러므로 꿈이 실제로 심리 현상이라는 전제하에 연구하면서 어떤 결과가 나오는지 알아보겠습니다.

그런데 도대체 우리의 목표는 무엇일까요? 우리의 목표는 모든 과학이 지향하는 것과 같습니다. 즉, 여러 가지 현상을 이해하고 현상들 간의 관련성을 찾고, 가능하다면 그러한 현상들에 대한 우리의 지배력을 강화해 나가는 것입니다.

따라서 '꿈은 심리 현상이다.'라는 가정하에 연구를 계속해 나가고자 합니다. 그러나 꿈은 어떤 것도 말해 주지 않는, 우리가 이해할 수 없는 작품이며 표현입니다. 제가 여러분이 이해할 수 없는 말을 한다면 여러분은 어떻게 하시겠습니까? 아마 저에게 물어볼 것입니다. 꿈 또한 꿈을 꾼 사람에게 그 의미를 물어본다고 해서 잘못된 일은 아닐 겁니다.

우리는 실수 행위를 다룰 때 이와 비슷한 상황을 거론했습니다. 말실수를 한 사람에게 그렇게 말한 의도를 물어보았던 것입니다. 그리고 이러한 질문이야말로 정신분석적 탐구의 본보기라고 했습니다. 이제 정신분석은 수수께끼의 해답을 피험자 스스로 말하게 하는 기법을 활용한다는 것을 이해하셨으리라 짐작됩니다.

하지만 꿈의 경우, 그렇게 간단하지만은 않습니다. 실수 행위와는 다르게 꿈을 꾼 사람은 늘 아는 것이 없다고 말합니다. 그렇다면 이 연구를 포기해야만 하는 걸까요? 그렇지 않습니다. 제가 강조하고 싶은 것은 꿈을 꾼 사람이야말로 자신의 꿈이 무엇을 의미하는지 잘 알고 있으리라는 것입니다. 다만 자신이 알고 있다는 사실을 모르며, 모른다고 믿고 있을 뿐입니다.

혹시 제가 가정을 앞세워 강의를 어렵게 만든다는 의심이 들지도 모릅니다. 하지만 여러분이 정신분석의 초보자라고 해서 난감한 문제들을 대충 덮고 넘어갈 생각은 추호도 없습니다. 있는 그대로 우리 학문의 모습을 보여주고, 여러 가지 전제 조건들과 의문점들을 적나라하게 보여드리고자 합니다. 어떠한 학문도 시작하는 과정에서는 똑같이 이러한 난관에 부딪친다는 것이 저의 견해입니다. 곤란한 문제들을 피해 가는 것은 정신분석학에서 통하지 않습니다.

'꿈은 심리 현상이다.'라는 첫 번째 가정은 우리가 연구를 통해 증명해 내고자 하는 전제입니다. 두 번째 가정은 '자기가 알고 있다는 사실을 모르고 있을 뿐'이라는 것인데, 얼핏 모순적인 표현처럼 들리지만 틀림없는 사실입니다.

이를 입증하는 실험이 최면 분야에서 있었습니다. 1889년, 리보(A. A. Liébeault)와 베르넹(H. Bernheim)이 낭시에서 실시한 공개 실습에 참석해 다음과 같은 실험을 생생히 지켜볼 수 있었습니다.

한 남자에게 인위적으로 최면을 걸고, 여러 가지 체험을 겪게 한 후 깨웠습니다. 처음에 그는 자신에게 무슨 일이 있었는지 모르다가 베르넹이 최면 도중에 일어났던 일을 기억해 내도록 계속 채근하자 깊은 생각에 잠기기 시작했습니다. 그리고 암시받은 경험을 처음에는 어렴풋이 기억하더니 회상이 점차 분명하고 완전해져 마침내는 아무 흠 없는 기억을 떠올리게 되었습니다. 이 남자에게 그 내용을 누가 알려준 것이 아닌 이상 그가 그것을 이미 기억하고 있었다고 추측하는 것이 옳을 것입니다. 다만 스스로의 힘으로 생각해 내지 못했을 뿐입니다. 그는 자신이 그 내용을 기억하고 있다는 사실은 모르는 채, 모른다고만 생각했던 것입니다. 우리가 꿈을 꾼 사람에 대해 가정하려는 것도 이런 경우와 같다고 할 수 있습니다.

여러분은 실수 행위를 설명할 때는 왜 이런 이야기를 하지 않았는지 의아해 할 수도 있습니다. 그러나 실수를 하는 상황은 어느 정도 정상적인 것으로 받아들일 수 있지만 최면 상태와는 아무런 유사점이 없습니다. 수면 상태는 그와는 반대로 최면 상태와 아주 유사한 관계가 있습니다. 최면은 인위적인 잠이라고 알려져 있으며, 실제로 최면을 걸 때 '잠드시오.'라고 명하기도 합니다.

또한 우리가 부여하는 암시도 자연적인 수면 상태의 꿈들과 비교됩니다. 수면 상태와 마찬가지로 최면 상태에서도 외부 세계에 대해 전혀 관심을 갖지 않습니다. 꿈을 꾼 사람이 자신의 꿈에 대해 뭔가 알고 있을 것이라는 가정은, 비록 그러한 지식이 없기 때문에 그 사실을 믿지 않는다 해도, 전적으로 근거가 없는 이야기는 아닙니다. 어쨌든 이로써 꿈 연구에 제3의 길이 열릴 수 있다는 점만은 기억합시다. 잠을 방해하는 자극, 백일몽, 최면 상태에서 암시된 꿈 등 세 가지 방법으로 꿈을 연구할 수 있게 된 것입니다.

자, 이제 조금 더 확신을 가지고 과제로 돌아가봅시다. 우리의 관심은 오로지 꿈을 꾼 사람이 알고 있는 것을 찾아낼 수 있게 해주고 그 내용을 우리에게 설명하도록 하는 것입니다. 실수 행위의 경우 우리는 그 당사자에게 왜 그런 실수를 하게 되었는지 물었습니다. 그리고 그가 떠올린 내용을 듣고 실마리를 찾을 수 있었습니다. 마찬가지로 우리는 꿈을 꾼 사람에게 어떻게 해서 그런 꿈을 꾸게 되었는지 물을 것이며, 그가 처음 연상한 것을 이 물음에 대한 해답으로 인정할 겁니다. 그가 뭔가를 알고 있든 모르고 있든 관계없이 두 가지 모두 동일한 것으로 다루어야 합니다.

만약 꿈을 꾼 사람이 생각나는 것이 없다고 주장할지라도 그의 말에 이의를 제기하고 '틀림없이 뭔가 있을 것이다. 당신은 그것을 생각해 낼 수 있다.'고 확신을 주면서 어떤 대답을 받아내는 것이 일반적인 방법입니다. 그렇게 되면 그는, '어쩐지 어제 일어난 일 같은데요.'라거나 '그것은 얼마 전의 일을 생각나게 하는군요.'라고 말할 것입니다. 마침내는 그 꿈에서 시작하여 그 전에 있었던 일들, 종국에는 아주 오래전 과거의 일까지도 기억해 낼 수 있을 것입니다.

혹시, '꿈을 꾼 사람의 다음 연상이 우리가 찾고 있는 것을 보여줄 것이라는 가정은 너무 독단적이다. 그때의 연상이 전혀 이치에 맞지 않고 우리가 찾고 있는 것과 아무 상관없을 수도 있지 않은가. 따라서 지나치게 낙관적으로 보는 것이 아니냐.'라고 반문할 수도 있습니다. 그렇다면 여러분은 잘못 이해하신 것입니다. 질문을 받은 사람이 그런 연상을 떠올렸다면 그것을 사실로 인정해 주면 됩니다. 질문받은 사람의 연상이 우리가 찾고 있는 것과 상당한 관련이 있다는 사실은 증명될 수 있습니다.

꿈과 관련해 어떤 생각이 떠오르는지 묻는 것은, 꿈의 실마리가 되는 표상(表象)을 마음속에 잘 간직하고 '자유연상'에 마음을 내맡기라고 요구하는 것이기도 합니다. 이것은 어떤 것을 심사숙고하는 것과는 전혀 다른 상태입니다. 말하자면 어떤 고유명사라든가 숫자 등을 자유롭게 연상해도 좋다고 말하는 것입니다. 그렇게 하면 연상이 자유롭게 전개될 수 있는 여지가 상당히 넓어집니다. 이러한 연상은 우리가 모르는, 정신의 태도에 의해 언제나 엄격하게 통제된다는 것을 알 수 있습니다. 이런 내적인 정신 태도는 그것이 작용하는 순간에는 잘 의식되지 않으며, 마치 실수 행위를 할 때 방해하는 의도나 우발적 행위를 유발하는 경향에 대해 알 수 없는 것과 마찬가지입니다.

저와 동료들은 아무런 실마리도 주지 않은 상태에서 이름이나 숫자를 자유롭게 연상하게 하는 실험을 셀 수 없을 만큼 반복했습니다. 일단 한 번 떠오른 이름에 대해 끊임없이 연상을 해 보게 합니다. 그러고 나서 이러한 자유로운 연상의 의미와 동기를 설명해 줍니다. 이 실험은 언제나 같은 결과를 가져오는데, 때로는 피험자의 보고가 너무 풍부해서 폭넓게 연구해야 할 경우도 있습니다. 이런 식의 '이름 분석'에 관한 예 한 가지를 들어보겠습니다.

많은 여자들과 관계를 맺고 있던 어떤 젊은이를 치료할 때입니다. 우리는 자유연상을 시도해 보자고 합의했으며, 그에게 어떤 여자의 이름을 떠올린다면 선택의 폭이 넓어질 것이라고 말해 주었습니다. 그는 제 말에 동의했는데, 그 결과로 우리가 아주 놀랄 만한 일이 발생했습니다.

잠시 말이 없던 그는, 관계를 맺고 있던 많은 여자들의 이름은 하나도 떠올리지 못하고 오직 알비네(Albine)라는 이름만을 떠올렸습니다.

"이상한 일이군요. 그 이름에서 당신이 연상하는 것은 무엇입니까? 당신은 알비네라는 여성을 얼마나 많이 알고 있나요?"라고 내가 물었습니다. 그런데 이상한 일은 그가 알고 있는 여자들 중에는 알비네라는 여성이 없다는 것이었습니다. 그는 이 이름에 관해 그 이상을 연상해 내지 못했습니다. 그렇다면 이 분석은 실패한 것이라고 단정할 수도 있습니다. 하지만 그렇지 않았습니다. 그 젊은이는 이상할 만큼 피부가 하얘서, 치료 중에 농담으로 알비노[Albino, 스페인 말로 '흰둥이'라는 뜻 – 역주]라고 부를 정도였습니다. 우리는 그때 그의 본성 중 여성적인 특질을 규명하려고 애쓰던 중이었습니다. 그 순간 그가 가장 관심을 가졌던 여성성의 특질이 알비노였고, 그 자신이 바로 그 알비노였던 겁니다.

이와 마찬가지로 문득 떠오르는 멜로디도, 스스로는 깨닫지 못하지만 생각의 흐름과 관련이 있는 경우가 많습니다. 한 청년이 오펜바흐의 〈아름다운 헬레나〉에 나오는 '파리스의 노래'의 매혹적인 선율에 매료되어 한참이나 벗어날 수 없었는데, 분석 결과 그의 관심이 이다(Ida)와 헬레나(Helena)로 분리되어 있다는 것에 주목하게 되었습니다.[이다 산에서 양치기로 지내던 파리스는 아프로디테, 헤라, 아테나 세 여신 가운데 최고의 미인을 뽑는 심판관이 된다. 그는 아프로디테를 뽑고, 아프로디테는 아름다운 아내를 대가로 약속한다. 그 여인이 헬레나였고, 두 사람은 사랑에 빠져 트로이로 도망간다. – 역주]

그러므로 자유롭게 떠오르는 연상일지라도 이처럼 제약이 있거나 어떤 관련성을 찾을 수 있다면 그것이 어떤 제약, 즉 출발점이 되는 표상에 의해 규정되어 있다고 볼 수 있습니다. 실제로 연구해 본 결과, 출발점이 되는 표상으로 제시한 제약 외에도 강렬한 감정을 수반하는 일련의 사고와 관심(이것을 '콤플렉스'라고 부릅니다.)도 발견했습니다. 그때 이런 요인들의 작용에 대해서는 스스로도 인식하지 못하는데, 이것은 무의식적인 것입니다.

제약을 받고 있는 이러한 연상은 정신분석 역사상 가장 주목할 만한 연구 대상이었습니다. 분트 학파가 이런 연상 실험을 주도적으로 이끌었습니다. 실험에서 피험자는 제시하는 자극어에 대해 가능한 빨리 즉시 떠오르는 반응어로 대답해야 합니다. 이때 자극과 반응 사이의 시간차, 반응으로 나타난 대답의 성질, 똑같거나 비슷한 실험을 반복했을 때 생기는 오차 등이 연구 대상입니다.

블로일러(Bleuler)와 융(C. G. Jung)이 이끄는 취리히 학파는 연상 실험에서 나타나는 반응에 대한 해명 방법을 제시했는데, 피험자의 반응어에 주목할 만한 점이 있을 때, 그 다음 연상으로 그것을 해명하라는 것이었습니다. 그렇게 해서 밝혀진 것은, 그 주목할 만한 반응이 피험자의 콤플렉스에 의해 규정되어 있다는 사실입니다. 이렇게 해서 블로일러와 융은 최초로 실험심리학과 정신분석학 사이에 다리를 놓았습니다.

앞에서 논의한 연상 실험에서 반응의 결정 요소인 자극어는 자의적으로 선택합니다. 반응은 그 자극어와 그로 인해 자극을 받은 피험자의 콤플렉스 간의 매개체가 됩니다. 꿈속에서 자극어는 꿈을 꾼 사람이 모르는, 그 자신의 정신 활동에서 유래하는 무언가로 대체됩니다. 그러므로 그것은 콤플렉스의 산물이라 할 수 있습니다. 그러므로 꿈 요소들에 이어진 일련의 연상도 다른 콤플렉스가 아니라 바로 그 요소 자체의 콤플렉스에 의해 규명되며, 이렇게 해서 그 콤플렉스를 밝혀낼 수 있습니다.

앞에서 살펴본 망각이라는 실수 행위를 통해 꿈의 분석을 유추해 보기로 하겠습니다. 고유명사의 망각은 꿈의 분석에도 활용할 수 있는 훌륭한 본보기입니다. 잠깐 어떤 이름을 잊어버렸을 경우, 우리는 그 이름을 알고 있다고 확신합니다. 그러나 꿈의 분석에서는 베르넹의 실험과 같은 우회적 방법을 통해서만 그런 확신을 얻을 수 있었습니다. 우리는 언제나 잊어버린 이름 대신 하나 혹은 몇 개의 이름을 떠올릴 수 있습니다. 이런 대체되는 이름처럼 꿈 요소도 내가 모르고 있기 때문에 꿈 분석을 통해 찾아내려는 것의 대용물에 불과합니다. 두 경우의 차이점은, 이름을 잊어버린 경우 그 대용물이 원래의 것이 아니라는 것을 당연히 인식할 수 있지만, 꿈 요소의 경우 이러한 인식에 도달하기 위해 매우 힘든 과정을 거쳐야 한다는 것입니다.

이런 분석의 예를 한 가지 들어보겠습니다. 어느 날 저는 리비에라 연안에 위치한, 수도가 몬테카를로인 어느 작은 나라의 이름이 도무지 생각나지 않았습니다. 짜증이 났지만 꾹 참고 그 이름을 떠올리기 위해 애를 썼습니다. 그 나라와 관련된 귀족의 이름이나 기사 내용 등 온갖 방법을 다 동원해 이름을 생각해 내려 했지만 실패했습니다. 그래서 저는 대체할 수 있는 이름들을 대신 떠올리기로 했습니다. 몬테카를로, 피에몬테, 알바니아, 몬테비데오, 콜리코, 몬테네그로 등이었습니다. 그리고 이들 가운데 네 개의 이름이 모두 '몬(mon)'이라는 동일한 음절을 포함하고 있다는 것을 알게 되었습니다. 저는 바로 그 순간에 잊어버린 이름을 생각해 냈습니다. "모나코(Monaco)!"

이름을 잊어버린 경우에 적용할 수 있었던 방법은 꿈 해석에서도 사용할 수 있을 것입니다. 말하자면 대용물에서부터 시작하여 그에 따르는 연상을 통해 감추어진 본래의 것에 도달하게 만드는 것입니다. 이름을 잊어버린 경우에 비추어 꿈 요소의 연상에서 가정할 수 있는 것은, 그러한 연상들이 무의식적인 것과 꿈 요소의 내용에 의해서 규정된다는 점입니다. 이렇게 해서 우리는 정신분석 기법의 정당성을 입증하는 몇 가지 사실을 제시했습니다.

일곱 번째 강의

외현적 꿈 내용과 잠재적 꿈 사고

여러분이 확인했던 것처럼 실수 행위에 대한 우리의 연구는 쓸모없는 일이 아니었습니다. 이런 노력에 힘입어 꿈 요소라는 개념과 꿈 해석의 기술이라는 두 가지 수확이 있었습니다. 우리의 기술은 꿈 요소에 대한 자유연상을 통해 다른 것을 대신 떠오르게 하는 것으로, 이를 통해서 우리는 감춰진 것을 추정할 수 있습니다.

이제 좀 더 활발한 연구를 위해 전문 용어로 수정해야 합니다. '숨겨진', '접근 불가능한', '본래의 것과 다른'보다는 좀 더 정확한 표현이라 할 수 있는 '꿈을 꾸는 사람의 의식이 도달하지 못한'이거나 '무의식적인'이라고 표현하기로 합시다. 이렇게 함으로써 실수 행위를 할 때 잊어버린 말이나 방해하는 경향성과의 어떤 관계를 나타내자는 것인데, 즉 '당시에는 무의식적이었던'이라고 표현하자는 겁니다. 이에 반하여 꿈 요소 그 자체나 연상을 통해 새로 생겨난 대체 표상들을 '의식적인'이라고 부를 수 있습니다. 우리의 견해를 꿈 전체에 확대시켜보면, 꿈이 무의식적인 것의 왜곡된 대체물이라는 점이 드러납니다. 그리하여 꿈 해석의 과제는 이러한 무의식적인 것을 찾아내는 일입니다. 이를 통해 우리가 꿈 해석을 하는 동안 지켜야 할 세 가지 중요한 원칙을 이끌어낼 수 있습니다.

(1) 명료하거나, 부조리하거나, 모호하거나 상관없이 외관상 드러나는 꿈의 의미에 대해 신경 쓸 필요는 없다. 어떤 경우에도 그것은 우리가 찾고 있는 무의식적인 것이 아니기 때문이다.

(2) 각각의 모든 요소에 대해 대체 표상을 떠올리게 하는 데에만 작업을 한정시킨다. 그것이 적합한 것인지 아닌지는 상관없다.

(3) 앞에서 거론한 실험에서 모나코라는 단어를 찾아낼 때처럼 숨겨진 무의식이 스스로 모습을 드러낼 때까지 기다린다.

얼마나 많은 꿈을 꾸었는지 그리고 그 꿈이 정확한지에 상관없이 기억해 낸 꿈은 본래의 꿈이 아닙니다. 그것은 대체 표상들을 떠올림으로써 본래의 꿈에 다가갈 수 있게 해 주고 꿈의 무의식에 대해 알 수 있게 해 주는, 본래 꿈의 왜곡된 대체물입니다. 그러나 그 왜곡에 아무런 동기가 없는 것은 아닙니다.

우리는 자신의 꿈이나 남의 꿈을 이런 방식으로 해석해 볼 수 있지만 곧 반발에 부딪히게 됩니다. 사람들은 어떤 연상에 대해 이렇게 말할 것입니다. “아니야. 이건 여기에 맞지 않아.”, “정말 어처구니가 없군.”, “이건 본질에서 너무 떨어져 있어.”, “이건 너무 불쾌하군. 입 밖에 내기도 싫어.” 이런 반발은 분명 우리의 성공을 위협합니다. 하지만 반발에 직면한다 해도 당사자의 어떤 연상도 빠뜨리지 않고 보고하는 것을 철저한 원칙으로 고수해야 합니다.

여기서 우리는 꿈 해석 작업이 일정한 ‘저항’을 겪으며 이루어진다는 것을 알 수 있습니다. 하지만 인정하고 싶지 않은 이러한 연상들이 예외 없이 가장 중요한 것이며 무의식의 발견에 결정적인 요소라는 점에 주목해야 합니다. 오히려 어떠한 연상이 그러한 거부감과 함께 나타날 때, 그것이야말로 대단히 중요한 것입니다. 어떤 아이가 손에 들고 있는 것을 보여주지 않으려고 꽉 움켜쥔다면 그것은 틀림없이 그 아이가 뭔가 옳지 않은 것, 가지고 있어서는 안 될 것을 가지고 있기 때문인 것과 같은 이치입니다. 저항이 적을 때는 무의식에서 생겨난 대체물도 동떨어져 있지 않을 것이고, 반대로 격렬한 저항을 보인다면 무의식의 왜곡도 더 커질 것이기 때문에 대체물에서 무의식에까지 이르는 거리도 멀어집니다.

이제 실제 꿈을 선택해서 우리의 기법을 적용해 봅시다. 무언가를 말해 주고 있거나 확인해 줄 수 있는 몇 개의 짧은 꿈을 분석용으로 선택하는 것이 좋을 듯합니다.

(1) 어렸을 때 '하느님이 종이로 된 고깔모자를 머리에 쓰고 있는 꿈'을 자주 꾸었다는 여성이 있었습니다. 이 꿈을 그녀의 도움 없이도 이해할 수 있을까요? 사실 아주 우스꽝스러운 꿈입니다. 그러나 그녀의 설명을 듣고 나면 터무니없는 꿈이 아니라는 것을 알 수 있습니다.

어린 시절에 식탁에 앉으면 어른들은 항상 그런 모양의 모자를 그녀에게 씌워주었다고 합니다. 그녀에게는 다른 형제의 접시 위에 혹시 더 많은 음식이 있는 것은 아닌지 힐끔힐끔 쳐다보는 습관이 있었기 때문입니다. 그 모자가 말의 눈가리개 같은 역할을 했던 것이지요. 어쨌든 큰 어려움 없이 하나의 역사적 정보를 얻어낸 것입니다. 아울러 그녀의 연상으로 인해 이 짧은 꿈 전체를 쉽게 해석할 수 있었습니다.

하지만 그녀는 "하느님은 전지전능하므로 모든 것을 다 알고 모든 것을 다 본다고 들었기 때문"이라고 말했고, 또 이렇게 주장했습니다. "그 꿈은 당연히 내가 하느님처럼 모든 것을 알고, 볼 수 있다는 것을 의미하겠지요. 사람들이 아무리 그것을 방해한다고 해도 말이지요."

(2) 어떤 환자가 긴 꿈을 꾸었는데, 그 꿈의 일부는 다음과 같았습니다. '특이한 모양의 식탁에 가족들이 둘러앉아 있었습니다.' 이

식탁에 대한 그의 연상은 언젠가 어떤 집을 방문했을 때 보았던 식탁이라는 것이었습니다. 그는 계속해서 그 집에서는 아버지와 아들 사이에 어떤 특별한 관계가 형성되어 있었음을 생각해 냈으며, 자기와 자기 아버지 사이에도 그런 관계가 있다고 덧붙였습니다. 그러니까 그 식탁이 꿈에 등장하게 된 것은 이러한 유사 관계를 나타내기 위해서였던 겁니다.

그의 설명이 없었다면 식탁과 같은 사소한 것을 연구 대상으로 삼는 것을 불쾌하게 생각했을지도 모릅니다. 우리는 꿈에 나타난 어떤 것도 우연이나 상관없는 것으로 보지 않습니다. '우리 관계도 그들과 같다.'라는 생각을 식탁을 매개로 표현하고 있는 이러한 꿈 작업[잠재되어 있는 무의식, 즉 이루어지지 못한 충동과 욕구가 억압과 왜곡을 거쳐 꿈으로 드러나는 과정 – 역주]이 쉽게 이해되지는 않을 겁니다. 그러나 그가 방문했던 가족의 성이 티슐러(Tischler)였다는 사실을 알면 그 이유를 이해하게 됩니다. [Tischer는 책상(Tisch)을 만드는 사람이다. – 역주] 꿈꾼 이는 자기 가족들을 그 식탁 주위에 앉게 하는 것으로 그들도 역시 티슐러 가족들과 같은 사람들이라고 말하려 했던 겁니다. 이렇게 꿈을 해석하는 과정에서 꿈을 꾸는 사람은 반드시 부주의해져야만 합니다. 어떤 사례를 선택할 것인가가 왜 그렇게 중요한지 여러분은 알게 되었을 겁니다.

이제 미루어왔던 두 개의 용어를 소개할 때가 된 것 같습니다. 지금부터는 꿈이 이야기하고 있는 것은 '외현적 꿈 내용'으로, 연상을 통해 도달하게 되는 숨겨져 있는 것을 '잠재적 꿈 사고'로 부르기로 합시다. 외현적 꿈 내용과 잠재적 꿈 사고 사이의 관계에 주목하면서, 그것이 이런 사례들에서 어떻게 나타나고 있는지 살펴보려고 합니다. 이러한 꿈 작업은 꿈을 왜곡시키는 과정이기도 한데, 일정한 부분이나 암시를 통해 그것을 다른 것으로 대체하는 것입니다. (2)의 예에서는 그 밖의 또 다른 관계도 발견할 수 있는데 그것은 다음의 사례들에 더 명료하게 표현되어 있습니다.

(3) 한 남자가 '자신이 잘 아는 어떤 여자를 침대에서 끌어내리는(hervorziehen)' 꿈을 꾸었습니다. 그가 처음 연상한 것을 통해 이 꿈의 의미를 알아차릴 수 있었습니다. 그것은 자기가 이 여자를 좋아한다(er gibt dieser Dame Vorzug)는 의미였던 겁니다.[hervorziehen(끌어당기다)에서 Vorzug geben(좋아하다)으로 의미가 발전되어 나간 것이다. – 역주]

(4) 또 어떤 사람은 '산에 올라서 상당히 먼 곳의 경치까지 바라보는' 꿈을 꾸었습니다. 이 꿈은 해석이 필요 없는, 매우 합리적인 꿈으로 보일 수도 있지만 그렇지 않습니다. 이 꿈 또한 혼란스러운 꿈처럼 해석 작업이 꼭 필요한 것입니다. 그는 등산과 관련된 것은 전혀 연상하지 못했습니다. 단지 자신의 친지 한 명이 지구촌의 소식을 알리는 『전망(Rundschau)』이라는 잡지를 발행하고 있다는 사실을 떠올릴 수 있었습니다. 그러니까 잠재되어 있는 그의 꿈 사고는 전망자(Rundschauer)와 자신을 동일시하고 있었습니다.

이제 여러분은 외현적 꿈 요소와 잠재적 꿈 요소 사이의 새로운 관계를 보게 됩니다. 전자는 후자의 왜곡이라기보다는 후자의 표현이라 할 수 있습니다. 이와 같은 방식으로 외현적 꿈 속에서 수많은 추상적 사고들이 대체 형상을 통해 숨겨지는 것입니다. 이제 여러분은 꿈의 일부분이 아니라 꿈 전체를 해석해 볼 만한 용기를 갖게 되었습니다. 꿈의 여러 가지 특성을 잘 보여주고 있는 것을 골라봅시다.

젊은 나이에 결혼을 했던 한 부인이 꿈을 꾸었습니다.

> 남편과 함께 극장 좌석에 앉아 있었는데, 관람석의 한쪽은 완전히 텅 비어 있었어요. 남편은, 엘리제 L.과 그녀의 약혼자와도 함께 오고 싶어했지만 1플로린 50크로이체로는 나쁜 좌석표 3장밖에 살 수 없어서 그들은 사지 않았다고 했어요. 하지만 저는 그건 그리 불행한 일이 아니라고 대답했어요.

이 부인이 우리에게 들려준 첫 번째 이야기는 외현적 꿈 내용 속에 있는 이 꿈을 꾸게 된 동기가 실제 사건에 있음을 알려주었습니다. 그녀의 남편은 실제로 그녀와 동갑인 엘리제 L.이 약혼했다는 이야기를 한 적이 있었습니다. 이 꿈은 그 이야기에 대한 반응이었습니다. 그런데 관람석이 텅 비어 있다는 식의 자세한 이야기는 어디서 나온 것일까요? 그것은 한 주 전에 일어난 실제 사건을 배경으로 하고 있었습니다.

표를 사지 못할까 봐 조바심이 난 그녀는 '너무 일찍' 예매를 하는 바람에 별도로 예매 수수료를 지불해야 했습니다. '관람석의 한 쪽이 텅 비어 있다.'라는 것은 조바심 때문에 아까운 수수료를 지불해야 했던 사실에 대한 암시입니다. 그녀의 남편은 당일에 표를 살 수 있었는데도 조바심을 낸 그녀를 놀려댔던 겁니다. 그렇다면 1플로린 50크로이체는 어디서 유래한 것일까요? 그것은 전혀 다른 일과 연관되어 있었지만 어쨌든 전날의 사건을 암시하고 있었습니다.

남편에게서 150플로린을 선물받은 시누이가 '늦으면 큰일이라도 나는 듯' 그 즉시 보석상으로 가서 보석을 사는 데 그 돈을 몽땅 써버렸던 겁니다. 3이라는 숫자도 등장하는데, 이에 대해서는 별다른 해석을 내릴 수 없었습니다. 다만 엘리제 L.이 결혼한 지 10년이나 된 그녀보다 겨우 석 달 어리다는 사실을 유효한 연상으로 받아들일 수밖에 없었습니다. 아니면 두 사람이 표 3장을 샀다는 점에 주목해야 했을까요? 어쨌든 그녀는 이 점에 대해서는 더 이상 아무 말도 하지 않았습니다.

그녀는 많지 않은 연상이지만 풍부한 재료들을 제공했으며, 그것만으로도 잠재적 꿈 사고를 추론할 수 있었습니다. 그녀의 연상 중에서 시간이라는 요소가 자주 등장하는 것이 눈에 띄었는데, 이

극장표를 조급하게 '너무 일찍' 샀기 때문에 그 대가를 지불해야 했습니다. 시누이도 '늦으면 큰일이라도 나는 듯이' 보석을 손에 넣기 위해 '서둘렀습니다.' '너무 일찍'이라든가 '서둘렀다'라고 강조된 말들과 꿈을 직접 꾸게 만든 소식, 즉 자기보다 석 달밖에 어리지 않은 친구가 아주 괜찮은 남자와 결혼하게 되리라는 것, 또 시누이에게 '그렇게 서두를 필요 있어?'라고 힐난하는 듯한 태도가 겹쳐지면서 잠재적인 꿈 사고가 자연스럽게 다음과 같은 형태로 나타나는 것을 볼 수 있습니다. 이때의 꿈은 몹시 왜곡된 대체물로 표현됩니다.

"그렇게 서둘러 결혼했던 것은 아무래도 바보 같은 짓이었어요. 엘리제를 보니 좀 더 늦게 결혼했어도 괜찮았을 것이라는 생각이 드는군요."(성급함은 표를 살 때의 행동과 보석을 살 때 시누이의 경우에서 잘 표현되어 있고, 극장에 가는 행위는 결혼의 대체물로 묘사되어 있습니다.)

이것이 바로 그 꿈속에 숨어 있는 의미일 겁니다. 조심스럽기는 하지만, 이제 그 부인의 진술에 근거해 해석을 좀 더 진전시켜보겠습니다. "그만한 돈이라면 그보다 100배는 더 좋은 것을 살 수 있을 텐데."(150플로린은 1플로린 50크로이체의 100배)라고 한 것은 만약 그만한 지참금이라면 지금보다 더 훌륭한 남편을 살 수 있었을 것이라는 의미가 됩니다. 여기에서 그 보석과 나쁜 좌석표는 남편의 대체물입니다. '3장의 표'도 남편과 관련이 있는 것으로 해석할 수 있다면 좋겠지만 거기까지는 우리의 이해가 미치지 못합니다.

 추론할 수 있는 것은, 그녀가 남편을 '별 볼일 없는 사람'으로 평가하고 있다는 점과 '그처럼 빨리 결혼해 버린 것'에 대한 후회를 표현하고 있으리라는 점입니다.

처음으로 진행해 본 꿈의 전체적 해석이 마음에 드십니까? 너무 많은 것을 한꺼번에 한 것은 사실이지만, 이제 꿈 해석으로부터 얻을 수 있는 것이 무한하다는 것을 잘 아셨을 겁니다. 우리가 새롭게 얻어낸 지식을 요약해 봅시다.

첫째, 잠재적 꿈 사고에서 주로 강조된 것은 성급함이었지만 외현적 꿈에서는 이상하게도 그에 대한 어떤 것도 눈에 띄지 않았습니다. 분석을 해 보지 않았다면 이 요소가 어떤 역할을 하고 있는지 알아채지 못했을 겁니다. 따라서 핵심적 내용, 즉 무의식적 생각의 중심 내용이 외현적 꿈에서는 나타나지 않는 경우도 있다는 것입니다.

둘째, 꿈속에서는 1플로린 50크로이체나 3장의 표와 같은 무의미해 보이는 결합이 등장합니다. 우리는 꿈 사고를 통해 (그렇게 빨리 결혼하는 것은) '어리석은 일'이라는 명제를 이끌어냅니다. '그것은 어리석은 일이었다.'는 생각이 외현적 꿈에서는 불합리한 요소를 끌어들여 표현된다는 점을 부정할 수 있을까요?

셋째, 그 두 가지를 비교해 알게 되는 사실은, 잠재적 요소와 외현적 요소 간의 관계는 복잡하며, 외현적 요소가 언제나 잠재적 요소를 대체하는 것은 아니라는 점입니다.

꿈의 의미와 마찬가지로 그것에 대한 부인의 반응도 놀라운 것이었습니다. 우리의 해석에 동의했던 그녀 자신도 그 해석을 놀라워했습니다. 그녀는 자신이 남편을 별 볼일 없는 사람으로 평가하고 있다는 사실을 모르고 있었으며, 왜 그렇게 생각하고 있었는지에 대해서도 이유를 알 수 없다고 했습니다. 그러한 면에 대해서는 아직도 이해할 수 없는 부분들이 많습니다. 아직도 꿈을 해석할 충분한 준비가 되어 있지 않은 것이겠죠.

여덟 번째 강의

어린이의 꿈

지금까지 이야기를 너무 급하게 진행시켜온 것 같아서 발걸음을 조금만 늦춰보겠습니다. 가능하다면 왜곡이 일어나지 않은 꿈, 혹은 있다 해도 왜곡이 아주 적은 꿈을 검토해 보겠습니다.

그런 꿈은 어린이들에게서 발견됩니다. 어린이들의 꿈은 짧고 일관성이 있을 뿐 아니라 애매모호하지도 않아 이해하기 쉽습니다. 그럼에도 그것이 꿈이라는 것은 분명합니다. 물론 어린이의 꿈이 모두 그렇지는 않습니다. 꿈 왜곡은 유년기부터 매우 일찍 시작되어, 다섯 살부터 여덟 살까지의 꿈이 이미 훗날에 꾸게 될 꿈의 특징을 모두 보여준다는 사실이 보고되고 있습니다. 그러나 의식적인 정신 활동이 시작되는 나이인 4, 5세까지로 대상을 한정시키면 이른바 유아적 특징을 지닌 꿈들을 발견할 수 있습니다. 이러한 어린이의 꿈에서 매우 쉽고 확실하게 꿈의 본질에 대한 열쇠를 찾을 수 있습니다.

(1) 이러한 꿈을 이해하기 위해서 어떤 분석이나 기술은 필요 없습니다. 자신의 꿈을 이야기하는 어린이에게 자세히 물어볼 필요도 없습니다. 그러나 아이의 체험은 어느 정도 알고 있어야 합니다.

두 가지 예를 통해 이론을 더 진전시켜보겠습니다.

① 3년 3개월 된 여자 아이가 처음으로 호수에서 배를 탔습니다. 내릴 때가 되자 아이는 내리기 싫다며 엉엉 울었습니다. 그 아이에게는 배를 탄 시간이 너무 짧았던 겁니다. 다음날 아침 아이는 "지난밤에 호수에서 배 탔어."라고 말했습니다. 꿈속에서 아이는 훨씬 오랫동안 배를 타고 놀았을 겁니다.

② 평소에 집에서 멀리 바라보이는 다흐슈타인 산을 동경하던 5년 3개월 된 남자 아이가 어느 날 그 산 근처로 가는 소풍에 따라나섰습니다. 집에서 산 정상의 시모니 산장을 망원경으로 살펴보면서 그 산을 동경하던 아이는 명랑하게 소풍 길에 나섰지만, "저게 다흐슈타인 산인가요?"라고 물을 때마다 아니라는 대답을 듣자 의기소침해져 결국 아무 말도 하지 않았습니다. 그런데 다음날 아침, 아이

는 아주 행복한 표정으로 "어젯밤에 시모니 산장에 가 있는 꿈을 꿨어요."라고 했습니다. 그는 바로 이 산장에 대한 기대감으로 소풍을 따라나섰던 겁니다.

이 두 개의 꿈에서 우리가 원하는 정보를 모두 얻을 수 있습니다.

(2) 이 어린이들의 꿈은 무의미한 것이 아닙니다. 그 꿈은 '이해하기 쉽고 근거 있는 심리적 행위'입니다. 어린이들은 잠들어 있는 동안에도 완전한 정신 활동을 하고 있습니다.

(3) 이 꿈들은 왜곡된 것이 아니므로 해석이 필요 없습니다. 외현적 꿈과 잠재적 꿈이 일치하므로, 꿈 왜곡은 꿈의 본질이라고 할 수 없습니다. 그러나 더 자세히 들여다보면 여기에도 어느 정도의 왜곡, 즉 외현적 내용과 잠재적 사고 사이에 약간의 차이가 있습니다.

(4) 어린이의 꿈은 낮 동안에 채워지지 않은 소망이나 아쉬움 등에 대한 반응입니다. 꿈은 이러한 소망들을 직접적으로 숨김없이 드러내어 충족시켜줍니다. 잠을 방해하고 꿈을 꾸게 하는 외적 · 내적 자극들을 생각해 보십시오. 예시된 어린이들의 꿈에는 육체적 자극을 암시하는 것이 전혀 없습니다. 그렇다고 해서 '꿈은 자극에서 비롯된다.'는 우리의 주장을 포기하는 것은 아닙니다. 신체적인

자극 외에도 정신적인 자극이 잠을 방해한다는 사실을 떠올리시길 바랍니다. 정신적 자극이야말로 성인들에게 수면 장애를 일으키는 가장 일반적 원인입니다. 성인들은 일상생활을 계속하고자 하기 때문에 쉽게 잠들지 못하는 것입니다. 한편, 어린이들의 수면을 방해하는 자극은 정신적인 자극 중에서도 충족되지 않은 소망이며 이에 대해 꿈으로 반응하는 것입니다.

(5) 여기에서 우리는 꿈의 기능에 대한 해답을 얻을 수 있습니다. 심리적 자극에 대한 반응으로서 꿈은 이러한 자극을 처리하며 그렇게 해서 자극은 제거되고 수면이 계속됩니다. 흔히 생각하는 것과는 달리 '꿈은 수면 방해자가 아니라 수면 장애를 제거하는 수면의 수호자'인 겁니다. 꿈이 없다면 잠을 더 잘 잘 수 있을 것이라는 생각은 잘못된 것입니다. 실제로는 꿈의 도움이 없다면 우리는 전혀 잠들지 못할 것입니다.

(6) 소망이 꿈을 꾸게 만들며, 그 소망의 충족이 꿈 내용이 된다는 것이 꿈의 주요한 특징입니다. 꿈은 어떤 생각을 나타낼 뿐 아니라 환각적 체험의 형태로 이러한 소망이 이루어지는 것을 보여 줍니다. '호수에서 배를 타고 싶어요.'라는 것이 꿈을 꾸게 한 소망이고 그 꿈 자체는 '호수에서 배를 탔어요.'라는 내용을 갖게 됩니다. 어린이의 단순한 꿈에서도 일정한 왜곡은 일어납니다. 즉, '생각을 체험으로 바꾸는 것'입니다. 꿈 해석은 이렇게 바뀐 부분을

되돌려놓는 겁니다.

(7) 다시 한 번 꿈과 실수 행위를 비교할 수 있습니다. 실수 행위를 설명하면서 우리는 방해하는 의도와 방해받는 의도를 구별했고 실수 행위는 그 두 경향들이 타협한 결과라고 했습니다. 꿈도 그런 식으로 해석할 수 있습니다. 꿈의 경우, 방해받는 의도는 잠자고 싶은 소망입니다. 방해하는 의도는 정신적인 자극, 즉 꼭 충족되기를 바라는 소망입니다. 그러므로 꿈 또한 타협의 산물로서, 소망을 충족시키는 동시에 잠도 계속 잘 수 있게 하는 것입니다.

(8) 꿈속에서 하는 체험은 오직 수면 상태라는 조건에서만 가능한 일종의 변형된 상상입니다. 다시 말해 자는 동안 꾸는 백일몽이라 할 수 있습니다. 꿈을 꾸는 것은 자는 동안 자극을 제거하고 소망을 이루는 과정인 겁니다. 사람들이 많이 쓰는 표현 중에 '꿈처럼 아름답다.'거나 '꿈에도 생각하지 못했다.'라는 말들은 바로 이러한 점을 암시하는 일반적 표현입니다.

성인들의 꿈 중에도 어린이의 꿈처럼 왜곡되지 않고 쉽게 소망충족으로 해석할 수 있는 것들이 있습니다. 그것은 바로 배고픔이나 갈증, 성적 충동과 같은 거부할 수 없는 육체적 욕구에 의해 생겨나는 것이며, 내적 신체 자극에 반응하여 소망을 충족시키는 것이라고 볼 수 있는 꿈들입니다. 굶주린 죄수들이나 여행이나 탐험 중에 궁핍한 상황을 견뎌야 하는 사람들의 경우 그러한 욕구를 충족시켜주는 꿈들을 자주 꾸게 됩니다. 오토 노르덴셸트(Otto Nordenskjöld)는 그의 책 『남극: 눈과 얼음 속에서 보낸 2년(Antarctica: Or, Two years amongst the Ice of the South Pole)』(1904)에서 그와 함께 혹한을 견뎌냈던 대원들의 이야기를 다음과 같이 전하고 있습니다.

> 우리의 속마음을 드러내주는 것은 바로 우리의 꿈이었는데, 우리가 언제 그렇게도 생생한 꿈을 꾼 적이 있었나 싶을 정도였다. 평소에는 꿈을 잘 꾸지 않던 대원들조차 아침에 일어나면 지난밤의 꿈 이야기를 했다. 먹고 마시는 꿈 이야기가 주된 것이었다. 한 대원이 유독 심했는데, 그는 꿈속에서 거창한 만찬에 참석하곤 했다. 그러고는 아침에 일어나면 "세 코스나 되는 저녁 만찬을 먹었어."라고 자랑을 했다. 또 어떤 대원은 담배가 산처럼 높이 쌓여 있는 꿈을 꾸기도 했고, 어떤 대원은 돛을 높이 올린 배 한 척이 망망대해를 가로질러 우리에게 다가오는 꿈을 꾸기도 했다. 특히 꼭 얘기하고 싶은 꿈은 우편배달부와 관련된 것이다. 우편배달부가 우편물을 가지고 와서는 자기가 왜 이렇게 늦게 올 수밖에 없었는지를 설명했는데, 우편물이 반송되는 바람에 그것을 되찾아 오느라고 엄청 고생했다고 설명하는 꿈이었다. 만일 우리의 꿈들을 모두 기록할 수 있다면 틀림없이 심리학적으로 귀중한 자료가 될 것이다. 우리가 얼마나 꿈을 갈망했는지 쉽게 이해할 수 있게 될 것이다.

자기 전에 맵고 짠 음식을 먹어서 갈증을 느끼는 사람은 물을 마시는 꿈을 꾸게 됩니다. 그 욕구가 너무 강해 실제로 물을 마시기 위해 잠을 깨야 하는 경우가 아니라면, 꿈은 자극에 대항하여 잠을 지켜주는 기능을 합니다. 지나치게 강한 경우가 아니라면 욕구가 충족되는 꿈만으로도 욕구가 해결될 수 있는 것입니다.

마찬가지로 꿈은 성적 욕망을 충족시키는 역할을 합니다. 성적 욕망은 굶주림이나 갈증에 비해 그 대상에 대한 의존이 적은 것이 특징이기 때문에 사실상 몽정으로 충족될 수 있습니다. 몽정과 관련하여, 실제적인 만족은 혼란스럽거나 왜곡된 내용과 결부되어 있는 경우가 많은데 이것에 대해서는 나중에 다시 언급하겠습니다. 성인의 경우 신체적 욕망을 충족시키는 모든 꿈은 이러한 만족 외에도 순수한 정신적 요인에서 비롯되기 때문에 이를 이해하기 위해서는 꿈 해석의 특별한 과정이 필요합니다.

아이들이 꾸는 꿈처럼 소망을 충족시키는 성인들의 꿈이 모두 절대적 욕구에 대한 반응으로만 일어난다고 주장하는 것은 아닙니다. 의심할 여지없이 정신적 자극에서 영향을 받은 다음과 같은 꿈들이 있습니다. 예를 들어, 무엇을 기다리다가 초조해져서 꾸게 되는 '조바심의 꿈'이 있습니다. 중요한 강연이나 행사를 앞두고 기대하는 바를 일찍 성취하는 꿈을 꾸었다면 이 경우에 해당되겠지요. 그리고 '위안의 꿈'이 있습니다. 이것은 좀 더 잠을 자고 싶은 사람이 이미 일어나 세수를 하고 학교에 가는 꿈을 꾸지만 실제로는 계속 자고 있는 경우입니다. 현실이 아닌 꿈속에서 깨어나 행동하고 있는 것입니다.

어린이의 꿈과, 이것과 유사한 성인의 꿈을 제외한 다른 꿈들은 앞서 이야기했듯이 꿈 왜곡이 이루어져 해석하기 어렵습니다. 어린이의 꿈에서 찾아낸 사항들을 모든 꿈들에 적용할 수 있는지 판단을 내리기 전에, 각각의 꿈을 먼저 번역해야 하며 왜곡된 것을 원래대로 되돌리고 그것의 외현적 내용을 잠재적 꿈 사고로 바꿔야만 합니다.

아홉 번째 강의 꿈 검열

유아적인 꿈을 제외한 다른 꿈들은 알 수 없는 내용의 왜곡된 대체물이며, 우리는 그 알 수 없는 내용 때문에 꿈을 꾼다고 가정하고자 합니다. 꿈의 왜곡이란 그 꿈을 이상하고 이해할 수 없게 만드는 것을 말합니다.

여기 어떤 유명한 귀부인의 꿈이 있습니다. 정신분석에 종사하고 있는 여자 동료가 이 꿈을 보고했는데, 꿈을 보고한 그 동료나 꿈을 꾼 부인도 해석이 필요 없는 명확한 꿈이라고 판단했다고 합니다. 다만 그 부인은 쉰 살 먹은 부인의 꿈으로는 너무 망측하다는 생각 때문에 조금 불쾌해 했다고 합니다.

제 꿈은 '자원봉사(Liebesdienste)'와 관련된 것이었어요. ['Liebes-dienste'는 사랑에 의한 무보수 봉사를 뜻하기도 하지만 다소 야한 뜻이 담겨 있기도 하다. – 역주] 육군병원으로 간 저는 보초에게 자원봉사를 하기 위해 왔으며, 병원장을 만나고 싶다고 했습니다. 제가 '봉사'라는 말을 강조했기 때문에, 그 말을 들은 하급 장교는 즉시 '자원봉사'라고 알아들었어요. 위병소를 통과한 다음, 병원장의 방 대신 어떤 음산한 방에 들어가 선임 군의관을 만났는데, 긴 테이블에 장교들이 많이 앉아 있었어요. 그 군의관에게, "저를 비롯한 빈에 있는 많은 여자들이 모든 군인들에게 준비가 되어 있습니다.……"라고 했고 뒤이어 중얼거리는 소리가 들리더니 놀라거나 음흉한 표정을 짓는 남자들의 모습이 보였습니다.

저는 "이상하게 들릴지 모르겠지만 이 결정이 우리로서는 비장한 것입니다."라고 했어요. 잠시 침묵이 흐르다가 군의관이 내 허리에 팔을 두르며 말했습니다. "부인, 실제로 그런 일이 일어난다고 가정해 봅시다.……(중얼중얼)" 저는 '남자들이란 다 똑같군.' 하고 생각하며 그의 팔을 허리에서 풀어내면서 대답했어요. "어머, 저는 나이 든 여자랍니다. 어쩌면 전혀 불가능할 수도 있겠네요. 어쨌든 한 가지 문제는 나이예요. 나이 든 여자가 쌩쌩한 젊은 남자와 ……(중얼중얼) 그건 정말 끔찍할 것 같네요." 군의관이 대답했어요. "그건 저도 충분히 이해합니다." 장교 몇 명이 낄낄거리며 웃었는데, 그중 한 명은 젊은 시절 저를 쫓아다니던 사람이었어요.

 저는 일을 빨리 매듭짓기 위해 제가 아는 병원장에게 데려다 달라고 했지요. 갑자기 병원장 이름이 생각나지 않았지만 군의관은 나선형 철계단을 통해 2층에 있는 병원장실로 올라가는 길을 알려 주었어요. 위로 올라가는 도중에 어떤 장교가 큰소리로 말하는 것을 들었습니다. "정말 대단한 결심입니다. 나이는 문제가 되지 않습니다. 경의를 표합니다!" 저는 단순히 의무를 다하고 있을 뿐이라고 생각하며 계단을 올라갔지요.

이 꿈은 약간만 다르게 변형되어 짧은 시간 동안 무려 두 번이나 반복됐다고 합니다.

이 꿈에 대해 직접 분석해 보지 않았으므로 특별히 말할 권리는 없겠지만 주어진 암시만으로 어떤 의미를 추론할 수는 있습니다. 즉, 부인이 깨어 있을 때 한 어떤 공상이 꿈으로 나타난 것입니다. 공상의 내용은 이런 것이라 할 수 있습니다. '(지금 같은 전시에) 애국적인 의무감으로 군인들의 성적 욕구를 만족시키기 위해 내 몸을 바칠 각오가 되어 있다.' 이것이야말로 정말 노골적인 성적 공상의 전형이라 할 수 있지만, 꿈속에서 그대로 나타나지는 않습니다. 공상의 내용과 관련된 고백이 필요한 곳에서는 어김없이 불분명하게 중얼거리는 것으로 무언가를 없애버리거나 억압시켜버립니다.

바로 선정적인 특성 때문에 이 꿈은 억눌려 있는 겁니다. 이와 비슷한 상황을 어디에서 찾아볼 수 있을까요? 멀리서 찾을 필요도 없습니다. 요즘 같은 전시에는, 정치적 의견을 담은 신문들은 곳곳이 백지 상태인 채로 발간됩니다. 바로 검열의 결과지요. 그 빈 공간에는 정부의 마음에 들지 않는 뭔가가 있었을 겁니다. 여러분은 "참 유감이군. 그 부분에 중요한 내용이 있었을 텐데. 바로 그 부분이 가장 '핵심적인 내용'이 아니었을까?"라고 생각할 것입니다.

어떤 때는 기자가 스스로 사전에 검열하여, 쓰려고 했던 내용을 수정하거나 적당한 암시를 하는 선에서 그치기도 할 것입니다. 이때에는 신문에 백지 공간은 없지만 이리저리 돌려 쓴 기사나 암시를 통해, 기자가 검열을 예상하고 기사를 미리 그렇게 작성했을 것이라는 추론이 가능합니다.

잘려나간 부분, 다시 말해 꿈에서 중얼거림으로써 은폐된 이야기는 검열에 의해 희생된 부분입니다. 여기에서 사용하고 있는 꿈 검열이라는 용어는 꿈 왜곡에서 중요한 역할을 하는 것으로 보입니다. 외현적 꿈에 생기는 빈틈은 언제나 꿈 검열이 작용한 것입니다. 더 나아가 꿈에서 분명하게 나타나는 다른 요소에 비해 미약하거나 미심쩍은 부분이 있다면 이 또한 꿈 검열의 작용이라고 봅니다. '자원봉사'와 관련된 꿈처럼 검열이 그렇게 숨김없이 적나라하게 드러나는 경우는 사실 드뭅니다. 대부분의 경우, 꿈 검열은 제2의 유형으로 나타납니다. 원래 표현하려 했던 것을 완화시키거나, 주변적인 이야기 또는 암시로 끝나고 맙니다.

꿈 검열에는 제3의 유형이 있는데 이는 신문 검열과는 비교할 수 없는 특성이 있습니다. '1플로린 50크로이체의 나쁜 좌석표'라는 꿈의 잠재적 사고에는 '너무 빨리 서둘렀다.'는 요소가 숨어 있습니다. 너무 빨리 결혼한 것이나, 성급하게 표를 구입한 것이나,

시누이가 너무 서둘러서 돈을 써버린 것들이 다 어리석은 짓이라는 뜻이 담겨 있습니다. 그러나 이러한 꿈의 중심 내용 중에서 외현적인 꿈으로 표현된 것은 전혀 없습니다. 꿈속에는 '극장에 가기'와 '표 사기'라는 행위만이 중심에 있습니다. 이러한 강조점의 전위(轉位), 즉 내용을 구성하는 요소가 재편성되었으므로 외현적 꿈은 잠재적 꿈 사고와 전혀 달라 보이고 그 때문에 외현적 꿈에서 잠재적 꿈 사고를 추론하기 어려웠던 것입니다. 강조점의 전위는 꿈 왜곡의 중요 수단으로, 꿈을 낯설어 보이게 하기 때문에 꿈을 꾼 사람마저도 선뜻 인정할 수 없게 되는 것입니다.

그러므로 이러한 재료의 누락, 수정, 내용 재편성 등은 꿈 검열이 작용한 것으로 꿈을 왜곡하는 주요 방법입니다. 꿈 검열은 우리가 지금 연구하는 꿈 왜곡을 일으키는 원인이거나 원인 중 한 가지가 됩니다. 이런 수정과 재편성을 '전위(轉位, displacement)'라는 이름으로 통합해 부르기도 합니다.

지금부터 어떤 경향이 검열의 역할을 하는지 살펴보고자 합니다. 이것은 꿈과 인간의 삶을 이해하는 데 필요한 기본적인 연구라 할 수 있습니다. 검열은 꿈꾸는 이가 깨어 있을 때의 판단에 따르며, 그 스스로 자신과 어울린다고 생각하는 것을 고르는 경향을 말합니다. 만약 자신의 꿈 해석에 거부감을 느낀다면 그것은 여러분이 꿈을 검열하고자 하기 때문이라고 확신해도 됩니다. 꿈 왜곡도 이와 똑같은 동기로 일어나며 그래서 해석이 필요합니다.

앞서 언급한 쉰 살 부인은 자신의 꿈을 분석해 보지도 않고 스스로 망측스럽다고 생각했습니다. 만약 그 동료 정신분석가가 제대로 해석해 주었다면 그녀는 더 화를 냈을 겁니다. 바로 그런 판단 때문에 꿈속에서도 그 망측스런 부분은 중얼거림으로 들렸던 겁니다.

꿈 검열이 목표로 삼는 것은 대부분 비난받을 만한 성질을 지니고 있는, 윤리적 · 미적 · 사회적 관점에서 혐오스러운 것들입니다. 무엇보다 꿈속에서 왜곡된 표현으로 나타나 검열을 받게 되는 소망들은 무절제한 이기심에 근거하고 있다는 특징이 있습니다.

윤리적 속박에서 벗어난 자아는 성본능의 모든 욕구들과 일치하는 자아를 발견하게 됩니다. 그것은 이미 교육 과정을 통해 나쁘다는 판단이 내려진 것들이고 모든 관습적 제약을 거부하는 것들입니다. 쾌락을 추구하는 욕망 즉, '리비도(Libido)'는 아무 제약 없이 대상을 고르고 금지된 것을 선호합니다.

남의 아내를 탐하기도 하고, 남자에게는 어머니나 누이, 여자에게는 아버지나 오빠 같은 근친도 성적 대상이 됩니다. 인간의 본성과 동떨어진 것으로 믿어왔던 정욕은 꿈을 만들어내기에 충분한 에너지를 가지고 있습니다. 증오 역시 아무런 절제 없이 날뛰게 됩니다. 자신과 가장 가까운 부모나 형제, 배우자, 자식들에 대한 복수나 살인 욕구는 마치 지옥에서 뛰쳐나온 것처럼 보이기도 합니다.

그러나 내용이 아무리 악의적이라 해도 꿈 자체를 비난해서는 안 됩니다. 꿈 자체는 아무런 해가 없으며, 오히려 수면이 방해받지 않도록 하는 유익한 기능이 있다는 사실을 기억하시기 바랍니다. 꿈에 표현되는 흉악성은 본질이 아닙니다. 또한 꿈 왜곡이 두 가지 요인과 정비례한다는 사실에도 주목해야 합니다. 한 가지는 검열 대상이 된 소망이 사악할수록 왜곡도 그만큼 더 심해진다는 것이며, 다른 한 가지는 검열의 요구가 엄격할수록 꿈 왜곡 역시 더 크게 나타난다는 것입니다. 그러므로 엄한 가정에서 얌전하게 자란 소녀가, 의사들이 보기에는 전혀 무해하고 그 자신도 10년 정도 지난 후에는 받아들이게 될 리비도적 꿈의 충동을 무자비한 검열로 왜곡하는 것은 자연스러운 일입니다.

세상 사람들은 아직도 정신분석이나 꿈의 분석에 대해 제대로 이해하려 하지 않고 있습니다. 그러나 우리는 어떠한 논란이나 반박이 있다 해도 우리의 해석 결과를 견지해야 합니다. 어떤 꿈을 해석하여 이런저런 경향이 있다고 했을 때 꿈을 꾼 사람이 단호한 태도로 그럴듯한 이유를 내세워 부정한다면 그것은 더욱 강한 반박이 됩니다.

어떤 사람은 이렇게 말할 겁니다. "뭐라고요? 제가 동생들을 위해 돈 쓰는 것을 아까워한다는 것을 제 꿈을 통해 증명할 수 있다는 겁니까? 절대로 그럴 리가 없지요. 저는 지금까지 오직 동생들만을 위해 일했어요. 돌아가신 어머니에게 약속한 대로, 오로지 동생들을 위해 맏이로서 의무를 다하겠다는 일념밖에 없습니다." 또 어떤 부인은 이렇게 말할 겁니다. "내가 남편이 죽기를 바라고 있다는 건가요? 그런 끔찍한 얘기를 하다니, 정말 너무 화가 나네요. 우리는 지금까지 정말 행복하게 살고 있다구요. 만약에 남편이 죽는다면 이 세상의 모든 행복이 사라지는 것 같을 거예요." 또 다른 사람은 이렇게 반박할 겁니다. "내가 누이에게 성적 욕망이 있다고요? 정말 웃기는 얘기로군요. 누이와 담 쌓고 산 지 오래됐어요. 우리는 사이가 나쁘다구요.'

이런 식으로 아무것도 인정하려 들지 않고, 실제 생활에서도 우리의 해석과 정반대의 경향을 착실히 보여준다면 우리는 연구를 포기해야 하지 않을까요? 우리의 해석과 실제 생활이 일치하지 않아 불합리하다고 판명됐으니 이제 우리의 해석 작업을 그만둬야 하는 건 아닐까요?

하지만 아직 그럴 때는 아닌 것 같습니다. 우리가 다시 비판적으로 공박하면 이러한 강한 반론도 쉽게 무너지기 때문입니다. 정신 활동에 무의식적인 경향들이 존재한다고 가정하면, 그와 반대되는 경향이 의식을 지배하고 있다는 것이 증명된다 해도 아무런 증거가 될 수 없습니다. 정신 활동에는 대립적인 경향들을 위한, 나란히 존재하는 상호 모순되는 것들을 위한 공간이 있는지도 모릅니다.

'마음에 든다' 혹은 '혐오스럽다'는 식의 감정이 과학적 판단의 동기가 된다면 그것은 매우 부당한 일입니다. 젊은 시절의 은사인 샤르코(J. M. Charcot) 선생도 이처럼 부당한 상황에서, "그렇다 해도 어쩔 수 없다."고 말씀하셨습니다. 진심으로 이 세상이 어떻게 구성되어 있는지 알고 싶다면 개인의 호감이나 반감은 배제해야 한다는 의미일 겁니다.

본성 속에 내재된 이기적인 악의 존재를 송두리째 부정할 수 있을 만큼 인간은 순수한 존재들일까요? 보통 사람들이 얼마나 무절제하고 믿을 수 없을 만큼 방탕한 성생활을 하고 있는지 여러분은 모르실 겁니다. 꿈속에서 겪는 탈선이나 방탕은 실제로 깨어 있는 사람들이 매일매일 저지르는 범죄 행위입니다. 정신분석은 플라톤이 말했듯이, '선인이란 악인들이 현실에서 실제로 저지르고 있는 것을 꿈속에서 해 보는 것으로 만족하는 사람'이라는 사실을 입증하는 작업입니다.

이제 개인의 문제를 떠나 아직도 전 유럽을 휩쓸고 있는 세계대전[1차 세계대전]을 생각해 봅시다. 또한 현재 문명국에 만연한 그 엄청난 잔인함과 폭력성, 기만을 생각해 보시기 바랍니다. 다수의 대중은 아무 책임이 없고, 단지 소수 야심가들의 선동으로 대중의 야만성이 표출되고 있다고 생각하십니까? 현재의 상황을 보면서도 여러분은 인간의 정신 속에 악이란 없다고 당당하게 주장할 수 있습니까?

인간의 본성에 내재되어 있는 고귀함을 부정하지는 않습니다. 오히려 우리는 악한 것을 검열하려는 꿈 검열의 경향을 보여주었습니다. 사람들이 편협한 윤리적 잣대를 포기하기만 한다면 인간 본성 속에 있는 악과 선의 관계에 대한 더욱 공정한 공식을 발견하게 될 것입니다.

꿈 왜곡은 공인된 자아가 잠자는 동안 우리 내부에서 꿈틀거리고 있는 혐오스러운 소망 충동에 대한 검열의 결과입니다. 잠자는 동안 우리를 방해하는 꿈 소망은 아직은 낯설지만 꿈 해석을 통해 비로소 우리에게 알려진 것입니다. 그래서 그것을 '당시에는 무의식적인 것이었다.'고 말하는 것입니다. 그러나 정신 활동에 스스로도 전혀 모르고 있는 — 오래전부터 모르고 있었고 어쩌면 단 한 번도 의식하지 못한 — 과정이나 경향들이 있다면 '그때'나 '일시적'이라는 말은 무의식의 본질에서 사라집니다. 그것은 단지 '그 당시에 잠재되어 있던 것'이 아니라 '영구적으로' 무의식적이라는 것을 의미합니다.

열 번째 강의

꿈의 상징성

이제 꿈의 왜곡은 무의식적 소망 충동에 반발하는 검열 활동의 결과라는 사실을 알게 되었습니다. 하지만 검열만이 꿈을 왜곡시키는 유일한 요소는 아닙니다. 검열되지 않은 상황에서도 꿈은 이해하기 어려울 수 있으며, 드러난 꿈 내용이 숨어 있는 꿈의 사고와 일치하지 않는 경우가 있기 때문입니다.

피분석자가 꿈의 각 요소에 대해 어떤 연상도 떠올리지 못할 때, 꿈의 왜곡에 관여하는 새로운 요소를 어떻게 알 수 있을까요? 우리는 또 한 번, '침묵하는' 꿈 요소들을 우리만의 방법으로 해석하고 번역해 보고 싶다는 유혹을 느낍니다. 새로운 꿈의 요소에 대해 우리만의 번역 작업을 시도하려는 것은 통속적인 꿈 해몽 책들에 자주 등장하는 것들과 어느 정도 일치합니다.

이제 소개하려는, 꿈의 요소와 그 번역 사이의 관계는 '상징 관계'로 그리고 꿈 요소 그 자체는 무의식적 꿈 사고의 '상징'으로 부르기로 하겠습니다. 꿈의 상징성을 처음으로 발견하고 의미를 부여한 사람은 철학자 셰르너(K. A. Scherner)입니다(1861). 사실 정신분석은 셰르너의 발견을 입증하고 근본적인 면에서 수정 · 보완한 것에 지나지 않습니다.

상징 관계의 본질은 비교이며, 그 비교는 매우 특이한 것입니다. 그리고 그러한 비교를 설명해 주었을 때 꿈을 꾼 사람은 그것을 인정하지 않을 뿐 아니라, 그런 상징의 근거가 아직까지는 완전히 파악되지 않았다는 것을 미리 알아두시기 바랍니다.

꿈속에서 상징적으로 표현되는 사물은 그다지 다양하지 않습니다. 주로 신체, 부모, 자식, 형제자매, 출생, 죽음, 나체(裸體) 등이 등장하며 이 외에도 매우 중요한 역할을 하는 '집'이 있습니다. 매우 기분이 좋거나 근심에 싸여 집의 벽을 기어 내려오는 꿈을 꾸는 경우가 있습니다. 벽면이 매끈하다면 남성을, 돌출되었거나 발코니가 있다면 여성을 상징합니다. 왕이나 여왕 혹은 위엄 있는 사람은 부모를 상징합니다. 부모와 관련된 꿈은 경건하지만 자녀나 형제의 경우 작은 동물이나 곤충과 같은 형태로 나타납니다. 물은 탄생과 관련이 있습니다. 물속으로 뛰어들거나 솟아오르고, 누군가를 구출하거나 구출되는 꿈은 어머니와의 관계를 상징합니다. 여행을 떠나거나 기차를 타고 가는 것 등은 죽음을 상징합니다. 죽어가는 상태는 어둡고 공포스러운 다양한 암시로 대치되며, 나체는 옷이나 제복 등으로 대치됩니다.

지금까지의 상징들이 그다지 다양하지 않은 것과는 달리, 매우 풍부한 상징으로 묘사되는 영역이 있습니다. 성생활 즉 성기, 성적 과정, 성교에 관한 것들은 매우 다양하여 꿈 상징은 거의 대부분 성적 상징이라 할 수 있습니다. 눈길을 끄는 것은 표현하고자 하는 대상의 수는 적은 반면 그에 대한 상징은 엄청나게 많다는 것입니다. 이러한 상징들에 대한 해석은 일반적으로 사람들을 불쾌하게 만들 가능성이 큽니다. 정신분석에서는 성적인 내용이라 할지라도 사실을 은폐하거나 암시하는 정도로 그칠 필요가 전혀 없습니다. 오히려 매우 중요한 주제이므로 부끄러워해서는 안 됩니다.

남성 성기는 다양한 상징으로 나타납니다. 우선 3이라는 숫자는 남성 성기 전체를 상징합니다. 남성의 성기는 지팡이, 우산, 나무 등과 같이 길고 솟아 있는 모습을 하고 있는 것들로 대체되어 나타납니다. 또한 뾰족한 물건들, 즉 칼 같은 도검류나 소총과 연발 권총 같은 총포류처럼 신체를 파고들거나 상처를 입히는 특성이 있는 것들로 나타납니다. 소녀들을 불안하게 만드는 꿈의 상당 부분을 차지하는 것이 바로 칼이나 총기를 지닌 남성에게 쫓기는 꿈입니다.

남성의 성기는 중력에 저항하며 발기하는 특성으로 인해 기구나 비행기 등의 상징으로 표현되곤 합니다. 꿈은 남성의 발기 현상을 탁월하게 상징화하는데, 남성의 성기를 모든 인간적인 존재의 본질로 인식하여 인간을 날아다니게 합니다. 그러한 꿈을 성적 흥분이나 발기를 상징하는 꿈으로 해석한다고 해서 기분 나빠할 필요는 없습니다. 비행하는 꿈을 여성들이 꾼다 해도 이상하지 않은 건, 의식하든 의식하지 않든 여성들이 남성이 되고 싶어하는 꿈을 많이 꾸기 때문입니다.

여성의 성기는 무언가를 받아들일 수 있는 우묵한 공간이 있는 구덩이, 구멍, 용기나 병, 깡통, 상자, 호주머니 등의 상징으로 표현됩니다. 여성의 생식기 자체보다 장롱이나 아궁이, 특히 방처럼 어머니의 자궁과 더욱 긴밀한 관계를 지닌 상징들도 있습니다. 방의 상징은 집의 상징과 관련 있으며, 방문이나 대문은 생식기의 구멍을 상징합니다. 동물들 중에서 달팽이나 조개는 분명한 여성의 상징이라 할 수 있습니다. 신체 중에서는 입이 생식기의 구멍을 대신하며, 건축물 중에서는 교회와 성당이 그 역할을 대신합니다. 이처럼 모든 상징들이 쉽게 이해되는 것은 아닙니다.

유방은 엉덩이와 함께 일반적으로 사과나 복숭아 같은 과일로 표현됩니다. 남녀 모두 성기 주변의 음모는 숲이나 관목 덤불로 묘사됩니다.

여성 생식기의 상징 중 보석상자는 특별한 의미가 있습니다. 보석과 보물은 사랑하는 사람의 상징이 되기도 하며, 달콤한 것들은 성교에 의한 쾌락의 상징으로 자주 등장합니다. 성교 행위에 대한 상징은 그다지 많지는 않으며 주로 댄스나 승마, 등산처럼 주기적인 반복이 있는 활동으로 표현됩니다.

선뜻 이해하기 힘든 상징으로는 모자처럼 머리를 덮는 것들이 있는데, 일반적으로는 남성의 성기를 의미하지만 여성의 성기를 나타내는 경우도 있습니다. 외투 역시 남성을 의미하지만 언제나 생식기와 관련이 있는 것은 아닙니다. 여성들이 사용하지 않는 넥타이는 분명 남성성의 상징입니다. 흰 속옷이나 리넨 천은 여성성의 상징이며 구두나 슬리퍼는 여성 성기의 상징입니다. 사다리나 계단을 올라가는 행위는 분명한 성교의 상징입니다. 올라가는 행위에서 나타나는 율동감에서 이런 공통점을 알 수 있습니다.

지금까지 꿈 상징의 재료들을 살펴보았습니다. 더 많은 것들을 찾아낼 수도 있겠지만, 이 정도만으로도 충분합니다. 이 정도만으로도 여러분은, '우리 주변은 온통 성적 상징들로 가득하군요. 입고, 먹고, 가지고 있는 모든 것들이 성적 상징이라는 말입니까?'라고 질문할 것입니다. 그 질문은 당연한 것이지만, 중요한 것은 이런 상징들의 의미를 어디에서 찾아낼 것인가 하는 문제입니다. 꿈을 꾼 사람이 그 의미에 대해 아무것도 알려주지 않고 또 알려준다 해도 단편적일 경우 이런 상징들의 의미를 어디서 찾아야 할까요?

꿈 상징의 의미는 다양한 출처에서 찾아낼 수 있습니다. 동화나 신화, 성적 농담이나 통속적인 관용어, 민속학, 풍습, 격언, 민요 등에서 그 의미를 발견할 수 있습니다. 이러한 출처들을 꼼꼼히 살펴보면 꿈 상징과 관련된 유사점들을 풍부하게 발견할 수 있으며, 그것을 통해 해석에 대한 확신을 가질 수 있습니다. 그러한 예들을 살펴보기로 하겠습니다.

꿈속에서 왕과 왕비가 부모로 해석된다는 것은 의외겠지만, 동화를 통해 그 유사점을 발견할 수 있습니다. '옛날에 왕과 왕비가 살았습니다.'라는 많은 동화들의 도입부는 '옛날에 아버지와 어머니가 살았습니다.'라는 뜻이라는 것을 알 수 있습니다. 보통 사람들의 집에서도 아이들을 왕자로, 맏아들을 황태자로 부르는 일은 드물지 않으며, 왕을 '국부(國父)'로 부르기도 합니다.

탄생은 언제나 물과 관련되어 있습니다. 물속으로 뛰어들거나 빠져나오는 경우 그것은 분만이나 출생을 의미합니다. 이러한 상징은 두 가지 진화론적 사실 즉, 인간을 포함한 모든 포유동물들은 수서(水棲)동물에서 진화했다는 것 그리고 인간이 삶의 첫 시기를 물속에서 보낸다는 것에 근거합니다. 엄마 몸속의 양수에서 태아로 지내다가 출생과 함께 물속에서 나오는 겁니다.

여행은 죽음을 의미합니다. 어린이들이 죽은 사람이 어디에 있는지 물어볼 때면, 어른들은 언제나 "응, 여행을 떠났어."라고 둘러대곤 합니다. 하지만 단순히 아이들에게 둘러대던 변명에서 그런 상징이 시작된 것이라고 말하려는 것은 아닙니다. 셰익스피어가 『햄릿』에서 사용한 '어떤 여행자도 다시 돌아오지 못한 미지의 땅'이라는 표현도 이와 동일한 상징이라 할 수 있습니다. 사람들도 평소에 '마지막 여행'이라는 표현을 자주 사용합니다.

성서에는 어떤 상징들이 있을까요? 신약성서에 '여자는 깨지기 쉬운 그릇이다.'라는 표현이 있습니다. 성서에는 시적으로 묘사된 성적 상징이 많이 등장하지만, 이해하기가 쉽지 않습니다. 후기 히브리 문학에서는 여자를 집으로, 여자의 음문을 문으로 상징하는 예들이 꽤 많이 있습니다. 예를 들어, 아내가 처녀가 아니라는 사실을 알게 된 남편은, '그 여자의 문은 열려 있었다.'고 탄식합니다.

꿈속에서 풍경을 통해 여성의 성기를 표현하는 것은 고대인의 관념과 의식에서 '어머니인 대지'가 어떤 역할을 했는지에서, 경작이라는 개념이 이 상징에 의해 어떻게 규정되어 있었는지는 신화학에서 배울 수 있습니다.

남성의 성기를 상징하는 표현들은 세간의 농담이나 비속어 또는 시적인 표현 속에서 자주 사용되고 있습니다. 남성의 상징에 관한 논의는 매우 광범위하고 논란 중인 것들도 있으므로 이 정도에서 그치고, 다만 성스러운 숫자 3에 대해서만 좀 더 이야기하겠습니다. 자연물 중 클로버 잎처럼 세 부분으로 이루어져 있는 것들을 문장(紋章)으로 사용하는 경향은 분명 그러한 상징적 의미에서 유래되었다고 생각합니다. 프랑스의 문장인 세 잎의 백합도 남성 성기의 변형일 뿐입니다. 고대에는 남자의 성기를 본뜬 형상이 불길한 힘에 대항하는 가장 강력한 방어 수단으로 여겨졌으며, 행운을 불러온다는 우리 시대의 부적들도 모두 성기 상징과 관련이 있습니다.

지금까지 살펴본 것들을 통해, 우리는 몇 가지 결론을 얻을 수 있습니다.

첫째, 꿈꾸는 사람은 깨어 있을 때 인식하지 못했던 상징적 표현들을 꿈속에서 자유롭게 사용한다는 것입니다. 이것은 예를 들어 산스크리트 어를 전혀 배운 적이 없는 사람이 이 언어를 이해한다는 걸 발견하는 것처럼 놀라운 일입니다. 하지만 이것은 우리의 심리학적 관점과 일치하기 어려우므로, '상징에 대한 지식은 꿈꾸는 사람에게는 무의식적인 것이다. 그것은 그의 무의식적 정신 활동에 속하는 것이다.'라고 말할 수밖에 없습니다. 이것은 서로를 대체하는 다양한 대상들 사이의 비교, 사고의 관계, 무의식적 지식과 관련된 문제입니다.

둘째, 이러한 상징 관계들이 꿈을 꾼 사람과 그 상징 관계를 해석하는 꿈 작업에만 고유하게 나타나는 것은 아니라는 점입니다. 신화나 동화들도 그와 비슷한 상징을 사용하며, 민중들의 속담과 민요 그리고 비속한 관용어들이나 시적 환상에서도 그러한 상징을 사용하고 있습니다. 상징의 영역은 엄청나게 넓어서 꿈 상징은 그 중 극히 일부분에 불과합니다.

셋째, 다른 분야의 상징들은 성적 상징으로만 쓰이지 않지만, 꿈속의 상징들은 거의 예외 없이 성적인 대상이나 관계들을 표현한다는 것입니다. 쉽게 설명할 수는 없지만, 원래는 성적인 의미의 상징들이 나중에 다른 의미를 띠게 되었고, 그 결과로 그 상징의 의미가 조금 약화된 채로 남아 있는 것이라고 설명할 수 있을까요? 꿈의 상징에만 몰두하고 있는 동안에는 이 질문에 명확히 대답할 수는 없습니다. 일반적인 상징과 성적 상징 사이에는 어떤 긴밀한 관계가 있을 것이라는 추론을 내세울 수밖에 없을 것 같습니다.

이와 관련된 주목할 만한 증거가 있습니다. 정신분석과는 무관한 언어학자인 슈페르버(H. Sperber)는 성적 욕구가 언어의 생성과 발전에 중요한 역할을 하고 있다고 주장했습니다.

그에 따르면 최초의 언어는 성관계 파트너를 부르는 의사소통 수단이었으며, 이러한 기본적인 언어는 원시인들의 노동 작업과 함께 발전해 왔다고 합니다. 그 이후로 성적인 관심은 자연스럽게 노동 작업으로 전이되었으며, 원시인들은 노동을 성적 활동과 대등하며 또 그것을 대신할 수 있는 것으로 여겼다는 것입니다. 많은 시간이 흐른 후, 말은 성적인 의미로부터 벗어나 노동에만 고정되었다는 것입니다.

어휘의 뿌리가 이런 과정을 통해 형성되면서, 모든 성적 기원과 의미는 희미해졌다는 것을 알 수 있습니다. 이제 왜 무기나 연장들이 언제나 남성의 성기를 상징하고 재료나 가공된 것들은 항상 여성의 성기를 상징하는지 어느 정도는 이해하실 수 있을 겁니다.

다른 영역에서도 꿈 상징과 유사한 것들을 발견해 냄으로써 정신분석의 특성을 이해할 수 있습니다. 이것은 심리학이나 심리치료에서는 불가능한 일입니다. 이러한 정신분석적 연구를 통해 인간의 정신적 삶을 해명할 수 있을 것이며, 인간의 삶과 관련된 많은 수수께끼들을 풀거나 적어도 적절하게 조명할 수 있을 것입니다.

저의 네 번째 결론은 전제로 다시 돌아가 일련의 과정을 연결해 보는 것입니다. 꿈 검열이 없다 해도 꿈이 여전히 낯선 대상인 이유는 꿈의 상징 언어를 깨어 있는 사고의 언어로 번역해야 하기 때문입니다. 그러므로 상징은 꿈 검열에 이어 꿈 왜곡을 일으키는 두 번째 독립 변수가 되는 겁니다.

신화나 종교, 예술, 언어 등과 같은 꿈 이외의 다른 분야에서도 상징적 표현은 광범위하게 퍼져 있습니다. 그런데도 왜 유독 꿈 상징에 대해서만 교육받은 사람들 사이에서 그토록 격렬한 저항이 일어나는 걸까요? 그것이 성과 관련되어 있기 때문은 아닐까요?

열한 번째 강의 꿈 작업

꿈의 검열과 상징들을 이해했다 해도 꿈의 왜곡 현상이 명쾌하게 밝혀진 것은 아닙니다. 하지만 꿈에 대해 더 자세히 이해하게 된 것은 사실입니다. 지금까지 상호보완적인 두 가지 기술을 활용했습니다. 우선 꿈꾼 사람의 연상들을 이용해 대체된 것에서 본래의 내용을 찾아냈으며, 다음으로 우리가 알고 있는 상징들을 활용해 그 의미를 밝혀냈습니다.

사람들의 무의식 속에 내재된 잠재적인 꿈 사고는 대치, 암시, 상징, 검열, 왜곡 과정을 거쳐 실제 꿈에서는 외현적 내용으로 나타납니다. 정신 속에서 이러한 변환을 만들어내는 작업을 꿈 작업이라 합니다. 다시 말해, 잠재적인 꿈을 외현적인 꿈으로 변환시키는 것이 꿈 작업입니다. 그리고 외현적인 꿈을 통해 잠재적인 꿈을 이해하는 것이 '해석 작업'입니다.

꿈 작업의 첫 번째 과정은 '압축'으로, 외현적 꿈은 잠재적 꿈보다 그 내용이 적은 일종의 요약된 번역입니다. 압축은 ①잠재적인 요소가 완전히 생략되거나, ②잠재적 요소 중에서 일정한 부분만이 외현적 꿈으로 나타나거나, ③공통점을 지닌 여러 잠재 요소들이 외현적 꿈에서는 하나의 단일 요소로 통합되어 발생합니다.

이 '압축'이라는 명칭은 마지막 세 번째 과정에만 국한해 사용해도 됩니다. 이 과정을 보여주는 것은 어렵지 않습니다. 누구나 여러 사람이 한 사람으로 압축되어 나타나는 꿈을 꾼 경험이 있을 겁니다. 그 사람은 A의 외모를 하고 있지만 B처럼 보이기도 하고 또 C를 기억나게 하지만 사실은 그가 D라는 인식이 명확해서 도무지 가늠할 수 없습니다. 하지만 그 사람은 네 사람 모두가 공통적으로 지닌 어떤 특성을 두드러지게 나타냅니다. 사물이나 장소 역시 비슷한 현상을 보이는데, 마찬가지로 각각의 사물이나 장소에는 잠재적 꿈이 말하려는 공통적인 특징이 있습니다. 그것은 마치 어떤 공통점을 중심으로 잠정적인 새로운 개념이 형성된 것과도 같습니다. 개별 요소들이 중첩되어 있어 명료하지 않고 흐릿한 형태로 나타나는 것은 한 개의 사진판에 여러 장면을 촬영하는 것과 비슷한 현상입니다. 압축으로 인해 꿈이 명확하지 않지만 꿈 검열의 과정과는 분명하게 구별됩니다.

 압축으로 두 개의 서로 다른 잠재적 사고가 하나의 외현적 꿈으로 합쳐져 나타나는 경우, 매우 그럴듯한 해석을 내릴 수는 있지만 '과잉 해석'을 범하게 될 가능성이 있습니다.

꿈 작업의 두 번째 과정은 '전위(轉位, displacement)'입니다. 앞 강의에서 이 과정이 꿈 검열의 결과라는 것을 설명했습니다. 전위는 두 가지 과정을 거쳐 나타납니다. 첫째, 잠재적 요소는 암시로 대체되어 나타납니다. 깨어 있을 때의 암시는 이해하기 쉽지만, 이 과정의 암시는 피상적이고 동떨어진 형태로 대체된 요소와 관련되어 있어 이해하기 어렵습니다. 둘째, 중요한 요소에서 중요하지 않은 것으로 심리적 강조점이 옮겨져 꿈의 중심적인 내용이 바뀐 것처럼 보이고 생소하게 느껴집니다.

꿈 작업의 세 번째 과정은, 사고를 시각적인 그림으로 변환시키는 것이 핵심입니다. 물론 시각적 그림만이 꿈 사고가 변환되는 유일한 형태는 아니지만, 그것이 꿈 형성의 본질이라는 것은 분명합니다.

시각적 변환은 마치 표음문자를 상형문자로 표현하려는 것만큼이나 어려운 작업입니다. 꿈 사고에 나타나는 추상적인 단어들은 대부분 구체적인 단어에서 퇴색된 것들이므로 더 본질적이고 구체적인 의미로 돌아가서 꿈으로 표현될 것입니다. 그러나 사고 관계를 나타내는 '왜냐하면, 그러므로, 그러나'와 같은 표현에는 그러한 보조 수단이 없으므로 이러한 구성 요소들은 그림으로 변환될 때 사라져버립니다. 더불어 꿈 사고의 내용 역시 꿈 작업을 통해 원재료인 대상이나 활동 등으로 되돌려집니다. 그래서 그 자체로는 표현되기 어려운 관계들이 그림으로 더 섬세하게 표현될 수만 있다면 그것으로 만족해야 합니다.

잠재적인 꿈 안에서 서로 반대되는 것을 드러내는 꿈 작업의 방식은 가장 놀라운 발견 중 하나입니다. 우리는 이미 잠재적 재료 중 서로 일치되는 것들은 외현적 꿈에서 압축을 통해 대체된다는 것을 알고 있습니다. 서로 반대되는 것들도 이와 같은 과정을 거치며, 동일한 외현적 요소를 통해 표현됩니다. 그러므로 외현적 꿈의 몇몇 요소는 그 자체뿐 아니라 동시에 반대되는 것을 의미하기도 합니다. 둘 중 어떤 번역을 선택할 것인지는 맥락을 파악하여 결정할 수 있습니다.

언어의 발달 과정에서도 꿈 작업의 이러한 생소한 과정과 비슷한 경우를 발견할 수 있습니다. 많은 언어학자들이 고대 언어에서는 '힘센–약한', '밝은–어두운', '크다–작다'와 같은 반대어들의 어근이 동일하다고 주장합니다. 고대 이집트 어의 'ken'은 강함과 약함을 동시에 표현했는데, '강하다'는 의미일 때는 문자 뒤에 서 있는 남자의 그림이, '약하다'는 의미일 때는 힘없이 쭈그려 앉아 있는 남자의 그림이 함께 쓰였습니다. 영어의 without은 '~와 함께'와 '~없이'라는 의미를 동시에 갖고 있었지만 오늘날에는 '~없이'라는 뜻으로만 쓰입니다. withdraw(철회하다), withhold(보류하다) 등의 합성어를 보면 with가 부여한다는 의미와 빼앗는다는 의미를 동시에 갖고 있었다는 것을 알 수 있습니다.

 그 밖에도 꿈속에서는 상황이나 인물들의 관계가 전도되는 상황이 발생하는데, 마치 서투른 유랑극단의 연극에서 주연 배우가 먼저 쓰러지고 저격하는 총소리가 나중에 들려오는 것과 같습니다. 꿈속에서는 토끼가 사냥꾼을 쏘는 일도 얼마든지 일어납니다. 더 나아가 원인 관계로 보아 앞서 일어난 사건이 뒤에 나타나는 일도 발생할 수 있습니다.

꿈 작업에서 가장 문제가 되는 것은 언어로 표현된 잠재적 사고가 시각적이며 감각적인 그림으로 바뀐다는 것입니다. 그런데 본래 우리의 생각은 감각 형상들에서 비롯된 것이며, 최초의 재료는 미리 기억하고 있는 감각 형상들입니다. 이러한 것들이 나중에 언어들과 결부되었다가 다시 생각 또는 관념과 결합됩니다. 이렇게 형성된 생각이 퇴행을 거쳐서 발전 과정을 되돌리는 과정이 꿈 작업입니다. 지금까지 알아낸 꿈 작업의 과정들과 비교해 볼 때, 외현적 꿈의 중요성은 줄어들 수밖에 없습니다.

꿈 작업은 매우 독특한 과정으로 지금까지 정신 활동 영역에서 찾아볼 수 없었던 것입니다. 압축이나 전위, 그리고 사고를 이미지로 변환시키는 등의 퇴행적 형태는 전혀 새로운 것이며, 이러한 발견만으로도 정신분석은 충분한 성과를 거두었다고 볼 수 있습니다. 꿈이 형성되는 것과 신경증 증상이 형성되는 과정이 얼마나 비슷한지 알게 된다면, 이러한 통찰의 또 다른 중요성을 실감할 겁니다.

열두 번째 강의 꿈 사례 분석

우리가 모든 꿈을 다 이야기할 수는 없습니다. 이런 상황에서 우리에게 가장 훌륭한 재료가 되는 것은 분석적인 치료를 받고 있는 신경증 환자들의 꿈입니다. 신경증 연구를 위한 준비 작업으로 꿈을 다루고 있는 것이므로, 다음에 열거하는 꿈들은 충분히 다룰 만한 가치가 있는 것들입니다.

(1) 이 꿈은 두 개의 짤막한 장면으로 이루어져 있습니다.

삼촌은 안식일임에도 불구하고 담배를 피우고 있다.

어떤 부인이 마치 친자식이라도 되는 것처럼 삼촌을 쓰다듬고 있다.

꿈을 꾼 이 유대인은 첫 번째 장면에 대해 자기 삼촌이 매우 경건한 사람으로 죄가 될 만한 일은 전혀 하지 않았으며, 앞으로도 절대 하지 않을 것이라고 설명했습니다. 두 번째 장면의 부인에 대해서는 자신의 어머니 외에는 떠오르는 사람이 없다고 했습니다. 이 두 장면과 설명에는 분명한 연관성이 있습니다. 현실에서 삼촌이 절대 그럴 사람이 아니라고 부정하고 있으므로 '만약'이라는 가정을 세워봅시다. '그토록 경건한 사람인 삼촌이 안식일에 담배를 피울 수 있다면, 나 또한 어머니의 손길을 받아도 되는 것은 아닐까?'라는 가정이 세워집니다. 이것은 경건한 유대인들에게는 안식일에 담배를 피우는 것과 마찬가지로 어머니가 쓰다듬어주는 것이 금지되어 있다는 것을 의미합니다. 꿈 작업에서는 꿈 사고 간의 모든 관계가 사라지고 꿈 사고들이 그 자체의 원재료로 되돌아가는데, 이렇게 사라져버린 관계들을 되살려내는 것이 꿈 해석의 과제입니다.

(2) 다음은 1910년에 뮌헨의 어떤 의사가 보내온 꿈 내용입니다. 꿈을 꾼 사람이 꿈에 관해 아무것도 알려주지 않을 경우 얼마나 이해하기 어려운지를 잘 보여주는 경우입니다. 또한 꿈을 해석할 때 상징 해석에만 매달려 연상 기법을 무시할 경우 어떤 오류가 발생

하는가를 잘 보여주고 있습니다.

1910년 7월 13일. 아침 무렵에 꿈을 꾸었다. 자전거를 타고 튀빙겐 거리를 지나가고 있을 때, 갈색의 닥스훈트 사냥개가 달려들어 발뒤꿈치를 물었다. 조금 더 가다가 자전거에서 내려 계단에 앉은 다음, 나를 물고 놓지 않는 개를 떨쳐내기 위해 몸을 마구 흔들어댔다. (개에 물린 것이나 꿈 전체에 대해 그리 나쁜 느낌이 들지는 않았다.) 맞은편에 앉아 있던 노파 몇 명이 이를 드러내고 웃으며 나를 쳐다보고 있었다. 그 순간 눈을 떴는데 평소처럼 잠을 깨는 그 순간에 꿈 전체가 선명하게 떠올랐다.

이 꿈의 경우 상징을 통한 작업은 별 도움이 되지 않습니다. 꿈을 꾼 사람이 알려준 내용은 이렇습니다. “최근 어떤 여자를 좋아하게 되었는데, 길거리에서 우연히 바라보는 것 외에는 다가갈 방법이 없었습니다. 그런데 그 닥스훈트 사냥개가 우리를 연결시켜 줄 가장 좋은 방법이 될 것 같다고 생각했습니다. 제가 개를 무척 좋아하는데, 그녀도 그럴 것 같다는 느낌을 받았기 때문이지요.” 우리는 그의 마음을 사로잡은 여자가 언제나 특이한 종의 개를 데리고 다녔다는 사실을 알게 되었습니다. 하지만 외현적 꿈에서 그 여자는 사라지고 그 대신 그녀와 함께 연상된 사냥개만 남은 것입니다. 그를 바라보며 웃었던 노파들은 그 여자 대신 등장한 것인지도 모릅니다. 꿈속에서 자전거를 타고 있었던 것은 실제 상황을 그

대로 재현한 것뿐입니다. 그는 자전거를 타고 있을 때에만 개를 데리고 가는 그 여자를 보았던 것입니다.

(3) 소중한 사람을 잃은 경우 오랫동안 특이한 꿈을 꾸게 되는데, 이것은 죽은 사람을 되살리고 싶다는 욕망과 죽었다는 명백한 사실에 대한 인식이 교묘히 타협한 결과입니다. 어떤 때는 고인 자신이 죽었다는 사실을 모른 채 계속 살아 있는 사람으로 나타나다가, 자신이 죽었다는 사실을 인지하면서 비로소 완전하게 죽기도 합니다. 이처럼 이상하게 보이는 꿈 하나를 소개하겠습니다. 이 꿈을 분석하면서 지금까지 이론적으로 알게 되었던 여러 가지 지식들을 확인할 수 있을 겁니다. 오래전에 아버지를 잃은 어떤 남자의 꿈입니다.

> 아버지가 돌아가셨다. 시체가 발굴되었는데 안색이 매우 나빴다. 그 후로도 아버지는 계속 살아 계셨는데 나는 아버지가 돌아가셨다는 것을 눈치채지 못하도록 몹시 애를 썼다. (그리고 꿈은 다른 꿈으로 바뀌었으며, 얼핏 보기에 그 전의 꿈과는 아무 상관이 없는 것처럼 보였다.)

아버지가 돌아가신 건 사실이지만, 시체를 파내거나 하는 등 나머지는 사실이 아닙니다. 이 남자는 아버지의 장례를 치른 후 집으로 돌아왔을 때, 이 하나가 몹시 아프기 시작했다고 합니다. 그래서 아픈 이를 빼려고 병원에 갔을 때, 의사는 이렇게 말했습니다. "이는 쉽게 뽑는 게 아닙니다. 참아보세요. 아픈 이의 신경을 죽이는 장치를 먼저 해 드리겠습니다. 3일 후에 다시 오세요. 그때 이를 빼드리지요."

꿈 이야기를 하면서 그가 "이를 뽑는 것이 바로 시체를 파내는 것을 의미하는 것이겠지요?"라고 물었는데 그의 말이 전적으로 옳다고 할 수는 없지만 대체로 비슷한 이야기이기는 합니다. 이를 뺀다는 것은 죽어버린 어떤 것이 몸에서 나오는 것이기 때문입니다. 그는 신경을 죽이기는 했지만 여전히 남아 있는 이와 아버지를 압축해 하나로 통합시킨 것입니다. 그는 아버지와 이를 동일시하여, '이가 고통을 줄 때는 그것을 뽑아내라.'라는 유대인의 율법을 따르려 했으며 아버지에 대해서도 율법의 가르침대로 하고 있다고 자부하고 있었습니다. 그는 '돈이 필요하고 힘이 들더라도 아버지를 부양하는 의무를 다해야 한다.'고 말했지만, 실제로는 아픈 이에 대해 그랬듯이 아버지에 대해서도 비슷한 마음을 품었던 것이 아닐까요? 다시 말해 돈도 많이 들고 힘든 현실에서 벗어나기 위해 아버지가 빨리 죽기를 바랐던 것은 아닐까요?

저는 이 꿈이 오랫동안 병치레를 하던 아버지에 대한 그의 입장이었을 것이라고 생각합니다. 유대인의 경건함에 대한 허영에 가까운 그의 자부심은 그 기억을 다른 곳으로 돌려놓기 위한 방법이었을 뿐입니다. 자신에게 고통을 주는 사람이 빨리 죽었으면 좋겠다는 마음이, '아버지를 위해서도 유일한 구원일 수 있다.'는 식의 동정적인 형태로 변형되어 나타난 것입니다. 아버지의 죽음에 대한 소망은 분명 꿈이 형성되는 동안에만 일시적으로 무의식에 나타난 것이지만, 아버지에 대한 적대감은 어쩌면 유년 시절부터 시작되어 아버지가 병을 앓는 동안 다른 모습으로 의식 속에 스며든 것일 수도 있습니다. 꿈속에서는 아버지에 대한 적대감을 찾을 수 없지만 아주 어렸을 때부터 자신의 성적 행위를 금지하는 존재에 대한 공포심에서 그 적대감의 뿌리를 찾아볼 수 있습니다. 아버지를 향한 감정 속에는 어렸을 때 가졌던 성적 두려움과 존경심이 함께 혼재해 있는 것입니다.

외현적 꿈의 일정 부분은 자위 콤플렉스(Onanism Complex)로 설명할 수 있습니다. '안색이 나빠 보였다.'는 것은 사춘기 소년의 나쁜 안색과도 관련이 있으며, 이는 사춘기 소년의 과도한 성적 행위이거나, 그것이 알려지는 것에 대한 두려움을 나타냅니다. 외현적 내용에서는 스스로를 안심시키기 위해 나쁜 안색을 아버지에게 옮겨놓은 것이며, 이것이 바로 꿈 작업 과정 중 '전도'의 한 가지 예입니다. '아버지가 그것을 눈치채지 못하도록 나는 몹시 애를 썼다.'는 부분은 아버지의 죽음을 통해 꿈 내용을 종결지으려는 강한 욕망의 표현입니다. 그러나 의미 있는 결론은 다시 자위 콤플렉스에서 나타나는데, 소년이 자신의 성생활을 감추기 위해 몹시 애를 쓸 것은 분명하기 때문입니다. 결론적으로 이러한 종류의 치통에 관련된 꿈들은 언제나 자위나 그에 대한 두려운 처벌 등으로 해석해야 합니다.

(4) 지금까지 우리는 특별한 내용이 없는 평범한 꿈들을 해석하기 위해 노력해 왔습니다. 사람들은 어째서 아무 인과관계도 없는 꿈들을 꾸는 것일까요? 이런 유형의 새로운 꿈 하나를 소개하겠습니다. 이것은 어떤 젊은 여성이 하룻밤에 꾼 서로 연관성이 있는 세 개의 꿈입니다.

① 넓은 거실을 오가던 그녀는 길게 드리워져 있던 샹들리에에 부딪혀 머리에서 피를 흘렸다.

이것은 실제로 일어났던 일과는 아무런 관련이 없는 꿈이었습니다. 이 여성이 꿈 이야기에 덧붙여 한 말은 전혀 엉뚱한 것이었습니다. "이상하게도 머리카락이 너무 많이 빠져요." 머리는 신체의 한쪽 말단이며, 길게 늘어뜨릴 수 있는 것(샹들리에)은 모두 남성 성기의 상징입니다. 남근과 접촉했을 때 나타날 수 있는 신체 하단부의 출혈이 문제였던 것입니다. 다른 해석도 가능하지만 그녀의 연상을 통해, '월경은 남성과 성적으로 접촉할 때 하는 것'이라는 믿음이 문제였다는 것을 알 수 있었습니다. 이런 잘못된 믿음은 흔히 소녀들의 잘못된 성 지식 때문에 생긴 것입니다.

② 포도원에서 꽤 깊은 웅덩이를 발견했는데, 그녀는 그것이 나

무 한 그루가 뽑혀서 생긴 것이라고 알고 있었습니다.

그녀는 자신에게는 그런 나무가 '없다'고 했으며, 꿈속에서 그 나무는 보지도 못했다고도 했습니다. 그녀의 이 말은, 상징 해석을 완벽하게 뒷받침해 주는 것입니다. 이 꿈은 유아 성 이론과 관련된 것으로, 원래는 남자 아이들과 똑같은 성기가 있었지만 거세되었기 때문에 지금의 모양이 되었다는 믿음과 관련이 있습니다.

③ 자신의 책상 앞에 서 있던 그녀는 책상 서랍 속을 너무 잘 알고 있어서 누군가 약간만 손을 대도 금방 그 사실을 알 수 있었다.

모든 상자들처럼 책상 서랍도 여성의 성기를 상징합니다. 그녀는 성기를 보면 성교(그녀는 단순히 만지는 것도 마찬가지라고 생각했습니다.)를 했는지 금세 알아차릴 수 있다고 알고 있었으므로 그것이 입증될까 봐 두려워하고 있었습니다. 이 꿈들은 모두 '안다'는 사실이 주된 공통점입니다. 그녀가 어린이다운 성적 호기심을 품고 있던 때를 기억하면서, 그때 얻었던 지식에 대해 우쭐해하고 있다는 것을 알 수 있습니다.

(5) 다음 꿈에 대해서는 심리적 상황부터 먼저 간단히 언급해야 할 것 같습니다. 한 여성과 하룻밤을 보낸 어떤 남자가 그녀에 대해, '모성애가 강해 성교를 통해 아이를 갖고 싶어하는 유형의 여자'

라고 했습니다. 그러나 현실적으로 그들은 질외사정을 해야만 했습니다. 그날 밤이 지나고 잠에서 깬 여자가 들려준 꿈 이야기입니다.

빨간 모자를 쓴 장교 한 명이 거리에서부터 그녀를 쫓아왔다. 도망치기 위해 계단을 올라갔지만 그는 줄기차게 쫓아왔다. 숨을 몰아쉬며 집에 도착한 그녀는 문을 급히 닫고 잠가버렸다. 그는 여전히 밖에서 기다리고 있었으며, 문에 나 있는 구멍으로 내다보았을 때 그는 문밖의 의자 위에 앉아 울고 있었다.

이처럼 누군가 쫓아온다거나 숨을 몰아쉬며 계단을 올라가는 모습은 성교를 표현하는 것입니다. 쫓아오는 사람을 따돌리고 문을 걸어 잠그는 행위는 꿈에서 빈번하게 일어나는 전도의 예라고 할 수 있습니다. 실제로 남자가 성교를 서둘러 끝내버렸기 때문입니다. 그녀의 슬픔이 상대방에게 전이되어 울고 있는 것은 바로 그 남자이며, 이것은 사정(射精)을 암시하기도 합니다.

정신분석에서는 모든 꿈들을 성적인 의미로 간주한다는 비난을 이미 여러 번 들었을 것입니다. 정신분석은 굶주림이나 갈증을 충족시켜주는 꿈이나 조바심 내는 꿈, 또한 몹시 탐욕적이고 이기적인 꿈들과 같은 다양한 꿈들에 대해서도 분명히 파악하고 있습니다. 그러나 심하게 왜곡된 꿈들은 주로 성적인 소망의 표현이라는 것은 정신분석학의 분명한 연구 결과라고 할 수 있습니다.

(6) 일부다처제의 경향을 보여주는 다음 꿈은 어느 외국인이 보고한 것입니다. 이 꿈은 '외현적 꿈속에 숨겨져 있어 나타나지 않는다 해도 자아는 모든 꿈에서 어떤 모습으로든 반드시 출현한다.'는 저의 주장에 대한 증거이기도 합니다. 꿈속에 나타나는 가방은 여성을 상징합니다.

세관에서 벌어지고 있는 한 장면입니다. 함께 여행 중이던 사람이 가방을 열면서 문제 될 것은 아무것도 없다는 듯 담배를 피우며 말합니다. "가방 안에는 아무것도 없어요." 처음에는 세관 직원이 그 말을 믿는 것처럼 보였지만, 다시 한 번 가방을 조사하고 나서 특별한 금지 품목을 발견해 냅니다. 그 여행자는 체념한 듯 "어쩔 수 없군요."라고 합니다.

여행자는 꿈을 꾼 사람이며, 저는(프로이트) 세관 직원으로 등장합니다. 그는 그동안 자신의 비밀을 솔직하게 들려주었지만, 새롭게 관계를 맺게 된 어떤 여성에 대해서는 전혀 말하려 하지 않았습니다. 제가 그것에 대해 알고 있을 거라고 짐작했기 때문입니다. 그러한 사실이 확인되는 고통스러운 상황을 피하기 위해 자신을 낯선 사람으로 대치시켜 마치 이 꿈에 등장하지 않는 것처럼 보이는 겁니다.

(7) 지금부터는 꿈속에 나타난 죽음의 상징에 관한 예를 들어보겠습니다.

꿈에서는 알고 있었지만 깨어나는 순간 이름을 잊어버린 어떤 두 사람과 그는 높고 아슬아슬한 철교를 건너가고 있습니다. 그런데 두 사람이 갑자기 사라지더니, 리넨 옷을 입은 유령처럼 생긴 사람과 만납니다. "혹시 전보 배달부가 아니냐?"라는 그의 질문에 그는 "아니요."라고 대답합니다. "그럼 혹시 마부가 아니냐?"라는 질문에도 "아니요."라고 대답합니다. 그리고 그는 계속 걸어갔는데…… 꿈속에서 커다란 두려움을 느꼈고, 깨어난 후에도 계속 공상하다가 갑자기 철교가 끊어지면서 나락으로 떨어지는 듯한 느낌을 받았습니다.

꿈속에 등장하는 사람들 중 잘 모르는 사람이거나 이름을 잊어버린 사람은 대개 매우 가까운 사람들입니다. 꿈을 꾼 사람에게는 두 명의 누이가 있는데, 그가 만약 그들이 죽기를 바랐다면, 그로 인해 죽음의 공포를 느끼게 되는 것은 당연합니다. 평소에 그는 전보 배달부는 언제나 불행한 소식을 가져다준다고 믿고 있었습니다. 옷차림으로 보아 그가 가로등 관리인이었을 가능성도 있는데, 가로등 관리인은 마치 죽음의 정령이 생명의 등불을 꺼버리듯 가로등을 꺼버리는 사람입니다.

열세 번째 강의

고대의 잔재와 유아성

꿈 작업은 꿈 검열의 영향 아래 잠재적 꿈 사고를 다른 표현으로 바꿔놓는 것이라는 사실을 다시 한 번 상기하시기 바랍니다. 잠재적 사고란 깨어 있는 동안 우리에게 익숙해져 있는 의식적 사고입니다. 그러나 꿈의 표현 방식은 다양한 특징 때문에 이해하기 힘듭니다. 이러한 특징들은 지금까지의 지적 발달 과정을 되돌려, 사고 언어가 발달하기 전부터 있던 상형 언어나 상징 관계, 혹은 그와 비슷한 상황으로 돌아가는 것과 같습니다. 그러므로 꿈 작업의 표현 방식을 '태곳적 혹은 퇴행적'이라고 부르려고 합니다.

꿈 작업을 통해 돌아가게 되는 이전 시기는 개인적인 '유년기'와 모든 개인이 유년기를 통해 인류의 전체 발달 과정을 압축적으로 반복한다는 면에서 '계통 발생적인 태고' 두 가지가 있습니다. 잠재적인 정신 과정의 어느 부분이 개인적인 것이고, 어느 부분이 계통 발생적인 것인지 구별할 수도 있습니다. 예를 들어, 어떤 개인이 한 번도 배운 적이 없는 상징 관계는 계통 발생적인 유산으로 생각해야 합니다.

정신분석에서는 일반적으로 유아기에 형성된 기억의 빈틈을 메워야 하는데, 이 작업에 따라 치료의 성패가 좌우됩니다. 이 작업은 대체로 성공적이어서, 잊혔던 유년 시절의 기억들이 명백하게 드러납니다. 이러한 기억들은 실제로 잊혔던 것이 아니라 다만 접근할 수 없는 잠재적인 것으로 변해 무의식 속에 남아 있던 것입니다. 이런 기억들은 대체로 꿈과 연결되었을 때 무의식에서 저절로 솟아오르는 경우가 있습니다. 꿈은 잠재적인 유아기의 체험과 연결되는 통로를 알고 있는 것처럼 보입니다.

언젠가 제게 도움을 주었던 사람과 관련된 꿈을 꾼 적이 있습니다. 그 남자의 체구는 작고 뚱뚱했으며, 애꾸눈이었고, 머리는 어깨 깊숙이 박혀 있었습니다. 꿈속에서 그가 의사라는 사실을 쉽게 알 수 있었습니다. 세 살 때 떠나온 고향 마을의 의사에 대해 어머니께 물어보자, 그는 애꾸눈에 키가 작고 뚱뚱하며 머리가 어깨에 처박힌 사람이었다고 했습니다. 또한 잊고 있었지만 어떤 사고를 당했을 때 그 의사가 저를 치료했다는 사실도 알게 되었습니다. 이 같은 유년 시절의 잊혀진 기억이 꿈의 또 다른 태곳적 특성입니다.

 사악하고 방탕한 성적 소망이 꿈을 꾸게 만드는 요인이며, 그로 인해 반드시 꿈 검열과 꿈 왜곡이 개입하게 된다는 것을 알아냈을 때 우리는 놀라지 않을 수 없었습니다. 사악한 소망 충동은 과거에서 비롯되며, 가까운 과거에서 비롯되는 경우가 많습니다. 지금은 기억하지 못한다 해도 과거에는 알고 있었으며 의식하고 있던 것들입니다. 열일곱 살짜리 외동딸이 자신의 눈앞에서 죽기를 바라는 내용의 꿈을 꾼 어떤 부인은 그 꿈을 해석해 주었을 때, 자신이 언젠가 그런 소망을 품었다는 것을 기억해 냈습니다. 남편과 심하게 다투고 나서 배를 주먹으로 마구 두들겨 뱃속의 아이를 죽이려 했던 적이 있었던 것입니다.

누군가를 제거하려는 '살인 소망'에만 국한시켜 문제를 검토해 보겠습니다. 이러한 소망은 대부분 꿈꾸는 사람의 이기주의가 원인입니다. 꿈의 원인이 되는 이러한 소망은 간단히 증명할 수 있습니다. 누군가가 내 삶에 장애물이 된다고 생각할 때, 꿈은 부모나 형제자매, 배우자를 가리지 않고 곧 죽이려는 준비를 하게 됩니다. 이처럼 추악한 인간의 본성에 경악한 나머지 이러한 꿈 해석을 받아들이기 싫을 것입니다. 그러나 과거의 어느 시점에서 낯설지 않은 그런 사악한 소망 충동의 근원을 발견할 수 있습니다.

어린아이가 처음부터 사랑한 것처럼 보이는 사람들도 사실은 그들 없이는 살아갈 수 없기 때문에 사랑하게 된 것입니다. 이기적인 욕구에서 비롯된 것이지요. 어린아이가 반드시 처음부터 형제들을 사랑했던 것이라고 볼 수 없으며, 오히려 분명한 적대감을 드러내는 경우도 종종 볼 수 있습니다. 이러한 감정은 오랫동안 지속되어다 자랄 때까지 유지된다는 것은 잘 알려진 사실입니다. 형제에 대한 기본적인 사랑을 무시하는 것은 아니지만, 일반적으로 적대적인 감정의 뿌리가 더 깊고 오래된 것처럼 보입니다. 이러한 현상은 새로운 동생을 만나게 되는 두 살 반에서 네댓 살 된 어린아이들에게서 흔히 볼 수 있습니다. 그러므로 꿈에서 형제가 죽기를 바라는 소망을 발견한다 해도 너무 기이하게 여길 필요는 없습니다. '젊은 영국 여자가 어머니보다 더 미워하는 사람이 있다면 그것은 자신의 언니일 것'이라고 했던 영국 작가 버나드 쇼의 이야기를 상기해 보십시오.

부모 자식 간의 관계가 형제자매 간의 관계보다 더 호의적이라는 것은 분명해 보입니다. 그러나 효심과 애정 어린 관심이라는 부차적인 감정이 억누르지 않는다면 상당한 적개심이 드러날 것입니다. 이러한 적개심의 동기로서 일반적으로 잘 알려져 있는 것은 같은 성끼리 서로에게 적개심을 품는 성향입니다. 딸은 어머니를, 아들은 아버지를 멀리합니다. 딸은 자신의 의지를 꺾으려는 어머니의 권위적인 자세에서 성적 자유를 포기하게 하려는 사회적 억압을 보게 됩니다. 아들과 아버지 사이에서는 이와 똑같은 관계가 더욱 뚜렷하게 나타납니다. 아버지는 아들의 자유의사에 반하는 사회적 억압을 가하려는 존재입니다. 아버지는 의지에 따라 행동하려는 아들을 억압하고 너무 빨리 성적 쾌락에 빠지는 것도 금지합니다. 아버지와 딸이나 어머니와 아들의 관계는 그다지 위험해 보이지 않습니다. 오히려 이기적인 감정으로도 깨뜨릴 수 없는, 변하지 않는 애정의 가장 순수한 본보기가 됩니다.

그러나 이러한 적대감이 부모 자식 간의 관계를 전적으로 지배하는 경우는 아주 드물고 일반적으로 사랑의 감정에 의해 억압되므로 꿈이 그것을 분리해 독자적인 힘을 얻게 될 때까지 기다려야 합니다. 그렇게 분리했을 때 꿈속에서는 거대하게 보였던 것도, 그 꿈을 해석하여 실제 삶과 전체적으로 연관시키면 다시 왜소해집니다.

이러한 애정 경쟁은 분명 성적인 특성을 지니고 있습니다. 아들은 어릴 때부터 어머니에게 특별한 애정을 품어 어머니를 자신만의 것으로 생각하게 됩니다. 따라서 아버지만의 소유를 인정하지 않고 아버지를 경쟁자로 인식하기 시작합니다. 이와 마찬가지로 어린 딸은 어머니를 자신과 아버지 사이를 방해하는 경쟁자로 생각하게 됩니다. '오이디푸스 콤플렉스'로 부르는 이러한 감정이 꽤 오랜 역사를 지니고 있다는 것은 여러 가지 사례를 통해 확인할 수 있습니다. 오이디푸스 신화에서는 아버지를 죽이고 어머니를 아내로 맞아들이고 싶다는 소망이 좀 더 약해진 형태로 실현되고 있습니다. 하지만 오이디푸스 콤플렉스가 부모 자식 간의 전체적인 관계를 설명한다고 주장하는 것은 아닙니다. 이것은 훨씬 더 복잡한 모습으로 나타날 수 있습니다.

오이디푸스 콤플렉스를 발견해 낸 정신분석의 성과를 우리 사회가 전적으로 수용하고 있는 것은 아닙니다. 오히려 매우 격렬한 저항을 불러일으켰지요. 하지만 금기시되는 감정 관계에 대한 사실은 부정하거나 미화할 수도 없는 것이어서, 그리스 신화에서는 불가피한 숙명으로 받아들이고 있는 이 상황과 타협할 수밖에 없습니다.

지금까지의 연구 결과를 어린이의 정신 활동에 적용해 봄으로써 금지된 꿈 소망의 근원, 즉 과도한 성적 충동도 같은 방식으로 설명할 수 있습니다. 따라서 어린이의 성생활 발달 과정을 추적해 보는 것도 의미 있는 작업입니다.

어린이의 성생활을 부정하면서 성 기관이 성숙되는 사춘기에나 성생활이 시작된다고 가정하는 것은 아무런 근거도 없는 오류입니다. 오히려 어린이들의 성생활은 처음부터 대단히 풍부하며, 여러 가지 면에서 성인의 정상적인 성생활과는 뚜렷이 구별됩니다.

성인의 '성도착적'인 행위는 정상적인 행위와 다음과 같은 차이가 있습니다. 첫째 종의 장벽을 무시하고, 둘째 일반적인 혐오감을 느끼지 않으며, 셋째 근친상간의 장벽을 뛰어넘고, 넷째 동성 간에도 애정을 느끼며, 다섯째 성기의 역할을 다른 신체기관으로 확장시키는 것 등입니다. 하지만 성에 이런 장벽들이 처음부터 있었던 것은 아니고 신체 발달과 교육 과정을 거치며 형성된 것입니다. 어린아이는 이러한 것들로부터 자유롭습니다. 어린아이는 인간과 짐승 사이에 있는 극복할 수 없는 차이를 아직 인식하지 못합니다. 성별의 차이도 모르며 성기를 통해서만 쾌락을 찾으려 하지도 않으므로 아동을 '다형성 도착(polymorph pervers)' 상태라고 부릅니다.

아동들은 혼자 방치되어 있거나 유혹을 받았을 때 놀라울 정도로 성도착적 행위들을 보입니다. 그러한 행위를 '어린애다운 짓'이나 '장난' 정도로 생각할 수도 있습니다. 그러나 이 행위들은 본성의 징표이거나 발달 과정의 원인이나 촉진제로서 중요한 의미를 갖고 있어, 우리에게 아동이나 인간의 성생활 전반에 대해 통찰할 수 있게 해 줍니다. 그러므로 왜곡된 꿈의 이면에서 도착적인 소망 충동들이 발견된다면, 꿈이 유아적 상태로 퇴행했다는 것을 의미합니다.

금지된 소망 충동들 중 근친상간적 특성을 지닌 것들에 대해 인간사회는 대단히 혐오감을 보이며 그것을 금지하기 위해 많은 노력을 기울이고 있습니다. 하지만 강력한 금지는 오히려 강력한 욕구가 있기 때문이라는 것을 이해하지 못하는 것 같습니다. 정신분석에서는 근친상간적인 사랑이 더 오래되고 일반적인 것이며, 그에 대한 거부감은 나중에 형성된다는 결론을 내렸습니다.

꿈을 이해하는 데 도움이 되는 아동심리학 내용을 간단히 소개하겠습니다. 우선 꿈을 통해 잊고 있던 어린 시절의 체험이라는 재료에 다가갈 수 있다는 것입니다. 이기주의나 근친상간적인 사랑 등을 포함한 아동의 모든 정신 활동은 꿈속에서, 다시 말해 무의식 속에서 계속 이어지며, 밤에 꾸는 꿈은 우리를 이러한 유아적 단계로 돌려보내는 것입니다. 또 '정신 활동 중 무의식적인 것은 유아적인 것'이라는 사실을 확인할 수 있습니다. 처음에는 낯설었지만, 인간들의 마음속에는 그토록 많은 사악함이 숨겨져 있다는 사실을 받아들이기 시작했습니다. 이렇게 놀라우리만큼 무서운 사악함은 원형적인 것으로 아동들의 내면에 분명히 존재하지만, 그것이 저속하다는 이유로 간과하거나 아동들에게 윤리적 기준을 요구할 수 없다는 이유로 가볍게 무시해 버립니다.

이처럼 저급한 꿈을 꾼다는 것 때문에 부끄러워해야 할 이유는 전혀 없습니다. 인간의 정신 활동 중 극히 일부분만이 이성적일 뿐이며, 오히려 비이성적인 일들이 수도 없이 일어나고 있습니다. 그러나 인간은 그러한 꿈들을 비이성적으로 부끄러워하기 때문에 꿈 검열을 시도하거나 분노하는 것입니다. '사랑의 자원봉사'를 원하는 꿈을 꾸었던 부인이 꿈을 해석해 주기도 전에 그 꿈에 적대감을 보였던 것에서 알 수 있듯이 아직 문제는 해결된 것이 아닙니다. 앞으로 계속 연구해 나간다면 또 다른 판단과 인간의 본성에 관한 새로운 평가를 내릴 수 있는 가능성은 여전히 있습니다.

이러한 모든 연구 결과를 바탕으로 두 가지 결론을 내릴 수 있습니다. 첫째, 꿈 작업의 퇴행은 단지 형식적인 것이 아니라 대단히 중요한 의미를 갖고 있습니다. 꿈 작업은 생각을 원시적인 표현으로 바꿀 뿐 아니라 원시적 정신 활동의 고유한 특성들을 다시 드러내 보여주기도 합니다. 둘째, 한때 우리를 지배했던 이 모든 유아적인 것은 무의식으로 간주할 수밖에 없습니다. 즉 무의식은 잠재적인 시간을 가리키는 것이 아니라, 자신만의 소망 충동과 표현 방식, 보통 때는 작동하지 않는 고유한 체계 등을 갖춘 특별한 정신 영역이라 할 수 있습니다. 의식적인 생활에서 비롯된 어떤 것들(낮의 영향)이 무의식의 영역에서 비롯된 다른 특성들과 함께 꿈을 형성하는 것입니다. 꿈 작업은 이러한 두 부분 사이에서 이루어지며, 무의식에 의해서 남아 있는 낮의 영향이 퇴행의 조건을 만드는 것으로 보입니다.

열네 번째 강의 소망 충족

지금까지 우리는 꿈 왜곡을 발견하고 어린아이들의 꿈을 통해 꿈의 본질과 관련된 결정적인 단서들을 찾아냈습니다. 서로 모순되어 보이는 이 두 가지 연구 성과의 결론은 꿈 작업이 우리의 생각을 일정한 환각적 체험으로 바꾸어놓는다는 것입니다. 어린아이들의 꿈을 분석해 밝혀낸 꿈 작업의 목적은 수면을 방해하는 심적 자극을 소망 충족을 통해 제거하는 것입니다. 왜곡된 꿈의 해석 방법을 알기 전까지 단정할 수는 없겠지만, 왜곡된 꿈도 소망 충족과 비슷한 방식으로 볼 수 있을 것입니다. 모든 꿈들은 근본적으로 아이들의 꿈과 같으며, 꿈에는 아동의 심적 충동과 활동 체계 같은 유아적 요소들이 작용하고 있다는 것을 알 수 있었습니다.

꿈의 '소망 충족' 역할은 지금 처음으로 거론하는 겁니다. 이른바 꿈 작업의 표면상 목적인 소망 충족이란 무엇인지 궁금해집니다. '꿈은 소망 충족이다.'라고 하면 '도대체 어디에서 소망이 충족되었다는 것일까?'라는 의문이 생깁니다. 많은 꿈들이 불쾌감과 불안감으로 가득한데 정신분석의 이러한 꿈 이론은 선뜻 받아들이기 어렵습니다. 그러나 왜곡된 꿈에서는 소망 충족이 있는 그대로 드러나지 않기 때문에 꿈을 해석해 보기 전에는 쉽게 판단할 수 없습니다. 왜곡된 꿈의 소망들은 검열이 거절한 금지된 소망들이며, 이 소망들이 있기 때문에 꿈 왜곡과 꿈 검열이 일어난다는 것을 우리는 이미 알고 있습니다.

물론 고통스럽고 불안한 꿈들이 왜 그렇게 많은지에 대해서는 연구를 통해 해명해야 합니다. 꿈속의 감정이라는 요소를 해명해야 하는 것입니다. 꿈이 소망 충족의 역할을 한다면 꿈속에서 고통스런 감정은 없어야 합니다. 이런 비판을 바탕으로 세 가지 현상을 논의해 보겠습니다.

첫째, 꿈 작업이 어떤 소망을 성취하는 데 성공하지 못한 결과 꿈 사고의 고통스러운 부분이 외현적 꿈에 남아 있는 경우입니다. 이런 경우는 쉽게 증명할 수 있습니다. 무언가를 마시는 꿈이 갈증 해소라는 소망을 완전히 이루어주지 못하는 것처럼 꿈 작업이 애초의 목적을 이루지 못하는 것입니다. 그 결과 꿈을 꾼 사람은 계속 갈증을 느껴 무언가를 마시기 위해 잠에서 깨어납니다. 그러므로 '비록 결과는 미약했지만 그 의지는 칭찬받을 만한' 꿈입니다.

둘째, 소망 충족은 분명 즐거움을 주지만 이때 '누구에게 즐거움을 주는가?'라는 질문이 제기됩니다. 당연히 그러한 소망을 가지고 있는 '그 사람에게' 즐거움을 주겠지만, 꿈을 꾼 사람은 그 소망을 팽개치고 검열을 시도합니다. 그로 인해 소망 충족은 쾌락 대신 정반대의 것을 주게 됩니다.

복잡한 설명 대신 잘 알려진 동화를 예로 들어 설명하겠습니다. 어떤 마음씨 좋은 요정이 가난한 부부에게 세 가지 소원을 들어주겠다고 약속했습니다. 그 부부는 기쁨에 넘쳐 조심스럽게 세 가지 소원을 고르기로 했습니다. 그런데 마침 옆집에서 소시지 굽는 냄새가 풍겨오자 그 부인은 구운 소시지 두 개가 있으면 좋겠다고 말해 버렸습니다. 그러자 구운 소시지 두 개가 눈앞에 나타났고, 이로써 첫 번째 소원이 이루어졌습니다. 그러자 몹시 화가 난 남편은 그 구운 소시지들이 마누라의 코에 매달렸으면 좋겠다고 했습니다. 그 즉시 부인의 코에는 소시지가 주렁주렁 매달리게 되었고 두 번째 소원도 이루어졌습니다. 자, 세 번째 소원은 어떤 것이었을까요? 코에 걸린 소시지가 몹시 불편했으므로 그 부부는 그 소시지가 코에서 떨어지기를 원했고, 그렇게 세 번째 소원도 이루어졌습니다. 두 사람의 의견이 일치하지 않을 경우 한 사람의 소망 충족이 다른 사람에게는 불쾌감을 줄 수 있다는 것을 이 동화를 통해 알 수 있습니다.

이제 검열 대신 불안이 나타나는 또 다른 사례를 살펴보겠습니다. 불안한 꿈들이 왜곡으로부터 벗어난, 즉 검열을 전혀 받지 않은 내용으로 나타나는 경우입니다. 유아의 꿈을 허용된 소망의 공개적 충족이라 할 수 있다면, 왜곡된 저급한 꿈은 억압된 소망이 변형을 통해 충족되는 것이라 할 수 있습니다. 그러므로 불안한 꿈은 억압된 소망의 공개적 충족이라는 공식에 들어맞는 것입니다. 억압된 소망이 검열보다 강하게 나타나거나, 검열에 대항해 충족하고자 하는 의지를 관철시키거나 또는 관철시키려 한다는 명확한 징표입니다. 꿈속의 불안은 억압되고 눌려 있던 소망이 강하게 드러나게 될까 봐 불안해하고 두려워하는 것이라고 할 수 있습니다. 어떤 꿈 소망이 거부할 수 없을 만큼 강해서 감당할 수 없다고 느끼면 꿈 검열은 왜곡이라는 작업 대신 마지막 수단인 불안을 발전시켜 잠에서 깨도록 합니다.

셋째, 꿈을 꾸는 사람은, 서로 다른 개체이지만 내적으로는 일정한 방식으로 긴밀히 연결된 두 사람을 합쳐놓은 것과 같다는 것입니다. 이 경우 소망 충족을 통해 징벌을 받는 것과 같은 매우 불쾌한 사태가 발생할 수도 있습니다. 앞서 이야기한 동화를 예로 들어 살펴보겠습니다. 부인의 코에 붙은 소시지는 다른 개체인 남편의 소망 충족이면서 동시에 부인의 어리석은 소망에 대한 징벌이기도 합니다. 동화 속에 남아 있는 이 세 번째 소원의 동기는 신경증 환자들로부터 쉽게 찾을 수 있습니다. 인간의 정신 속에는 이렇게 벌을 받고 싶어하는 경향이 적지 않으며, 강하게 나타나는 이런 경향이 고통스러운 꿈의 한 부분을 책임지고 있다고 할 수 있습니다. 그러므로 징벌은 검열하는 다른 인격의 소망 충족으로 볼 수 있는 것입니다.

소망 충족 이론에 대항하는 어떤 반론에도 굴할 생각은 없지만, 모든 꿈은 소망 충족을 나타낸다는 사실만큼은 증명해야 한다고 생각합니다. '1플로린 50크로이체에 나쁜 좌석 극장표 3장'이라는 꿈에서 너무 일찍 결혼했다는 사실과 남편에 대한 불만에서 비롯된 분노가 그녀의 꿈 사고와 관련이 있다는 것을 알아냈습니다. 그녀의 외현적 꿈 내용에서 소망 충족의 흔적을 찾을 수 있을까요?

'너무 일찍, 성급하게'라는 요소는 검열에 의해 삭제되었습니다. 텅 빈 좌석들은 그것에 대한 암시입니다. '1플로린 50크로이체에 3장'이라는 수수께끼 같은 요소는 상징의 도움을 받아 쉽게 이해할 수 있습니다. '너무 빨리 극장표를 구했다.'는 너무 일찍 결혼했다는 사실을 직접적으로 대체합니다. 이러한 대체가 바로 소망 충족입니다. 친구가 약혼했다는 소식을 들었던 그날처럼 그녀가 언제나 결혼 생활에 불만을 품고 있었던 것은 아닙니다. 그녀는 친구보다 자신이 더 인기 있었기 때문에 더 빨리 결혼했다는 사실을 자랑스럽게 생각하기도 했습니다.

순진한 처녀들은 약혼을 하고 나면 그때까지 금지되었던 연극을 곧 볼 수 있게 되었다며 약혼한 사실을 기뻐한다고 합니다. 연극을 보고 싶다는 욕망은 성생활, 특히 부모의 성생활에 대한 호기심에서 시작되며 소녀들이 일찍 결혼하고 싶어하는 강한 동기가 됩니다. 결혼이란 보고 싶은 욕망을 충족시키는 것이므로 일찍 결혼하는 것이 소망이었던 그 시절로 돌아가, 옛날의 소망 충동에 이끌려 결혼을 '극장에 가는 것'으로 대체하고 있습니다.

꿈에 감춰진 소망 충족을 증명하는 것이 가장 까다로운 작업이며, 많은 모순과 오해들이 이 과정에서 발생합니다. 꿈 해석에 대해 전반적으로 동의하는 사람도 소망 충족에 대해서는 쉽게 납득하지 못합니다.

'꿈에는 언제나 일정한 의미가 있어 정신분석을 통해 그 의미를 밝혀낼 수 있지만, 그것을 왜 반드시 소망 충족이라는 공식에 적용해야만 하는 것일까?' 이런 의문에 대해 '꿈의 의미와 그것을 해석할 방법을 발견해 낸 것만으로도 충분하다.'고 답할 수도 있겠지만 사실은 그렇지 않습니다. 이러한 태도는 꿈에 대한 인식과 신경증을 이해하기 위한 꿈의 가치 자체를 위태롭게 만듭니다. 학문의 영역에서 적당히 넘어가는 타협적 태도는 결코 바람직하지 않습니다.

제가 이처럼 단호하게 말하는 것은, 단순한 오해로 인해 꿈에 대해 지금까지 기울여온 모든 노력의 성과를 잃을지도 모르기 때문입니다. 이러한 오해는 꿈을 잠재적 꿈 사고와 혼동하기 때문에 생기는 것입니다. 꿈 사고에만 해당하는 사실을 꿈에 적용시킬 때 오해가 발생합니다.

꿈이 계획이나 경고, 준비, 또는 과제를 해결하기 위한 시도 등을 대신하며, 이것들에 의해 대치될 수 있다는 것은 사실입니다. 그러나 정확히 살펴보면 이 모든 것들이 오로지 꿈속에서 변화된 모습으로 나타나는 잠재적 꿈 사고에만 해당된다는 것을 인식할 수 있습니다. 우리는 꿈의 해석을 통해 인간의 무의식적 사고가 그러한 계획이나 준비, 숙고 등으로 가득하며, 그로부터 꿈 작업이 꿈을 만들어낸다는 것을 이미 알고 있습니다.

꿈을 해석하려 할 때 만약 꿈 작업보다 인간의 무의식적 사고에 대해서만 관심을 가진다면, 꿈 작업은 배제한 채 꿈이 어떤 경고나 계획, 혹은 그와 비슷한 것들에 대응하는 것이라고 주장할 겁니다. 정신분석을 하다 보면 이런 경우를 자주 보는데, 일반적으로 꿈의 형식을 무시하고 그 대신 꿈을 만들어낸 원천인 잠재적 사고를 끼워 맞추려 하기 때문입니다. 그러나 꿈의 배후에 있는 잠재적 꿈 사고를 목표로 삼고 있는 것이라면 그렇다고 명확히 밝혀야 합니다. 잠재적 꿈 사고는 재료입니다. 꿈 작업은 그것을 외현적 꿈으로 바꿔놓는 것입니다. 꿈의 재료와 그것을 변형시키는 작업을 혼동하는 오류를 범해서는 안 됩니다.

꿈에서 본질적인 단 한 가지는, 꿈 사고라는 재료에 작용하는 꿈 작업입니다. 꿈은 언제나 일정한 무의식적 소망의 충족입니다. 그러나 그것은 꿈을 꿈 작업의 결과로 간주할 때에만 그렇습니다. 그러므로 꿈은 결코 단순한 계획이나 경고 자체는 아닙니다. 계획을 비롯한 이러한 것들은 언제나 무의식적 소망의 도움을 받아 태곳적 표현으로 번역되고, 또 이러한 소망 충족을 위해 바뀝니다. 소망 충족은 절대 변하지 않는 요소이며, 그 밖의 다른 요소들은 바뀔 수 있습니다.

저는 이 모든 것을 일목요연하게 파악하고 있지만, 여러분이 이해할 수 있도록 쉽게 설명했는지는 확신할 수 없습니다. 꿈에 관한 가장 어렵고도 중요한 문제이지만, 나중에 다루게 될 주제들과 연계되지 않으면 도저히 이해할 수 없기 때문입니다. 사물의 내적 관련성을 다루면서 비슷한 성질의 다른 한쪽을 고려하지 않은 채 어느 하나의 속성만 깊게 파고들 수는 없습니다. 꿈과 아주 비슷한 신경증 증상에 대해 여러분이 아직 모르고 있기 때문에 여기서는 이러한 지식으로만 만족해야 합니다.

열다섯 번째 강의 의문점과 비판

지금까지 밝혀낸 새로운 사실들에 대한 가장 일반적인 의문점과 불확실한 것들을 정리해 보겠습니다.

(1) 분석 기법을 철저히 적용한다 해도, 꿈 해석의 결과들이 매우 불확실하기 때문에 외현적 꿈을 잠재적 꿈 사고로 정확히 해석한 것인지 확신할 수 없다는 점입니다.

그것은 첫째, 꿈의 어떤 요소를 본래의 의미로 해석해야 할지, 상징적으로 해석해야 할지 알 수 없기 때문입니다. 상징적으로 사용된 사물일지라도 본래의 의미를 완전히 잃어버리지는 않습니다.

그래서 객관적 근거가 없을 경우, 해석은 분석가의 자의적인 판단에 맡길 수밖에 없습니다.

둘째, 꿈 작업에서는 상반되는 것들이 일치하는 경우가 있기 때문에 어떤 꿈 요소를 긍정적인 의미로 해석해야 할지, 부정적인 의미로 해석해야 할지, 있는 그대로 보아야 할지가 언제나 불확실하다는 것입니다. 그래서 이것 또한 분석가의 자의적 해석에 맡겨집니다.

셋째, 꿈에서는 전도(顚倒)가 흔히 나타나기 때문에 분석가가 임의로 그와 같은 전도를 시도할 수 있다는 점입니다.

넷째, 어떤 꿈에 대한 해석이 유일한 해석인지 아닌지 결코 확신할 수 없다는 점입니다. 하나의 꿈에 대해 또 다른 해석이 가능하다는 것은 간과할 수 없는 중요한 점이기 때문입니다.

이와 같은 문제점들은 당연히 제기될 수 있습니다. 그러나 꿈 해석이 분석가의 자의에 맡겨져 있다는 것과, 결과에 나타날 수 있는 결함 때문에 해석 방법에 정당성이 부족하다는 주장은 맞지 않습니다. 만약 분석가의 자의성이 아니라 숙련도나 경험, 이해력을 문제 삼는다면 저 역시 인정할 수 있습니다. 그러나 이러한 문제는 다른 학문에서도 발생하는 것으로, 남들보다 숙련도가 떨어지는 사람이 있다는 것은 어쩔 수 없는 일입니다.

상징 해석의 자의성에 관련된 문제는, 꿈을 꾼 사람의 삶과 꿈의 관련성 그리고 그 꿈을 꾸게 된 전체적인 심리 상황 등을 종합적으로 고려하여 가능한 해석 가운데 하나를 고르고 다른 것들은 버림으로써 해결할 수 있습니다. 또한 꿈의 해석이 불완전하다는 문제는, 가설들이 부정확하기 때문이 아니라 꿈이 가진 필연적 다의성과 모호함 때문에 발생하는 것입니다.

중국어는 오랜 역사를 지니고 있으며 오늘날에도 수억 이상의 인구가 사용하는 언어입니다. 저는 꿈의 불명확함에 대한 유추 해석의 가능성을 찾기 위해 중국어를 배운 적이 있습니다. 기억에 남는 중국 속담 하나를 소개해 보겠습니다.

과문(寡聞)하면 놀랄 일도 많다.

이 속담의 뜻을 이해하는 것은 어렵지 않습니다. '보고 들은 것이 적으면 놀랄 일도 많아진다.' 혹은 '보고 들은 것이 적은 사람은 놀랄 일도 많다.'는 뜻입니다. 이처럼 문법적으로 서로 다른 번역 중 어떤 것을 선택할 것인지는 물론 그다지 중요하지 않습니다. 이러한 모호함에도 불구하고 중국어가 사고를 표현하는 데 아주 훌륭한 언어라는 것은 분명합니다. 그러므로 모호성이 꼭 다의성을 의미하는 것은 아닙니다.

어쨌든 꿈의 표현 체계와 관련된 전반적인 사항들이 이러한 고대 언어나 문자보다 훨씬 열악한 것은 사실입니다. 고대 언어나 문자는 본질적으로 의사소통을 위한 것으로, 언제나 이해될 수 있도록 설계되어 있기 때문입니다. 꿈은 전혀 그렇지 않아서 그 누구에게도 무언가를 말하려 하지 않습니다. 꿈은 의사소통 수단이 아니며, 이해될 수 없는 채로 남아 있을 수밖에 없습니다. 그러므로 꿈의 다의성과 불확실성 때문에 꿈을 해석할 때 결정을 내리기 어려운 것은 당연합니다.

(2) 꿈 해석이 억지로 끌어다 맞추기 때문에 부자연스럽고 우스꽝스러워 보인다는 일반적인 인식에서 정신분석에 관한 두 번째 의혹들이 제기됩니다. 흔히 접할 수 있는 비난들 중 대표적인 한 가지를 들어보겠습니다. 최근 자유의 나라 스위스에서 정신분석을 연구했다는 이유로 해직되었으며, 그러한 결정에 이의를 제기한 교수에 대한 학교 당국의 평가가 신문에 실렸습니다.

> "놀라운 사실은 그가 취리히의 피스터(Pfister) 박사 책에 나와 있는 인위적이고 가식적인 내용들을 인용했다는 것입니다. …… 하지만 더 놀라운 사실은 지도교수가 이런 주장이나 거짓 증거들을 무비판적으로 받아들였다는 것입니다."

이렇게 비판의 대상이 되는 것은 일반적으로 꿈 검열의 가장 강력한 수단인 전위(轉位)의 결과와 관련이 있습니다. 꿈 검열은 전위를 통해 암시라는 대체물을 만들어냅니다. 그러나 암시하는 것을 찾는 것도 쉽지 않은 작업입니다. 암시는 본래의 것을 찾기가 쉽지 않고, 그다지 잘 쓰이지 않는 특이한 연상을 통해 맺어져 있기 때

문입니다.

잠재적 꿈 요소와 외현적 대체물이 아무 관련이 없어 보여도, 재치 있고 재미있는 연관성이 있을 수 있습니다. 하지만 그것은 거의 파악할 수 없습니다. 꿈을 꾼 사람이 직접적인 연상을 통해 실마리를 제시하거나 많은 자료들을 내놓아야만 어렵지 않게 해답을 찾을 수 있습니다. 꿈을 꾼 사람이 도와주지 않는다면 문제가 되는 외현적 요소는 영원히 이해할 수 없는 것으로 남습니다.

한 가지 예를 들어보겠습니다. 치료를 받던 한 여자 환자의 아버지가 돌아가셨는데, 그녀는 꿈속에서라도 아버지를 보고 싶어했습니다. 어느 날, 꿈속에 아버지가 아무런 연관성도 없이 불쑥 나타나 "11시 15분이다. 11시 30분이다. 11시 45분이다."라고 했습니다. 그녀가 연상해 낸 것은 아버지가 식사 시간에 때맞춰 나타나면 매우 기뻐했다는 사실 정도였습니다. 분명 꿈 요소와 관계가 있는 것처럼 보이기는 하지만, 여전히 모호했습니다. 전혀 동떨어진 것처럼 보이는 연상을 따라가는 과정에서 뜻밖의 이야기를 듣게 되었습니다. 꿈꾸기 전날 밤, 그녀는 자기 집에서 심리학에 관해 토론하던 중 "원시인(Urmensch)은 우리 모두 속에 계속 살아 있다."는 말을 들었다는 것이었습니다. 그때서야 비로소 그 꿈을 이해할 수 있었습니다. 그녀는 꿈속에서 12시를 향해 가는 매 15분마다 시간을 말하게 하는 것으로 아버지를 '시계 인간(Uhrmensch)'으로 만들어 냈던 것입니다.['Uhrmensch'는 'Urmensch(원시인)'과 발음이 같다. – 역주]

 이런 사례가 농담처럼 들릴 수도 있습니다. 이처럼 우리를 당황하게 만드는 꿈과 농담 사이에도 어떤 유사성이 존재하는 것은 아닐까요? 저는 농담 그 자체도 말실수나 꿈처럼 좀 더 깊은 연구가 필요하다고 생각합니다.

(3) 오랫동안 정신분석에 종사해 온 학자들조차 우리의 견해에 반론을 제기하고 있는데, 그 내용이 무엇인지 구체적으로 소개하겠습니다.

우선, '꿈이란 현재에 적응하고 미래의 문제를 해결하려는 시도이므로 미래를 전망하려는 경향을 보인다.'라는 주장이 있습니다. 메더(A. Maeder)의 이러한 주장은 꿈과 잠재적 꿈 사고를 혼동한 데서 비롯된 것입니다. 다시 말해 꿈 작업을 간과한 것입니다.

이보다 더 심한 혼동의 예로는, 꿈의 배후에는 '죽음 요소' 또는 죽음에 대한 소망이 있다는 확신입니다. 이것이 무엇을 의미하는지 정확히는 모르지만, 꿈을 꾼 사람의 '전 인격'과 꿈을 혼동한 오류일 것이라고 짐작하고 있습니다.

부당하게 일반화의 오류를 범하고 있는 주장도 있습니다. '모든 꿈은 정신분석적 해석과 본능 충동은 무시해 버리고 더욱 높은 정신 능력의 표현을 목표로 하는 신비적 상징 해석 두 가지로 해석될 수 있다.'는 것입니다(H. Silberer). 물론 그러한 꿈이 있기도 합니다. 그러나 이 견해를 더 많은 꿈들에 확대해 적용해 보면, 그 오류가 드러납니다.

마지막으로 '모든 꿈은 남녀 양성적으로 해석해야 한다.'는 가장 황당한 주장입니다. 남성적 혹은 여성적이라고 부를 수 있는 두 가지 흐름이 만나 꿈이 된다는 것입니다(A. Adler). 물론 그러한 꿈도 가끔은 있습니다. 이러한 꿈들이 특정한 히스테리적 증상과 같은 방식으로 형성된다는 것은 나중에 알게 될 것입니다.

꿈에 관한 새로운 견해들을 소개한 것은 여러분에게 경각심을 주기 위해서이며, 또한 그러한 견해들에 대해 제가 어떤 태도를 취하고 있는지 분명히 알려주기 위해서입니다.

(4) 정신분석 치료를 받은 환자들은 의사가 선호하는 이론에 따라 꿈을 꾸곤 한다는 사실이 밝혀져, 꿈 연구의 객관적 가치가 의문시되었던 적이 있습니다(W. Stekel). 꿈을 만들어내도록 자극하는 낮의 잔재는 깨어 있을 때 크게 관심을 가지고 있었던 것들에서 비롯됩니다. 의사의 말이나 그가 주는 자극이 중요하게 받아들여지면 그것은 꿈이 만들어지는 데 심리적 자극을 줄 수 있으며, 잠자는 동안 그에게 가해지는 신체적 자극과 비슷한 작용을 하는 낮의 잔재가 됩니다. 우리는 이미 꿈이 실험적으로 만들어질 수 있다는 것, 다시 말해 꿈 재료의 일부분을 꿈속에 나타나게 할 수 있다는 것을 알고 있습니다.

하지만 자극을 줌으로써 '……에 관한' 꿈을 꾸게 하는 데에는 영향을 미칠 수 있지만, '무엇을' 꿈꾸게 하는 데에는 영향을 미칠 수 없습니다. 꿈 작업의 메커니즘과 무의식적 꿈 소망에는 그 어떤 영향도 미칠 수 없습니다.

짐작하셨겠지만 지금까지 다루지 않은 것들도 많고, 또한 거의 모든 부분에서 이론적으로 완전하지 못했습니다. 그것은 꿈 현상과 신경증 현상이 서로 관련돼 있기 때문입니다. 우리는 신경증 이론의 입문으로서 꿈을 연구하고 있는 것입니다. 이것은 그 반대의 순서로 연구하는 것보다 틀림없이 옳은 방법입니다. 꿈 연구가 신경증을 이해하기 위한 준비 단계가 되는 것처럼, 신경증 현상들에 대해 충분히 알고 난 후에야 비로소 꿈에 대해 정당하게 평가할 수 있을 겁니다.

꿈만큼 빨리 정신분석이 주장하는 것의 정당성을 확인시켜준 분야는 없었습니다. 신경쇠약의 경우 개별적인 증상들의 의미를 증명하려면 수개월, 혹은 수년 동안 온갖 노력을 기울여야 합니다. 그러나 꿈 연구는 그와 같은 내용들을 단 몇 시간 동안의 노력만으로도 충분히 확인할 수 있습니다. 꿈이 형성되는 과정과 신경증 증상을 비교해 보면, 신경증은 정신 활동의 힘의 균형이 깨졌을 때 발생한다는 것을 확신할 수 있습니다.

제3부

신경증에 관한 일반 이론

freud

Vorlesungen zur Einführung
in die Psychoanalyse

열여섯 번째 강의

정신분석과 정신의학

1년 만에 다시 만나 강의를 할 수 있게 되어 참 기쁩니다. 작년에는 실수 행위나 꿈에 관한 정신분석적 치료 방법을 소개했지만, 올해는 신경증 현상들을 소개하려고 합니다. 짐작하시겠지만, 신경증은 실수 행위나 꿈과 많은 점에서 비슷합니다. 그러나 지난번 강의와는 달리 이제부터는 조금 다르게 진행하겠습니다. 그 이유는 간단합니다. 실수 행위나 꿈은 그리 낯선 것이 아니어서, 우리 모두 체험합니다. 그러나 신경증은 다릅니다. 의사가 아닌 이상, 이것에 대해 설명을 듣지 않고서는 쉽게 이해하기 힘듭니다. 훌륭한 판단을 내릴 수 있다 해도 판단의 대상이 낯설 때는 아무런 소용이 없습니다.

그렇다고 독단적인 강의를 하겠다는 것이 아니라, 새로운 생각을 통해 자극을 주고 편견을 바로잡기를 바랄 뿐입니다. 그러나 여러분이 제 의견을 곧이곧대로 받아들일 필요는 없습니다. '첫눈에 사랑에 빠진다.'는 말은 지성과 전혀 관계없는 정서적 차원의 문제이기 때문입니다. 우리는 환자들에게 정신분석을 확신하거나 추종하라고 강요하지 않습니다. 하지만 저의 정신분석 강의가 오직 추론에 바탕해 진행된다고 생각해서는 안 됩니다. 오히려 환자를 직접 관찰한 다음 내린 결론이며, 모두 실제 경험에 근거하고 있습니다.

지금부터 신경증 현상들에 관한 정신분석적 견해를 제시하고자 합니다. 여러분이 유추하거나 비교해 보기 편하게 이미 다루었던 현상들을 바탕으로 설명하겠습니다.

우선 진료 과정에서 관찰한 증상 행위 한 가지를 소개하겠습니다. 저는 대기실과 진료실 사이에 두꺼운 덮개를 씌운 이중문을 만들어두었습니다. 그런데 그 이중문을 닫지 않고 들어오는 환자들이 종종 있어서, 그때마다 문을 닫고 들어오라고 합니다. 그러나 대기실에 다른 환자들이 있는 경우에는 그런 일이 없습니다. 자신의 이야기를 다른 사람들이 엿듣는 것이 싫기 때문에 환자들은 반드시 그 문을 닫고 들어옵니다.

환자의 이러한 경솔함은 결코 우연이거나 무의미한 것이 아니며 사소한 실수도 아닙니다. 환자는 보통 의사의 권위에 따르겠다는 마음을 먹고 병원을 찾아오지만, 기다리는 사람도 거의 없으며 검소하게 꾸며놓은 대기실을 보고 놀라게 됩니다. 그래서 그는 의사에게 품었던 자신의 과도한 존경심을 되돌려받기 위해 대기실과 진료실 사이의 문을 닫지 않는 것입니다. 그는 의사에게 '이곳에는 아무도 없잖아. 내가 여기 있는 동안엔 아무도 들어오지 않을 거야.'라고 말하려는 것입니다. 이러한 오만함을 처음부터 바로잡지 않는다면, 진료 도중 환자가 무례한 태도를 보일 수도 있습니다.

이처럼 증상 행위에는 일정한 동기와 의미, 의도 그리고 특정한 심리적 연관성이 있으며, 또한 더욱 중요한 심리적 과정을 알려줍니다. 행위를 하는 개인은 이 과정을 전혀 의식하지 못합니다. 이 중문을 열어둔 채 들어오는 환자들 중 그 행위가 의사에 대한 경멸을 나타낸다는 사실을 인정하는 사람은 전혀 없습니다.

지금부터 어떤 환자를 관찰한 결과를 통해 증상 행위를 설명하겠습니다.

젊은 장교가 찾아와 장모의 치료를 부탁했습니다. 그의 장모는 행복한 가정을 꾸리며 살고 있었지만, 어처구니없는 생각에 사로잡힌 이후로 자신은 물론 주변 사람들을 순식간에 불행하게 만들어버렸습니다. 건강하고 자애로운 심성을 가진 53세인 그 부인이 들려준 이야기는 다음과 같은 것이었습니다.

그 부인은 공장을 운영하는 남편과 행복한 결혼 생활을 하고 있었으며, 남편은 결혼 생활 30년 동안 단 한 번도 실망시키지 않았습니다. 그러나 1년 전에 이해할 수 없는 상황이 발생했습니다. 남편이 젊은 여성과 사랑에 빠졌다는 익명의 편지를 받고, 그녀가 그것을 사실로 받아들이면서 행복은 산산조각 나고 만 것입니다. 좀 더 자세한 내막은 이렇습니다.

그녀의 집에는 속 깊은 이야기를 주고받던 하녀 한 명이 있었습니다. 그 하녀는, 자신보다 출신 성분이 좋지는 않았지만 상당한 성공을 거둔 어떤 처녀에게 노골적인 적대감을 품고 있었습니다. 그 처녀는 상업 교육을 받아 공장에 취직했는데, 전쟁으로 징집된 사람들의 자리가 비자 좋은 자리로 승진할 수 있었습니다. 그 처녀는 이제 공장에서 근무하면서 신사들과 교류하며 당당하게 숙녀 대접을 받고 있습니다. 그 하녀는 한때 친구였던 그 처녀의 성공을 질투하며 온갖 험담을 늘어놓기 시작했습니다.

어느 날 여성 편력이 심한 어느 노신사가 그 부인의 집에 머물렀는데, 하녀와 노신사에 대한 이야기를 하던 중 부인은 "내 남편이 저렇게 바람을 핀다는 사실을 알게 된다면, 그건 이 세상에서 가장 끔찍한 일일 거야."라고 했습니다. 그 다음날 익명으로 배달된 편지 한 통을 받았는데 그 내용은 남편에게 애인이 있다는 것이었습니다. 남편의 애인으로 지목된 사람이 하녀가 증오해 왔던 바로 그 처녀였으므로 부인은 그 편지가 하녀의 작품이라고 생각했습니다.

부인은 즉시 그 편지가 음모라는 것을 알아차렸습니다. 그런 식의 말도 안 되는 추문은 늘 있었으며, 그 내용도 전혀 신뢰할 만한 것이 아니라는 사실도 잘 알고 있었습니다. 하지만 부인은 순식간에 그 편지의 내용에 굴복하고 말았습니다. 부인은 끔찍한 흥분 상태에 빠져 격렬한 비난을 퍼붓기 위해 남편을 불렀지만, 남편은 부드럽게 전혀 근거 없는 이야기라고 설득하며 대책을 강구했습니다.

그는 주치의를 불러 부인을 돌보게 했고, 의사는 불행한 그 부인을 진정시키기 위해 최선을 다했습니다. 하녀는 해고되었고 부인은 더 이상 그 편지의 내용을 믿지 않는다고 단호하게 말하며 스스로를 진정시키기 위해 노력했지만, 그것은 별 효과가 없었고 오래가지도 못했습니다. 누군가 그 처녀의 이름을 말하거나, 그 처녀를 길에서 마주치기만 해도 의심과 고통을 누르지 못하고 그 처녀를 비난하는 발작 증세를 일으켰던 것입니다.

이 점잖은 부인이 다른 신경증 환자들과는 반대로, 자신의 증세를 가벼운 것으로 설명하여 증세를 은폐 · 왜곡하려 했다는 것과 편지의 내용에 대한 믿음을 완전히 떨쳐버리지 못했다는 사실을 이해하기 위해 그렇게 대단한 정신의학적 경험은 필요하지 않습니다. 증상 행위는 별것 아닌 것처럼 보이지만 증상 자체는 의미심장한 것입니다.

증상은 환자 자신의 주관적 고통과 관련이 있지만 객관적으로 보아 그 가족의 생활을 위협하기에 충분합니다. 그러므로 정신의학이 반드시 관심을 가져야 하는 증상인 것입니다. 정신과 의사는 어떤 특성을 통해 증상의 성격을 규정하려고 합니다. 물론 바람을 피우는 기혼 남성들이 적지 않은 것은 사실이지만, 그녀가 품게 된 의심의 근거는 익명의 편지에 실린 주장뿐입니다. 그녀는 그런 종이 한 장이 명확한 증거도 될 수 없으며, 그 편지의 출처 역시 정확히 알고 있었으므로 자신의 질투가 아무 근거도 없음을 확신할 수 있어야 했습니다. 그러나 알 수 없는 이유로 자신의 질투를 정당화하면서 괴로워했습니다. 논리나 현실에 근거한 주장과는 전혀 다른 이런 유형의 관념을 일반적으로 '망상'이라 부릅니다. 즉 이 부인은 '질투 망상'으로 힘들어하고 있는 것입니다. 이것이 이 증상의 특성일 것입니다.

이런 첫 번째 진단이 내려지면 정신의학적 관심은 더 깊어집니다. 현실을 받아들임으로써 망상을 제거할 수 없다면, 현실 때문에 일어난 것이 아닐 겁니다. 그렇다면 망상은 어디에서 비롯된 것일까요? 여러 가지 망상들이 있는데 이 환자의 경우 왜 질투가 망상의 내용이 되었을까요? 또 왜 특정한 사람에게만 망상이 발생하며, 특별히 질투라는 망상이 발생하는 이유는 무엇일까요?

이런 의문에 정신과 의사는 별 도움이 되지 못합니다. 정신과 의사는 가족력에 의해 그녀가 그런 기질을 타고났다는 식으로 대답할 것입니다. 이런 답변은 분명 무언가를 말해 주기는 해도, 우리가 찾고 있는 답은 아닙니다. 유전적 영향을 주요 원인으로 본다면 어째서 다른 망상도 아닌 질투 망상이 일어나는가를 설명할 수 없습니다. 또한 환자의 정신적 체험과는 상관없이 언젠가는 망상이 일어날 수밖에 없다는 말이 됩니다. 정신과 의사는 이런 사례를 더 자세히 규명할 수 있는 다른 방법을 모릅니다.

그러나 정신분석은 더 많은 사실들을 밝혀낼 수 있습니다. 우선 잘 드러나지 않는 사소한 사실에 주목해야 합니다. 어쩌면 환자가 자신의 망상을 뒷받침해 줄 익명의 편지가 써지도록 부추겼다고도 볼 수 있습니다. 편지가 배달되기 전날, 만약 남편이 바람을 핀다면 더 이상 끔찍한 일은 없을 것이라고 하녀에게 말함으로써 익명의 편지를 보내도록 부추겼던 것입니다. 그렇다면 망상은 편지와 직접적인 관련 없이 발생한 것입니다. 망상은 이미 두려움이나 소망의 형태로 자리하고 있었던 것입니다.

이제 분석을 통해 드러난 사소한 징후들을 설명하겠습니다. 이 환자는 병력을 설명한 후 다른 생각이나 연상, 기억 등을 얘기해 달라고 하자 아무것도 생각나지 않으며 이미 모든 것을 다 이야기했다고 말했습니다. 그래서 이후 대화는 더 나아가지 못했습니다.

그녀는 "저는 이미 건강해졌어요. 틀림없어요. 다시는 병적인 생각이 떠오르지 않을 거예요."라고 했습니다. 저에 대한 저항감과 계속되는 분석에 대한 두려움 때문에 그렇게 말한 것입니다. 하지만 그녀는 그 두 시간 동안 특별하게 해석할 수 있는 몇 가지 사항들을 부지불식간에 말해 버렸으며, 이러한 해석으로 그녀의 질투 망상이 어디에서 유래했는가를 밝힐 수 있었습니다. 즉 그녀 자신이 어떤 젊은이에게 무척 끌렸는데, 그 사람은 다름 아닌 저를 찾아가 보도록 재촉했던 사위였습니다.

 그녀는 자신이 사랑에 빠졌다는 사실을 몰랐거나 아니면 거의 느끼지도 못했을 것입니다. 그런 관계는 생각조차 할 수 없는 것이어서 그녀의 의식 속으로는 들어올 수도 없었습니다. 그러나 끌리는 마음은 계속 남아 있었고 무의식적으로 그녀를 강하게 억눌렀습니다. 어떤 도움이 필요했던 그녀가 정신적 부담을 덜기 위해 선택한 것이 바로 전위 메커니즘이며 이는 언제나 질투 망상을 불러일으키는 데 중요한 역할을 합니다. 자신만이 사위에게 연정을 품은 것이 아니라, 남편 역시 젊은 처녀와 연애하고 있다면 분명 양심의 가책에서 벗어날 수 있다고 생각했던 것입니다. 그러므로 남편의 부정(不貞)이라는 환상을 통해 자신의 사랑의 상처를 위로할 수 있었던 것입니다. 자신의 사랑을 의식할 수는 없었지만, 마음의 상처를 달래주는 남편의 부정이라는 환상이 강박관념이나 망상으로 나타나고, 또 의식할 수 있는 것으로 바뀐 것입니다.

이 사례를 이해하기 위한 정신분석 작업은 짧지만 어려웠습니다. 이제 그 시도가 어떤 결과를 이끌어냈는지 마무리해 보겠습니다.

첫째, 망상은 이제 무의미하거나 이해할 수 없는 것이 아닙니다. 망상은 풍부한 의미와 충분한 동기를 가지고 있으며, 환자의 감정적 경험에서 중요한 부분입니다.

둘째, 망상은 무의식적 정신 과정에 대한 필연적인 반응이며, 그 과정은 다른 방법으로 드러납니다. 망상 자체는 환자 자신이 소망하던 것으로 일종의 위안입니다.

셋째, 이것이 다른 망상이 아닌 질투 망상이라는 것을, 질병의 배경이 되는 환자의 체험에 근거해 확실하게 규정할 수 있습니다.

지금까지 여러분이 아직은 충분히 이해할 수 없는 사실들에 대해 설명했습니다. 정신의학과 정신분석을 비교하기 위해서 그렇게 한 것입니다. 이 두 가지 입장에 어떤 차이가 있다고 생각하십니까? 정신의학은 정신분석의 기술을 사용하지 않습니다. 정신의학은 망상의 내용과 관련하여 조사해 보거나 직접적이고 특정한 병의 원인을 찾는 대신, 매우 일반적이고 동떨어진 유전과 관련된 병의 원인만을 언급합니다.

그러나 여기에 어떤 모순이 있다기보다는, 이 두 가지 방법을 결합하면 더욱 완벽해질 수 있을 겁니다. 유전적 요인과 체험이라는 계기는 효과적으로 양립할 수 있습니다. 정신의학적 작업의 본질 속에는 정신분석적 탐구와 반대되는 그 어떤 것도 없습니다. 정신분석과 정신의학의 관계는 조직학과 해부학 간의 관계와 같습니다. 조직학은 신체기관의 외적 형태를 탐구하고 해부학은 조직과 기본 세포들로 이루어진 구조를 탐구합니다. 과학적 깊이를 추구하는 정신의학은 머지않아 정신 활동의 더욱 심층적이며 무의식적인 작용을 잘 알아야만 한다는 것을 깨닫게 될 겁니다.

열일곱 번째 강의

증상의 의미

신경증 증상의 의미는 브로이어(J. Breuer)의 연구에 의해 처음 밝혀졌는데, 그가 치료한 히스테리 사례(1880~1882)는 성공 사례로 널리 알려졌습니다. 브로이어보다 앞서 위대한 정신의학자인 뢰레(F. Leuret) 역시 해석할 수만 있다면 정신병자의 착란증도 의미 있는 것으로 파악할 수 있다고 했습니다.

신경증 증상은 실수 행위나 꿈과 같은 특성을 갖고 있습니다. 또한 신경증 환자의 증상들 역시 꿈이나 실수 행위처럼 그들이 겪어온 삶과 관련이 있습니다. 신경증에 관한 구체적인 사항들을 먼저 이야기하겠습니다.

이른바 강박 신경증은 잘 알려진 히스테리와는 달리 그렇게 흔하지 않습니다. 강박 신경증은 야단스럽거나 다급한 증상으로 나타나지 않기 때문에 환자의 개인적인 문제처럼 보입니다. 신체적으로는 증상이 전혀 드러나지 않으며 심리적 영역에서만 나타납니다. 강박 신경증과 히스테리는 모두 신경증 질환의 한 형태입니다. 정신분석학은 무엇보다 이 질병을 연구하기 위한 것이며 치료 과정에서 실시했던 처방들 역시 일정한 성과를 거두었습니다. 우리는 강박 신경증이 신경증 증상의 극단적인 특징들을 보다 명확하게 보여준다는 사실을 알게 되었습니다.

강박 신경증 환자는 흥미가 없는데도 어떤 생각들에 몰두하는 경향을 보입니다. 강박관념은 대부분 유치하고 무의미하지만 환자의 생각을 사로잡습니다. 환자는 그것을 자신의 삶에서 대단히 중요한 문제로 착각하여, 자신의 의지와 반대되는 고민과 생각에 빠져듭니다. 그로 인해 대개 반복적이며 평범하지만 일상생활에 꼭 필요한 수면, 세면, 옷 입기, 산책 같은 행위들이 매우 힘들어집니다.

분명 강박 신경증은 견디기 힘든 고통을 수반합니다. 여기에는 일상적인 정신 과정과 비교할 수 없는 힘이 작용하며, 이런 사태는 환자 스스로 바꿀 수 없습니다. 환자는 자신의 상태를 정확히 알고 있으며, 자신의 강박 증상에 대한 판단에도 동의합니다. 환자는 오직 자신의 터무니없는 생각을 미루거나 또 다른 멍청한 생각으로 대체할 수 있을 뿐입니다. 하지만 이러한 강박관념을 제거할 수는 없습니다. 모든 증상들을 그 본래의 모습과는 다르게 바꾸고 미룰 수 있다는 것이 이 병의 중요한 특징입니다. 강박 신경증 환자는 활력이 넘치고 고집도 세고 대체로 지적 수준도 평균 이상인 사람들이 많습니다.

현재의 정신의학은 강박 신경증과 관련된 뚜렷한 연구 결과를 내놓지 못하고 있습니다. 그런 증상을 보이는 환자들을 그저 '퇴화된' 사람들이라고 강조하여, 마치 전혀 다른 사람들인 것처럼 믿도록 만들 뿐입니다. 하지만 이들이 히스테리나 정신병을 앓고 있는 다른 신경증 환자들보다 더 '퇴화'했는지는 알 수 없습니다. 뛰어난 능력을 가진 사람들도 그런 증상이 있다는 사실을 알게 되면, 그 같은 규정이 과연 맞는지 의심할 수밖에 없습니다. 에밀 졸라 같은 대문호도 평생 괴상한 강박적인 습관에 시달렸다고 합니다.

정신의학은 그러한 사례를 '탁월한 퇴화'라고 얼버무리지만, 정신분석을 통해 특이한 강박 증상들도 다른 고통과 마찬가지로 제거될 수 있다는 것이 밝혀졌습니다. 퇴화되지 않은 다른 사람들의 경우처럼 완전히 치유될 수 있습니다. 지금부터 강박 증상 분석과 관련된 사례 하나를 소개하겠습니다.

서른 살쯤 되는 어떤 부인이 하루에도 몇 차례나 매우 특이한 강박 행동을 되풀이했습니다. 자기 방에서 나와 옆방으로 달려가서는 그 방 한가운데 놓인 탁자 옆에 기대서서 초인종을 눌러 하녀를 불렀습니다. 그리고 하녀에게 사소한 심부름을 시키거나 아니면 아무것도 시키지 않은 채 돌려보낸 다음 다시 자기 방으로 돌아가곤 했습니다. 심한 병적 증상이라고 할 수는 없지만 우리의 호기심을 자극하기에 충분한 행동입니다.

"왜 그런 행동을 하나요?", "그런 행동의 의미는 뭔가요?"라고 물을 때마다 그녀는 "모릅니다."로 일관했습니다. 그러던 어느 날 저의 노력 끝에 심각한 도덕적 불신을 극복하면서 부인은 갑자기 그 행위의 의미를 알아차렸고 자신의 강박 행위와 연관되어 있는 이야기를 해 주었습니다.

10년 전에 그녀는 자기보다 훨씬 나이가 많은 남자와 결혼했는데, 첫날밤에 그가 성불구라는 사실을 알게 되었습니다. 그날 밤 내내 남편은 그녀의 방으로 들어와 끈질기게 성관계를 하려 했지만 매번 실패했습니다. 화가 난 남편은 아침이 되자 잠자리를 치울 하녀에게 창피를 당할 수는 없다며 잉크병에 담긴 붉은 잉크를 침대보에 쏟았습니다. 그런데 그는 그런 흔적이 자연스럽게 남아야 할 곳이 아닌 엉뚱한 곳에 쏟았던 것입니다.

처음에는 환자의 이런 기억이 강박 행위와 어떤 관련이 있는지 이해할 수 없었습니다. 그러자 환자는 저를 두 번째 방의 탁자로 데리고 가 탁자 덮개 위에 있는 커다란 얼룩을 보여주면서, 불려 들어온 하녀가 그 얼룩을 볼 수 있도록 탁자에 기대서곤 했다고 말했습니다.

 이제 신혼 첫날밤의 광경과 그녀가 보인 강박 행위 사이에 내밀한 관계가 있다는 것은 더 이상 의심할 여지가 없어졌습니다. 하지만 아직도 짚고 넘어가야 할 내용은 남아 있습니다.

무엇보다 환자는 자신과 남편을 동일시하여, 방과 방 사이를 넘나드는 행위를 흉내 내면서 남편의 역할을 대신했습니다. 그 역할에 충실하기 위해 그녀가 침대와 침대보를 탁자와 탁자 덮개로 대체했다는 것을 알 수 있습니다. 별다른 의미가 없는 행동으로 보일 수도 있지만 꿈 상징 연구가 여기에서 다시 한 번 진가를 발휘합니다. 꿈 상징에서도 자주 등장했던 탁자는 침대를 의미하고, 탁자와 침대는 모두 결혼을 의미합니다. 그래서 쉽게 대체될 수 있었던 것입니다.

이로써 강박 행위에 일정한 의미가 있다는 것이 명백해졌습니다. 강박 행위의 핵심은 그녀가 얼룩을 보여주기 위해 하녀를 불렀다는 것입니다. 침대보를 대체한 탁자 덮개의 올바른 위치에 잉크를 쏟아놓고 하녀에게 보도록 하는 것으로 남편의 성불구까지 바로잡았던 셈입니다. 결국 그녀의 강박 행위는 '남편이 하녀 앞에서 부끄러워해야 할 필요는 없어요. 그는 성불구자가 아닙니다.'라고 말하고 있는 것입니다. 그녀의 강박 행위는 꿈과 같은 방식으로 소망을 이루고자 하는 것이며, 불행으로부터 남편을 구해 내려는 심리적 의도를 담고 있습니다.

그 밖의 모든 사실들이 그녀의 강박 행위에 대한 우리의 해석이 틀리지 않다는 것을 보여주고 있습니다. 그 부인은 몇 년 전부터 별거 중이기는 했지만 남편으로부터 완전히 벗어난 것은 아니었습니다. 이 병의 가장 내밀한 비밀은 자신의 병을 통해 남편이 나쁜 소문에 휩싸이지 않도록 하는 데 있었습니다. 또한 별거 중인 자신을 정당화시켜, 남편이 혼자만의 생활을 편안히 할 수 있도록 배려하는 것이었습니다. 이처럼 우리는 강박 행위를 분석하여 병적 증상의 핵심에 곧바로 도달할 수 있었습니다.

이 사례를 통해 신경증 증상이 실수 행위나 꿈처럼 일정한 의미를 함축하고 있으며, 환자들의 체험과 내밀한 관계가 있다는 사실을 알 수 있었습니다. 더 많은 사례들을 제시하는 데에는 한계가 있습니다. 신경증론의 세부 사항까지 철저히 고찰해야 하기 때문에, 하나의 사례만을 자세히 다루려 해도 매주 5시간씩 한 학기 동안 강의해야 합니다. 그러므로 제가 주장하는 이론에 대한 증거를 보여준 것에 만족하고자 합니다.

이 주제와 관련된 자료는 쉽게 찾을 수 있겠지만 곧 난관에 봉착할 것입니다. 증상의 의미는 지금까지 살펴본 것처럼 환자의 체험과 관련이 있습니다. 그러므로 의미 없는 생각이나 목적 없는 행위를 설명해 주는 과거의 상황을 발견하는 것이 주된 과제입니다. 탁자로 달려가 하녀를 부르는 환자의 강박 행위가 바로 이런 증상들의 모범 사례라 할 수 있습니다.

그러나 성격이 전혀 다른 증상들도 자주 나타납니다. 이것들은 대부분 전형적인 증상으로, 환자의 특정한 경험 및 과거의 상황과 아무런 관련이 없거나 개별적 차이도 없습니다. 모든 강박증 환자들은 한 가지 동작을 계속 반복하거나, 주기적으로 하거나, 다른 것들과 구분하려는 경향이 있습니다. 또한 대부분은 너무 자주 씻는 경향이 있습니다.

우리는 광장 공포증(장소 공포증이나 공간 불안증) 환자들을 강박 신경증이 아닌 불안 히스테리 환자로 분류하는데, 그들은 스스로를 힘들게 만드는 단조로운 행위들을 반복해서 보여줍니다. 그들은 밀폐된 공간이나 넓은 광장, 길게 늘어선 대로를 두려워합니다. 우리가 병을 진단할 때 지침으로 삼는 것은 바로 이러한 전형적인 증상들이라는 점을 기억하셔야 합니다.

결국 개인적인 증상들은 체험과의 관계를 통해 그 의미를 밝힐 수 있지만, 그보다 더욱 빈번하게 나타나는 전형적인 증상을 규명하기에는 분석 기술이 부족하다는 것을 인정합니다. 이 밖에도 증상을 설명하는 데 따르는 난관들이 많이 있지만 여기에서는 증상의 의미를 이해하기 위한 첫 번째 시도가 이루어졌다는 정도에서 만족하기로 하겠습니다. 그리고 지금까지 알아낸 여러 가지를 잘 기억하고, 아직 이해하지 못한 영역을 지속적으로 탐구해 나가야 합니다. 여기서 저는 증상의 다양한 유형들이 근본적으로 서로 다르지 않다는 것을 보여주려 했습니다. 개인적인 증상들이 환자의 체험과 관련 있다면, 전형적인 증상들은 결국 모든 사람들에게 공통적으로 나타나는 전형적인 체험으로 설명할 수 있습니다.

꿈 이론도 이와 비슷합니다. 물론 꿈의 내용은 매우 다양하며 개인적으로도 서로 다르기는 하지만 '전형적'이라고 부를 만한 꿈들도 있는 것이 사실입니다. 이런 꿈들은 모든 사람들에게 동일하게 전형적인 방식으로 나타납니다. 추락하는 꿈, 날아다니는 꿈, 떠다니고 헤엄치거나 가위 눌리는 꿈, 발가벗고 있는 꿈 등이 그렇습니다. 이런 꿈들은 개인적인 차원에서 다양하게 해석할 수 있지만, 그 꿈이 왜 단조로우며 전형적인 형태로 나타나는지는 아직 밝히지 못했습니다. 이런 꿈들도 일반적인 토대 위에 개인적인 특성이 더해진다는 것을 관찰할 수 있습니다. 이 꿈들에 대한 인식은 다른 꿈들을 해석함으로써 이해할 수 있었던 꿈 이론과 무리 없이 합치될 수 있으며 이로써 우리의 인식도 확장될 것입니다.

열여덟 번째 강의

외상성 고착(固着)-무의식

이제 앞 강의에서 사례 분석을 통해 도출한 흥미로운 결론에 대해 이야기하겠습니다.

첫째, 초인종을 눌러 계속 하녀를 부르던 환자는 마치 과거의 특정 부분에 고착되어 있는 것처럼 보입니다. 환자는 과거에서 벗어나지 못하고, 현재나 미래로부터 소외된 것처럼 보입니다. 질병 속에 스스로를 가두어버린 이 환자를 불행하게 한 것은 사실상 이미 끝나버린 결혼 생활이었습니다. 그녀는 자신의 병적 증상을 통해 남편과 계속 씨름하고 있었습니다.

우리는 그녀가 어떤 이유로 삶에 대해 그처럼 특이하고 무익한 태도를 갖게 되었는지 의문을 품을 수밖에 없습니다. 우리는 분석을 통해 그녀와 유사한 부류의 환자들은 그런 병적 증상을 보이며 과거의 특정 시기로 되돌아간다는 것을 밝혀냈습니다. 많은 환자들이 자신의 인생 단계 중에서 어린 시절을 선택하며 심지어 유아기 때를 선택하기도 합니다.

신경증 환자의 이러한 행태는 전쟁 때문에 흔히 발병하는 이른바 '외상성 신경증(traumatic neuroses)'과 유사합니다. 전쟁 외에도 열차 충돌이나 생명을 위협하는 끔찍한 사건을 겪은 후에는 그 같은 증상들이 나타납니다. 외상성 신경증은 분석적으로 검토해 치료할 수 있는 '자발성 신경증(spontaneous neuroses)'과 다릅니다. 외상성 신경증은 외상을 가져온 사고 순간에 고착되는 것입니다. 그 상황을 극복하지 못하는 환자들은 꿈속에서 규칙적으로 외상적 상황을 반복하거나 그 상황 속에 있는 것처럼 발작을 보이기도 합니다. '외상적'이라고 부르는 경험들은 아주 짧은 시간 동안 정신적으로 상당히 강한 자극을 주어서 일반적인 방법으로는 극복할 수 없기 때문에 계속 마음을 불안하게 하는 것을 말합니다.

이 같은 유사성으로 인해 신경증 환자들이 집착하고 있는 것처럼 보이는 체험들 역시 외상적인 체험으로 판단하고 싶은 유혹에 빠집니다. 신경증은 외상적 질환과 똑같이 다룰 수 있으며, 강렬한 체험을 감당하지 못해 무기력해지는 상황에서 발생할 수 있습니다. 남편과 별거한 환자의 사례는 이러한 해석에 잘 들어맞습니다. 더 이상 결혼 생활이 지속될 수 없다는 외상적 체험을 극복하지 못했던 것입니다.

이제 두 번째 결론에 대해 알아보겠습니다. 우리는 앞선 사례에서 경험과 증상 사이의 연관성을 조사하여 강박 행위의 숨겨진 목적을 찾았습니다. 여기에서 주목해야 할 점은 환자가 강박 행위를 반복하고 있을 때, 자신의 행위가 과거의 체험과 관련 있다는 사실을 모르고 있었다는 것입니다. 그녀는 이 두 가지 사건들 사이의 연관성을 보지 못했기 때문에, 왜 그런 행동을 했는지 모른다고 대답할 수밖에 없었습니다. 그러므로 일정한 심리적 과정들이 영향을 끼친 것이며 강박 행위는 그 결과에 지나지 않습니다.

베르넹은 언젠가 한 사람에게 최면을 건 다음 깨어나면 5분 후에 우산을 펼치라고 암시했는데, 그 사람은 실제로 최면에서 깨어나 그대로 했습니다. 그러나 그 사람은 자신이 왜 그런 행위를 했는지 설명할 수 없었습니다. '무의식적 심리 과정'이 존재한다는 것은 바로 이런 상황을 말하는 겁니다. '무의식'에 대한 과학적 규명을 세상은 쉽게 인정하지 않지만, 무의식은 분명 강박 행위처럼 현실적인 결과를 이끌어내고 있습니다.

강박 신경증의 증상이나 강박적인 이미지와 충동은 다른 영역과 단절된 정신 활동의 특수한 영역이 있다는 사실을 가장 확실히 보여줍니다. 이러한 무의식적인 힘들은 다른 모든 정상적인 정신 활동에 심하게 저항하는데, 그것이 어디에서 유래하는 것인지는 모릅니다. 그런 이미지나 충동은 마치 낯선 세계에서 온 불사신처럼 절대 사라지지 않는 것처럼 보입니다. 이로부터 마음속에는 무의식이 존재한다는 확신이 분명하게 도출됩니다. 바로 이런 이유 때문에 의식심리학만을 고수하는 임상정신의학에서는 이 질병이 퇴행적인 특수한 정신 질환에 불과하다는 주장밖에 할 수 없는 겁니다. 강박 행위가 의식에서 벗어나 있지 않듯이, 강박관념과 강박충동 자체는 당연히 무의식적인 것이 아닙니다. 다만 분석을 통해 밝혀낸 강박 행위의 심리적 전제 조건들과 해석을 통해 설정한 연관성들을 환자에게 인식시키기 전까지는 무의식적인 것입니다.

브로이어와 저는 '환자의 마음속에는 증상의 의미를 숨기고 있는 명확한 무의식적 과정이 있다.'고 주장합니다. 그 의미가 무의식적이기 때문에 증상이 나타난다는 점을 알아야 합니다. 무의식적 과정을 의식으로 끌어내면 증상은 사라집니다. 바로 이것을 통해 정확한 치료 방법을 찾을 수 있습니다. 브로이어는 증상의 의미가 감추어져 있는 무의식적 과정들을 환자 스스로 의식하게 만드는 기술을 발견했으며, 그 과정을 거치면 증상은 사라졌습니다.

브로이어의 발견은 정신분석 요법의 기반을 쌓은 업적으로 인정받고 있습니다. '증상을 유발시키는 무의식적인 것들을 의식화시킬 수만 있다면 증상들은 사라진다.'는 주장은 그 후 진행된 연구에 의해 증명되었습니다.

환자는 당연히 알고 있어야 하는 자신의 정신 과정을 모르기 때문에 신경증에 걸립니다. 분석 경험이 많은 의사는 자신이 알고 있는 것을 환자에게 알려줍니다. 그러나 의사는 증상과 환자의 체험 사이의 연관성에 대해 많이 알 수 없기 때문에 환자 스스로 체험을 상기해 내 설명해 줄 때까지 기다려야 합니다. 환자의 친지들을 통해 환자의 체험 가운데 외상적으로 작용하는 것들을 알아낼 수도 있습니다. 환자가 기억하지 못할 만큼 어릴 때 발생한 체험들에 대해서도 알아낼 수 있습니다. 이러한 방법들을 함께 사용하면 환자도 모르고 있는 병의 원인을 짧은 시간 내에, 적은 노력으로 제거할 수 있습니다.

무의식을 강조했기 때문에 정신분석에 반대하는 세력이 생겨났습니다. 그들의 비판이나 저항은 무의식이 파악하기 어렵거나, 그것을 입증해 줄 체험들을 찾기 어렵기 때문에 생기는 것은 아닙니다. 그런 저항은 좀 더 근본적인 이유 때문입니다. 즉, 인류는 과학의 발달과 함께 오래전부터 가지고 있었던 자신감을 위협하는 모욕적인 세 가지 사건을 겪었습니다.

첫 번째 사건은 인류가 살고 있는 지구가 우주의 중심이 아닐 뿐 아니라, 광대한 우주의 극히 작은 일부분에 불과하다는 사실입니다. 두 번째는 특별하게 창조된 존재라는 인간의 명확한 우월함이 생물학에 의해 무너졌다는 것입니다. 다윈의 연구에 의해 인간은 단지 동물계에서 진화한 존재이며, 동물적 본성을 버릴 수 없다는 것을 알게 된 것입니다. 세 번째로 인간의 과대망상증이 현재 진행 중인 심리학 연구에 의해 가장 불쾌한 모욕을 당한 것입니다. 심리학은 자아마저도 더 이상 자신의 주인이 아니며, 자신의 정신 활동 내에서 무의식적으로 진행되는 과정에 대해서도 역시 별로 아는 것이 없다는 것을 입증해 보였습니다.

물론 정신분석학자들이 인간의 내부에 대한 성찰의 필요성을 처음으로 제기한 사람들은 아닙니다. 그러나 그 같은 필요성을 가장 끈질기게 주장해 왔으며, 그것을 모든 개인들과 직접적으로 연관된 경험적 자료로써 뒷받침한 공로는 인정받아야 할 것입니다.

열아홉 번째 강의 저항과 억압

신경증을 더 깊이 이해하기 위해서는 새로운 경험들을 살펴보아야 합니다. 여기서는 우리가 신경증을 연구하면서 경험한 것들을 알려드리고자 합니다.

고통스러운 증상들에서 벗어나도록 도와주려 할 때, 환자는 치료 과정 내내 강하고 집요하게 저항합니다. 만약 환자 자신이 저항하고 있다는 사실을 인식하게 한다면, 그것 자체로도 이미 대단한 성과를 거둔 것입니다. 증상 때문에 환자 자신은 물론 주변 사람들까지도 고통받고 있는 상황에서 질병 속에 계속 머무르려는 환자들의 경향은 이해하기 어렵지만 엄연한 사실입니다. 참을 수 없는 고통 때문에 치과를 찾아간 사람이 정작 충치를 뽑으려 할 때가 되면 의사에게 저항하는 경우와 마찬가지입니다. 환자는 매우 다양한 방법으로, 또 매우 치밀하게 저항하기 때문에 의사는 환자를 쉽게 믿어서는 안 되며, 줄곧 경계해야 합니다.

우리는 정신분석 요법 중에서 꿈 해석을 통해 알고 있는 기법들을 환자에게 적용합니다. 너무 깊이 생각하지 않으면서도 차분히 환자 자신을 관찰하는 상태에서 내부에서 느껴지는 감정과 생각과 기억들을 떠오르는 순서대로 모두 말하도록 요구합니다. 이때 특별한 이유로 환자가 연상한 내용 중 일부만 선택하거나 빠뜨리지 않도록 분명하게 말해 둡니다. '불쾌하거나', '중요하지 않거나', '말도 안 된다.'는 이유로 환자 스스로 취사선택하지 않도록 해야 합니다.

치료의 성공 여부는 환자 자신이 기본 규칙을 충실히 따르는 것에 달려 있다는 것을 충분히 주지시킵니다. 우리는 꿈 해석에 적용했던 기술을 통해 회의나 반감을 불러일으키는 연상들이 무의식에 다가갈 수 있는 자료를 포함하고 있다는 사실을 알고 있습니다.

거의 대부분의 환자는 자신만의 고유한 세계를 숨기려 합니다. 머리가 좋은 어떤 환자는 자신이 바람을 피웠다는 사실을 말하지 않았습니다. 왜 기본 규칙을 어겼냐고 물어보자, 그것은 사생활이기 때문이라고 대답했습니다. 분석적 치료에서는 그런 예외를 허용하지 않습니다. 환자의 직업상 비밀 때문에 어쩔 수 없이 예외적으로 허용한 적이 있었는데, 환자는 치료 결과에 만족했지만 저는 다시는 그런 상황에서 치료하지 않겠다고 다짐했습니다.

저항을 어느 정도 극복하고 환자가 순응하기 시작하면 이제 저항은 논리를 바탕으로 한 지적인 형태로 바뀝니다. 분석적 이론들은 모르지만 지극히 상식적인 수준의 난점들이나 불확실한 문제들을 부각시켜 의사와 논쟁을 벌이곤 합니다. 또한 자신에게 이론을 설명해 주고 가르쳐주거나 자신의 논리를 반박해 주기 바랍니다. 이 같은 논리적 지식에 대한 욕구 역시 저항입니다.

이러한 저항이 나타난다 해서 분석 작업이 좌초에 부딪히는 것은 아닙니다. 오히려 이러한 저항이 나타나야만 합니다. 만약 분명하고도 충분한 저항을 불러일으키지 못하고, 환자 자신에게 저항하고 있다는 사실을 명확하게 인식시키지 못한다면, 만족스러운 결과를 얻지 못할 수도 있습니다. 저항을 극복하는 것이 분석의 본질적 과제이기 때문입니다.

본래 브로이어와 저는 최면술을 이용했습니다. 브로이어의 첫 번째 환자는 시종일관 최면 상태에서 치료를 받았습니다. 저는 일단 그의 방법을 따랐지만, 치료의 효과는 일정하지 않았고 지속적이지도 않았습니다. 최면술을 이용하면 환자의 감정을 역동적으로 파악할 수 없다는 사실을 깨닫고 최면술은 포기하게 되었습니다. 최면 상태에서는 환자의 저항을 의사가 알아차릴 수 없으며, 저항이 일정한 심리적 영역을 넘어서지 못하게 하므로 분석의 힘이 미치지 못합니다.

치료 과정에서 저항의 강도는 계속 바뀌는데, 새로운 주제를 다룰 때 저항은 더 강해집니다. 주제를 가장 치열하게 분석할 무렵 저항이 가장 강하며, 주제를 모두 다룬 후에는 약해집니다. 낯설고 특히 고통스러운 무의식의 자료를 환자의 의식 속으로 불러오려고 할 때가 가장 위험한 순간입니다. 그때까지는 많은 것을 이해하고 수용하지만, 이 순간에는 모든 성과들이 사라지기도 합니다.

우리는 저항을 통해 나타난 병인(病因)적 과정을 '억압'이라 부릅니다. 목표를 추구하는 심리적 과정을 충동이라고 하는데, 이 충동을 기준으로 억압 과정을 설명하겠습니다. 항상 충동이 받아들여지는 것은 아니기 때문에 때때로 우리는 충동을 포기해야 하고 이것을 단념이나 거부라고도 합니다. 이럴 때는 충동 때문에 발생했던 에너지가 빠져나감으로써 무기력해집니다. 그러나 이 충동이 억압될 때는 전혀 다른 양상을 보이는데, 억압받은 충동은 에너지를 갖고 있지만 충동에 대해서는 전혀 기억하지 못할 것입니다. 이처럼 억압의 과정도 자아가 감지하지 못한 채 이루어질 수 있습니다.

억압의 개념을 분명하게 파악하기 위해선 이론적인 설명이 더 필요합니다. 우선 '무의식'의 의미를 체계적으로 파악해야 합니다. 정신 과정의 의식성 혹은 무의식성은 동일한 정신 과정의 서로 다른 성향 중 한 가지에 불과하며, 명확한 심리적 성질로 규정할 수 없지만, 일단 모든 정신 과정은 무의식적 단계에서 의식적 단계로 나아갑니다. 마치 처음에는 음화로 존재하지만 현상 과정을 거치며 사진이 되는 것과 같습니다. 그러나 모든 음화가 양화가 되지 않듯이, 모든 무의식적 정신 과정이 의식적인 것으로 바뀔 필요는 없습니다. 다시 말해, 개별적으로는 일단 무의식의 정신 조직에 속하지만, 조건에 따라 의식 단계로 나아갈 수 있습니다.

이러한 조직 구조를 공간적인 형태를 빌려 설명해 보겠습니다. 무의식의 조직은 커다란 대기실과 같아서, 그곳에는 각각의 심리적 충동들이 북적거리고 있습니다. 이 대기실 옆에 있는 좀 더 작은 방은 의식이 머무는 곳입니다. 이 두 방들 사이의 문턱에는 문지기가 있어, 개별적인 충동들을 걸러내고 검열하면서 자기 마음에 들지 않으면 다음 방에 들어가지 못하게 합니다.

문지기가 개별적인 충동을 문턱에서 미리 막거나, 이미 문턱을 넘어선 충동들을 다시 쫓아내는 행위는 거의 같은 것입니다. 그 문지기가 얼마나 정신을 차리고 있으며, 얼마나 미리 알아차릴 수 있는가 하는 문제가 중요합니다. 무의식이라는 대기실에 있는 충동들은 당연히 다른 방에 있는 의식에게는 보이지 않고 일단 무의식 상태로 남아 있습니다. 이미 충동들이 문턱까지 도달했지만 문지기에 의해 제지되었다면 그것들을 의식할 수는 없습니다. 우리는 이를 '억압되었다.'고 말합니다.

문지기가 들여보낸 충동들도 똑같은 이유로 반드시 의식되는 것은 아닙니다. 이 두 번째 방을 '전의식(pre-consciousness)'이라 부릅니다. 개별적인 충동들이 겪는 억압은 문지기가 충동을 무의식에서 전의식으로 들어서지 못하게 막는 데 달려 있습니다. 분석적 치료를 통해 억압을 제거하려 할 때, 저항으로 인식하게 되는 것이 바로 이 문지기입니다.

무의식과 전의식 사이에 있는 문지기는 외현적 꿈이 만들어지는 과정에 개입하는 검열에 지나지 않습니다. 꿈을 유발하는 것으로 알려진 낮 동안에 형성된 기억의 잔재는 전의식의 재료입니다. 이 재료는 잠을 자는 동안 무의식적이며 억압된 욕구충동들에 의해 영향을 받습니다.

앞 강의에서 소개한 부인의 사례에서, 성생활의 가장 은밀한 부분을 들추어냈던 것을 기억하실 겁니다. 우리는 분석을 통해 항상 환자의 성적 체험이나 욕구들과 직면하게 되며, 환자의 증상들이 언제나 동일한 목표를 추구한다는 사실을 확인할 수 있습니다. 그 목표는 성적 욕구들을 충족시키는 것이며, 증상들은 환자의 인생에서 채워지지 못한 성적 만족의 대체물입니다.

그 부인은 남편의 성적 결함으로 인해 부부 생활을 유지할 수 없었지만 남편에게 성실해야 했습니다. 강박 증상은 그녀가 원했던 것을 주었으며, 특히 성적 무능력이라는 남편의 결함을 바로잡고 있습니다. 이러한 증상은 근본적으로 꿈과 마찬가지로 욕망 충족을 뜻합니다.

지금 제기한 주장의 보편성에 대해서 나중에 다른 소리를 하고 싶지는 않습니다. 따라서 여기서 설명한 억압과 증상의 의미는 불안 히스테리와 전환 히스테리, 그리고 강박 신경증 세 가지 형식들에만 적용된다는 사실을 유념하시기 바랍니다.

흔히들 '전이 신경증(transference-neurosis)'이라고 부르는 이 세 가지 질환은 정신분석 요법의 효력이 입증될 수 있는 영역이기도 합니다. 정신분석은 이 밖의 신경증들에 대해서는 자세히 연구하지 못했습니다. 그런 신경증들 중 일부는 치료할 수 없다는 것이 자세히 고찰할 수 없었던 이유일 것입니다.

신경증 증상들이 성적 만족의 대체물이라는 주장에 대해 다양한 반론이 제기될 수 있습니다. 그중 두 가지만을 살펴보겠습니다.

첫째, 신경증 증상들은 성적 충동을 만족시키려 하기보다는 부정하려는 의도를 갖고 있는 것처럼 보인다는 반론입니다. 우리는 정신분석학에서 대립되는 두 가지가 꼭 모순을 의미하지는 않는다는 점을 자주 확인했습니다. 이런 주장은 다음과 같이 확장될 수 있습니다. 즉, 증상들은 성적 만족을 추구하거나 성적 만족을 막으려 한다는 것입니다. 증상들은 서로 대립하는 두 가지 충동들이 간섭하기 때문에 나타난 타협의 산물이며, 억압이 발생하는 데 영향을 미친 '억압하는 것'과 '억압당하는 것' 모두를 대표합니다.

둘째, 성적 대리 만족이라는 개념이 지나치게 확대되어 사용되고 있다는 반론입니다. 이에 대해서는 인간의 성생활, 다시 말해 무엇을 성적이라고 할 수 있는가에 대해 근본적으로 탐구하지 않고서는 대답하기 어려울 것 같습니다.

스무 번째 강의

인간의 성생활

우리가 일상생활에서 성이라는 개념으로 받아들이는 것들은 남녀의 구분, 쾌락의 추구, 생식 기능 그리고 감추어야 할 외설적인 것 등을 종합한 것이라고 보면 큰 무리가 없을 겁니다. 하지만 학문의 영역에서는 그런 규정만으로는 충분하지 않습니다. 우리는 치밀한 연구를 통해 보통 사람들과는 확연히 다른 성생활을 하는 사람들을 알게 되었습니다. 이러한 '변칙적인' 사람들 중 일부는 성생활에서 성별의 차이를 무시합니다. 오로지 자신과 성별이 같은 사람만이 그들의 성욕을 자극합니다. 당연히 생식에는 관심이 없습니다. 우리는 이런 사람들을 동성애자 또는 성도착자라고 부릅니다. 이들은 지적으로나 윤리적으로 수준이 높은 사람들입니다.

이들은 스스로를 '제3의 성'이라 부르며, 다른 두 성과 함께 동등한 권리를 누려야 한다고 주장합니다.

이 성도착자들이 대상을 통해 달성하려는 목적만을 놓고 본다면 정상적인 사람들과 거의 같습니다. 이들 외에도 비정상적인 성생활을 하는 사람들이 있습니다. 이들의 성행위는 정상적인 사람이 욕망을 충족시키는 방식과 많이 다릅니다. 이들은 동성애자처럼 성적 대상이 바뀐 집단과, 성욕의 목적 자체가 바뀐 집단으로 분류됩니다.

첫 번째 집단에 속하는 사람들은 다른 성(性)과 성 기관을 결합하는 것으로는 성적 만족을 얻을 수 없습니다. 이들에게는 상대방 신체의 다른 기관이 성기의 역할을 합니다. 즉, 입과 항문이 성기의 역할을 대신합니다. 두 번째 집단의 사람들은 성적인 기능이 아닌 다른 기능들 때문에 성 기관에 집착합니다. 이들은 유아기에 배워야 했던 배설 기능에 성적으로 관심을 갖습니다. 성 기관 자체가 성욕의 대상이 아닌 또 다른 집단은 여성의 유방이나 발, 땋아 내린 머리와 같은 신체 부위들에 성욕을 느낍니다. 성욕을 충족시키는 데 신체기관이 아무런 역할을 못하는 사람들, 즉 페티시즘(fetishism) 환자들은 의복이나 신발, 흰 속옷 등에 성욕을 느낍니다. 또는 시신을 대상으로 삼거나 범죄적 강박관념에 의해 쾌락을 추구하는 사람들도 있습니다.

두 번째 집단의 극단은 정상인에게는 단지 성행위의 준비 단계에 해당하는 것들을 성욕의 목표로 삼는 도착증에 걸린 사람들입니다. 이성을 바라보거나 만지고만 싶어하는 사람들, 또는 이성의 은밀한 부위를 훔쳐보고 싶어하는 사람들, 그리고 자신의 중요 부위를 노출시켜 쾌락을 추구하는 사람들이 이에 속합니다.

극단의 다른 한편에는 가학음란증에 걸린 사디스트들이 있는데, 모욕적인 제안부터 난폭한 육체적 학대에 이르기까지 이들의 행동은 상식을 뛰어넘습니다. 사디스트에 상대되는 성도착자들은 마조히스트, 즉 피학음란증 환자로 불리는 사람들입니다. 이들의 유일한 쾌락은 성적 상대에게 모욕과 고통을 당하는 겁니다. 결론적으로 이들 각 집단에 속하는 사람들은 크게 두 부류로 나눌 수 있는데 성적 만족을 현실에서 찾으려는 사람들과, 어떤 현실적 대상도 필요치 않고 쾌락 자체를 공상으로 대체함으로써 단지 머릿속에 떠올리는 것만으로 만족하는 사람들입니다.

이러한 이상한 성적 만족의 유형들을 어떻게 보아야 할까요? 이는 도착에 대한 호불호의 문제가 아닙니다. 이 역시 다른 것들과 마찬가지로 주의 깊게 연구해 보아야 하는 현상입니다. 이러한 현상은 실제로 자주 발생하며 광범위하게 퍼져 있습니다. 만약 우리가 비정상적인 성의 모습을 제대로 이해하지 못한다면, 그리고 그것을 정상적인 성생활과 함께 고려하지 못한다면, 정상적인 성에 대해서도 올바로 이해하지 못할 것입니다. 따라서 성도착의 가능성과 소위 정상적인 성생활 사이의 관계에 대해 이론적으로 충분히 규명할 필요가 있습니다.

이와 관련된 견해 한 가지를 소개하겠습니다. 이반 블로흐(Iwan Bloch)는 도착증을 '퇴화의 징후'로 보는 시각에 이의를 제기하고, 성도착 행위들은 원시 종족이든 고도의 문화 민족이든 관계없이 과거의 모든 시대에 걸쳐 나타나며, 종종 그 사회에서 묵인되거나 널리 통용되었다는 점을 밝혀냈습니다. 그러면 이어서 성도착 현상과 신경증 증상의 관련성에 대해 이야기해 보겠습니다.

우리는 앞에서 신경증 증상들은 성적 만족의 대체물이라고 했습니다. 여기에서 말하는 '성적 만족'이란 표현에는 도착적인 성욕까지 포함시켜야 합니다. 증상들을 그렇게 해석해야만 할 필요성이 놀라울 정도로 자주 제기되고 있기 때문입니다. 동성애자들이나 성도착자들이 예외적인 사람들이라는 주장은 바로 철회되어야 합니다. 모든 신경증 환자들이 동성애적 충동을 보이고, 많은 신경증 증상들은 잠재적 도착증의 형태로 표출되기 때문입니다. 예를 들어, 편집증은 일반적으로 강렬한 동성애적 충동들을 억압하려는 시도 때문에 발생합니다.

히스테리성 신경증의 증상들은 신체의 모든 기관에 나타나 신체 기능에 장애를 초래할 수 있습니다. 분석을 통해 살펴보면, 히스테리성 신경증 환자들에게는 성 기관을 신체의 다른 기관들로 대체하려는 도착적 충동들이 나타난다는 사실을 확인할 수 있습니다. 우리는 히스테리 증상론을 통해 신체기관들이 본래의 역할 외에 성감대와 유사한 역할을 한다는 결론에 이르렀습니다. 별다른 노력을 기울이지 않아도 분명하게 인식할 수 있는 성도착과는 달리, 히스테리의 경우에는 증상 해석이라는 우회적인 방법을 통해서만 확인할 수 있을 뿐입니다. 이때 성도착적인 충동들은 개인의 의식이 아니라 무의식에서 발현한 것입니다.

강박 신경증의 수많은 증상들 중에서 중요한 것은 강한 가학음란증 충동을 통해 나타나며 성도착적인 자극을 추구합니다. 물론 증상들은 강박 신경증의 구조와 일치하며 우선적으로 이런 욕망을 물리치는 역할을 하거나 혹은 욕망과 억압 사이에 벌어지는 투쟁을 나타냅니다.

지금까지 성도착증과 신경증 간의 관계에 대하여 설명했습니다. 여러분은 정상적인 성적 만족이 좌절되었을 때 병에 걸릴 수 있다는 이야기를 들어보았을 것입니다. 성적 충동을 비정상적인 방식으로 채우려는 욕구는 현실에서 겪은 좌절 때문에 발생한 겁니다. 이처럼 부차적으로 나타나는 방해 때문에 도착적인 충동들은 정상적으로 성적 만족을 구할 때보다 더욱 강렬하게 분출됩니다. 어쨌든 정상적인 성적 만족을 현실에서 얻기 어렵거나 성적으로 만족하지 못한 사람들에게 평소에는 전혀 나타나지 않던 성도착적 충동들이 나타났다면, 이들에게 무엇인가 성도착과 상응하는 것들이 있었을 것이라고 추정할 수 있습니다. 다시 말해, 이들에게는 성도착 경향이 잠재적으로 존재한다고 할 수 있습니다.

우리는 정신분석의 탐구 대상에 어린이의 성생활도 포함시켜야 했습니다. 증상을 분석하는 과정에서 검토한 기억들과 연상들이 대체로 유아기에서부터 출발한 것이기 때문입니다. 그리고 모든 성도착적 충동들은 유년기에서 그 근원을 찾을 수 있고, 모든 어린이는 그런 기질적 요인을 갖고 있습니다. 성도착은 유년기의 성생활이 더욱 확장되고 개별적인 충동들로 나누어져서 나타나는 현상에 지나지 않습니다.

이제 여러분은 성도착 현상을 새로운 시각으로 볼 수 있게 되었습니다. 그러나 현상을 이런 식으로 본다는 게 혼란스럽지는 않나요? 예컨대, 어린아이에게도 우리가 성생활이라고 부르는 것들이 있다거나 어린이의 태도가 성도착과 관련 있다는 주장은 분명 반감을 불러일으킬 만합니다. 하지만 어린아이들의 성생활을 부정하고 인간은 12세에서 14세 사이에 갑자기 성생활을 시작한다는 주장은 옳지 않습니다. 그런 주장은 인간이 성 기관이 없이 태어나 사춘기에 이르러야 비로소 성 기관이 형성되었다는 주장과 마찬가지로 이치에 맞지 않습니다. 이러한 오류에는 숨겨진 의도가 있습니다. 사회는 아이가 어느 정도 지적으로 성숙할 때까지 성적 충동이 발달하는 것을 막아야 합니다. 만약 그렇게 하지 않으면 성적 충동은 거센 파도처럼 모든 제방들을 무너뜨리고, 인류가 힘겹게 쌓아온 문화유산이라는 공든 탑이 하루아침에 무너질 것입니다. 일찍부터 교육을 시켜야만 새로운 세대의 성적 의지를 지배할 수 있습니다. 그렇기 때문에 유년기의 거의 모든 성적 행위들은 금지되고 혐오스러운 것으로 치부됩니다. 이 결과, 결코 무시해서는 안 되는 어린아이의 성적 활동을 간과하게 된 겁니다.

어린아이들은 이 같은 인습에 아랑곳하지 않고, 그저 소박하게 자신들의 본능에 충실할 뿐입니다. 이론적으로 대단히 흥미로운 시기는 5, 6세까지의 유년기입니다. 이 시기의 아이들은 어린아이들에게는 성생활이 없다는 편견을 가장 확실하게 깨는 행동들을 보여줍니다. 하지만 대부분의 사람들은 이 시기를 기억하지 못합니다. 이것은 나중에 분석적 탐구를 통해 온전히 드러나지만, 그 전에는 개별적인 꿈 해석을 통해 간간이 엿볼 수 있을 뿐입니다.

이제 여러분에게 유아의 성생활과 관련하여 가장 쉽게 관찰할 수 있는 것을 소개할 예정인데, 이를 효과적으로 하기 위해서 먼저 '리비도'라는 개념을 설명하고자 합니다.

리비도는 배고픔과 마찬가지로 본능이 드러내는 힘을 가리킵니다. 배고픔이 먹고자 하는 본능적 욕구인 것처럼, 리비도는 성적 본능을 불러일으키는 힘입니다. 유아가 젖을 빠는 행위는 생명을 유지하기 위해 필요한 다른 기능들과 관련하여 첫 번째 성적 충동을 나타냅니다. 유아의 주된 관심은 먹는 데 있습니다. 만약 유아가 어머니의 젖을 먹고 배가 불러 잠이 든다면 이는 만족의 표현이며, 그가 성인이 된 후 극도의 성적 쾌감을 맛본 후에 잠이 든다면 같은 만족이 반복된 것으로 볼 수 있습니다.

배가 부른데도 계속 젖을 빠는 유아의 행동에 주목해 보십시오. 그는 배가 고파서 이런 행동을 하는 것이 아닙니다. 우리는 그가 '무언가를 빤다.'고 말합니다. 그리고 그런 행위를 하면서 다시 행복한 표정으로 잠이 든다면, 빠는 행위 그 자체가 만족감을 주었다고 봅니다. 쾌락을 느끼는 것이 오직 입과 입술을 자극하는 것과 관련 있기 때문에 신체의 이 부분들은 '성감대'로 불립니다. 그리고 빠는 행위를 통해 느끼는 쾌감은 '성적인' 것으로 표현합니다.

정신분석을 통해, 어머니의 젖을 빠는 행위가 일생 동안 얼마나 중요한 심리적 의미를 갖는지 알게 된다면 놀라실 겁니다. 젖을 빠는 행위는 일생에 걸친 성생활의 시발점입니다. 이 행위는 나중에 도달할 수 없는 성적 이상형이 되며, 필요할 때면 상상 속에서 되돌아갑니다. 여기서 어머니의 가슴은 최초의 성적 충동을 만족시켜주는 대상입니다. 이 최초의 대상은 나중에 모든 성적 대상을 발견할 때 엄청나게 중요한 역할을 합니다.

유아는 어머니의 젖을 빠는 행위를 그만두고 그것을 자신의 신체 일부분으로 대체합니다. 혀나 엄지손가락을 빠는 겁니다. 이로써 유아는 감각적 만족을 얻는 데 외부 세계의 동의를 얻지 않아도 되며, 나아가 신체기관들 중에서 두 번째 부분을 자극하여 쾌락을 증가시킵니다. 소아과 의사인 린트너(S. Lindner)가 보고한 대로, 신체를 더듬는 과정에서 성기를 만지는 것이 특별히 자극적이라는 것을 발견했고, 그렇게 해서 빠는 행위에서 자위 행위로 이행하는 방법을 터득했다면 이는 대단히 중요한 체험입니다.

유아기의 성은 '자가 성애적(auto-erotical)'인 양상을 보입니다. 다시 말해, 유아는 성적 대상을 자신의 몸에서 찾습니다. 음식을 섭취하는 것에서 발견되는 현상은 부분적으로 배설 행위에서도 관찰

됩니다. 유아는 대소변을 배설하는 과정에서 성감대의 점막 부위를 적절하게 자극함으로써 쾌감을 느끼는 것입니다. 그런데 외부 세계는 아이의 이러한 욕구를 방해합니다. 아이는 자신의 배설물을 원하는 순간에 내놓아서는 안 되며, 다른 사람들이 정해 준 시간에만 배설할 수 있습니다. 이는 아이가 나중에 겪게 될 내적인 갈등과 함께 외부 세계와의 갈등을 예상하게 합니다. 아이가 쾌감을 느끼는 데 배설을 사용하지 못하게 하기 위해서, 이에 해당하는 모든 기능들은 점잖지 못하고 감추어야 하는 것으로 여기게 만듭니다. 여기서 아이는 처음으로 사회적 품위와 쾌락을 맞바꿔야 하는 운명에 처합니다.

배설물 자체는 유아에게 처음부터 전혀 다른 것이었습니다. 특별히 자기가 좋아하는 사람들에게 호감의 표시로 주는 최초의 '선물'로 그것을 활용하는 것을 보아도 유아가 자신의 배설물에 대해 전혀 혐오감을 느끼지 않고 자기 신체의 일부분으로 여긴다는 것을 알 수 있습니다. 교육을 통해 이 같은 경향을 아이에게서 성공적으로 없앤 다음에도 유아는 배설물을 계속해서 '선물'이자 '돈'으로 여깁니다.

유아에게 배설 행위가 성적 쾌감을 주는 원천이라는 우리의 주장을 끔찍하게 여길 필요가 없습니다. 단지 유아기 성생활의 여러 상황을 성적 도착과의 연관 속에서 설명하려는 것일 뿐입니다. 더 나아가 어린이의 성행위와 성적 도착이 서로 깊은 연관성이 있다는 것을 거리낌 없이 얘기할 수 있습니다. 만약 어린이가 성생활을 갖는다면 그것은 도착적인 성질을 가질 수밖에 없으며, 이는 분명히 자연스런 현상일 뿐입니다. 왜냐하면 어린이는 성이 어떻게 해서 생식 기능으로 연결되는지 모르기 때문입니다. 그런가 하면 모든 성도착의 공통 특성은 생식을 목표로 하지 않는다는 데 있습니다. 생식이라는 목표를 포기하고, 생식과 무관한 쾌락을 얻는 것을 목표로 하는 성적 행위를 우리는 도착이라고 부릅니다.

신경증의 증상을 연구하는 것과도 관련이 있기 때문에 어린아이의 성적 호기심에 관하여 몇 가지 더 언급하도록 하겠습니다. 아이의 성적 호기심은 많은 경우 세 살이 되기 전에 나타납니다. 이 호기심은 성별과는 상관이 없습니다. 남녀의 차이는 어린아이에게는 별 의미가 없습니다.

남자 아이들은 남녀 모두 남성의 성기를 가지고 있다고 여깁니다. 남자 아이가 여성에게 질이 있다는 것을 처음으로 발견하게 되면, 일단 자기가 본 것을 부정하려고 합니다. 자기에게 있는 중요한 것을 가지고 있지 않으면서도 자신과 비슷하게 생긴 사람을 그는 상상할 수 없기 때문입니다. 그는 거세 콤플렉스의 지배적인 영향을 받게 됩니다. 거세 콤플렉스는 건강할 때는 그의 성격 형성에, 병에 걸렸을 때는 신경증의 증상에, 그리고 분석적 치료를 받을 때는 그가 저항하는 과정에 제각기 커다란 영향을 미칩니다.

어린 소녀들은 커다랗게 눈에 띄는 남자 아이들의 남근을 부러워하며, 본질적으로는 바로 이런 동기에서 남자가 되고 싶다는 욕망을 갖게 됩니다. 이런 욕망은 나중에 여성으로서 역할을 제대로 하지 못할 때, 신경증의 형태로 다시 나타납니다. 한편 어린 시절에는 소녀의 음핵이 남근의 역할을 합니다. 음핵은 특히 자극에 민감한, 자가 성애적인 만족감을 느낄 수 있는 곳입니다. 여성이 성숙하면서 적당한 시기에 성적 자극을 느끼는 부위가 음핵에서 질의 입구로 옮겨진다는 점은 중요한 사실입니다. 이른바 성 불감증에 걸린 여성들의 경우에는 자극을 느끼는 곳이 변하지 않고 음핵으로 남아 있는 경우가 많습니다.

여러분은 아마 다음과 같은 지적을 들어보셨을 겁니다. 신경증이 성적인 문제 때문에 발생하며, 증상들도 성적인 의미가 있다는 가정을 유지하기 위해서 정신분석이 성의 개념을 지나치게 확장해서 사용했다는 지적입니다. 이 같은 개념의 확장이 과연 부당한 것인지는 이제 여러분이 스스로 판단해야 합니다. 우리는 성의 개념을 성도착자들의 성생활과 아이들의 성생활을 포함하는 정도에서 확장했을 뿐입니다. 다시 말해, 그 개념이 올바르게 적용될 수 있는 범위를 정한 겁니다. 정신분석을 제외한 다른 분야에서 성으로 불리는 것은 지극히 제한적이며, 생식에 기여하는 성생활뿐입니다.

스물한 번째 강의 리비도의 발달과 성적 조직

성도착증이 성의 개념을 이해하는 데 얼마나 중요한지를 여러분에게 충분히 설명하지 못했다는 생각이 들어, 앞 강의의 내용을 보완 설명하고자 합니다.

우리는 유아기의 성과 도착증이 많은 점에서 일치한다고 주장함으로써 심한 반론을 불러일으켰습니다. 발달 과정이나 분석적 연관성에 주목하지 않는 사람들은 유아에게 성적 특성이 있다는 사실을 부정합니다. 우리는 성이 생식 기능에 속한다는 것 외에는, 어떤 신체적 현상이 성의 본질에 해당하는가에 관해서는 모두가 인정할 만한 것을 내놓지 못했습니다. 우리는 성적 과정들에 화학적 특징이 있다고 추론하기도 하지만 아직은 이에 대한 새로운 발견을 기다리고 있습니다. 반면에 성인들의 성적 도착은 구체적이며 의심의 여지가 없는 성적 현상입니다.

대부분의 사람들에게 '의식적'이란 말과 '심리적'이란 말은 같은 것으로 받아들여집니다. 하지만 우리는 '심리적'이란 개념을 확장해서 의식적이지 않은 현상도 심리적인 것으로 받아들여야 했습니다. 이와 비슷하게, 사람들은 '성적'이란 말을 '생식기적'이란 말로 받아들이는 반면에 우리는 '생식기적'이지 않은 현상들도 성적인 현상에 포함시켜야 했습니다.

성도착이라는 문제가 중요한데도 왜 그동안 학문적으로 평가받지 못하고 도외시되었을까요? 사람들은 그동안 도착을 즐기는 사람들에 대한 비밀스러운 질투심을 억제하며 성도착을 지저분한 것으로 치부해 왔습니다. 사회적 금지에 깔린 이런 감정을, 바그너의 유명한 오페라 〈탄호이저〉에 나오는 대사로 엿볼 수 있습니다.

> 비너스의 언덕[Venusberg, 흔히 여성들의 음부를 비유함. – 역주]에서 그는 명예도, 의무도 잊었구나! — 이상하다. 우리에게는 그런 일이 일어나지 않다니.

사실, 정상인의 성생활도 여러 유형의 도착적 특징을 가지고 있습니다. 키스라는 행위도 성 기관을 대신한 두 개의 성감대가 결합한 것이지만 어느 누구도 키스를 도착적 행위라 하지 않습니다. 그러나 매우 격렬한 키스 후에 사정과 오르가슴에 이른다면 이는 완벽한 도착적 행위입니다. 이런 비슷한 사례는 얼마든지 찾아볼 수 있습니다. 이 같은 개별적 특징들을 정상적인 것과는 분리해서 도착적인 것으로 규정하는 것은 별로 의미가 없습니다. 우리는 도착의 본질적 특징이 정상적인 성적 행위의 목표를 넘어서거나, 성 기관을 다른 기관들로 대체하는 데 있다고 보지 않습니다. 도착적 행위의 본질은 이러한 일탈 행위가 보여주는 철저한 배타성에서 찾아야 합니다. 도착의 경우 생식을 위한 성행위들은 철저하게 배제되기 때문입니다.

대소변을 배설하거나 배설을 참는 것, 뭔가를 빠는 행위에서 쾌감을 느끼는 것은 '기관 쾌감(organic pleasure)'이 아니냐고 묻는 이들이 있습니다. 다시 말해 이런 의문을 제기하는 겁니다. '유아의 감정 표현을 성급하게 성적인 것으로 몰아붙이지 말고, 무엇을 빤다거나 하는 등의 행위를 그 기관 자체의 쾌감을 추구하는 것으로 받아들일 수도 있는 것 아닌가요?' 맞습니다. 저는 이러한 기관 자체의 쾌감에 대해 반대하지 않습니다. 그러나 신체적 발달 과정의 후반기에 도달하면 기관 쾌감은 의심할 여지없이 성적인 특징을 지닙니다. 우리가 성욕에 대해서보다 기관 쾌감에 대해 더 잘 알고 있는 걸까요? 다만, 각각의 모든 기관 쾌감을 성적인 쾌감으로 부를 수 있는 것인지, 아니면 성적이라고 부르기에 적합하지 않은 다른 기관 쾌감들이 있는지, 이 자리에서 논의할 수 없을 뿐입니다. 저는 기관 쾌감과 그 조건들에 대해서는 아는 것이 별로 없습니다. 그리고 정신분석은 계속 증상의 과거로 거슬러 올라가면서 연구를 진행하기 때문에, 결국 마지막에 가서 일반적인 요소를 발견하더라도 저는 전혀 놀라지 않을 겁니다.

그리고 한 가지 더 밝혀둘 것이 있습니다. 여러분의 주장, 즉 유아는 성적으로 순수하다는 주장을 통해서 실제로 확보된 인식이 별로 없다는 점입니다. 이미 세 살이 되면, 유아의 성생활에 대한 이 모든 논란은 사라집니다. 이 시기에 벌써 생식기들이 자극을 받기 시작합니다. 일반적으로 유아기 단계의 자위, 즉 생식기를 통해 만족을 느끼는 시기가 다가오는 겁니다. 그리고 우리가 성생활의 심리적 요소라고 하는 것들도 나타납니다. 이를테면 성적 대상을 선택하고, 특정인에게 애정을 보이고, 질투하는 행위 등도 관찰됩니다. 분석적 연구에 의하면 이 시기의 성적인 목표들은 이 무렵에 생기는 성적인 호기심과 밀접하게 관련되어 있습니다.

관찰에 의하면, 대략 여섯 살이나 여덟 살 이후가 되면 어린이들의 성적인 성숙 과정이 정체되거나 오히려 퇴보한다는 사실이 드러납니다. 우리는 이 시기를 '잠재기'로 부릅니다. 그러나 이러한 잠재기는 완전히 생략되는 경우도 있습니다. 잠재기 이전에 느꼈던 대부분의 성적 체험들과 심리적 자극들은 결국 유아기 망각 속으로 사라집니다. 망각증에 의해서 최초의 유년기는 은폐되고, 우리에게서 분리됩니다. 이 잊혀진 인생의 시기를 기억 속으로 다시 환원시키는 작업이 정신분석의 과제입니다. 이 최초의 시기에 겪은 성생활들이 그런 망각의 동기를 제공해 주었으며, 따라서 이 망각은 억압의 결과라고 추정할 수 있습니다.

어린아이의 성생활은 세 살을 넘으면 성인들과 많은 점에서 같지만 몇 가지 점에서 다릅니다. 요약하자면, 성인에 비하여 안정된 성적 조직이 부족하고, 성도착 징후가 보이며, 그리고 성적 충동이 약하다는 것입니다. 그러나 이론적으로 가장 흥미로운 시기, 달리 말하면 리비도가 발달하는 시기는 이 시기보다 앞섭니다. 리비도의 발달은 대단히 빨리 이루어지기 때문에 그 발달 과정을 직접 관찰하는 것은 거의 불가능합니다. 단지 신경증에 대한 정신분석적 연구의 힘을 빌려서, 철저히 소급해 올라감으로써 초기의 리비도 발달 상태를 알아내는 것이 가능할 뿐입니다.

성생활의 조직에 관한 제 이야기가 지식을 전해 주기보다 오히려 이해하는 데 부담이 되지 않았나 모르겠습니다. 하지만 이 내용은 나중에 중요하게 쓰일 테니, 조금만 더 인내심을 갖기를 바랍니다. 지금부터는 다음 사항들을 염두에 두시기 바랍니다. 성생활, 즉 우리가 리비도 기능이라고 부르는 것은 어떤 완성된 형태가 아닙니다. 또 원래의 모습을 유지하면서 계속 성장해 가는 것도 아닙니다. 오히려 리비도 기능은, 마치 애벌레가 나비로 바뀌듯 여러 번 모습을 바꾸며 단계별로 발달해 갑니다. 발달 과정의 전환점에서 모든 성적인 부분적 충동들은 부차적인 것이 되고 생식기가 최우선이 됩니다. 이렇게 해서 성의 역할은 생식 기능에 종속됩니다. 전에는 성생활에 일관성이 없이 여러 부분적인 충동들이 제각기 기관 쾌감을 지향하는 불균형한 양상을 보였습니다. 이러한 무질서한 상태는 성생활의 전 성기적(前性器的) 조직 방식들, 즉 처음에는 가학적이며 항문 성애적인 단계, 그리고 그 전에는 아마도 가장 원초적인 구순기(口脣期)적 단계에 의해서 어느 정도 조절됩니다. 그 밖에도 아직 자세히 알려지지 않은 다양한 과정들이 있으며, 이를 거치면서 하나의 조직 단계는 다음의 좀 더 높은 단계로 이행해 갑니다. 리비도가 그렇게 오랫동안 많은 발달 단계들을 거친다는 사실이 신경증을 인식하는 데 어떤 의미가 있는지 곧 알게 될 겁니다.

이제 이런 발달 과정의 다른 측면에 대해 이야기해 보겠습니다. 부분적인 성 충동들과 그 대상의 관계에 대한 것입니다. 리비도 발달 과정의 결과를 잘 파악하기 위해서라도 우선 이러한 발달 과정의 전모를 살펴보는 것이 필요합니다. 성적 충동의 구순기에 관계하는 최초의 대상은, 유아의 식욕을 채워주는 어머니의 젖입니다. 젖을 빠는 행위를 통해서 식욕과 동시에 충족되던 관능적 요소들은 따로 떨어져 나가, 그 대상은 자기 신체의 한 부분으로 대체됩니다. 구순기적 충동은 항문기적 충동이나 다른 성감대를 통한 충동들이 처음부터 그러했던 것처럼, '자가 성애적인' 충동으로 바뀝니다. 이후의 발달 과정은 다음 두 가지를 목표로 합니다. 첫째, 자가 성애적인 단계를 벗어나는 것입니다. 즉 자신의 몸에 붙어 있는 대상을 다시 외부의 대상과 바꾸는 것입니다. 둘째로, 개별적 충동의 서로 다른 대상들이 합쳐져서 하나의 유일한 대상으로 대체됩니다.

대상을 발견하는 과정은 상당히 복잡합니다. 만약 그 과정이 잠재기 이전의 유년기에 어느 정도 완성되었다면, 나중에 발견한 대상은 구순적 쾌감 충동의 대상과 거의 같습니다. 그 대상은 비록 어머니의 가슴은 아니지만, 어머니임에는 분명합니다. 우리는 어머니를 최초의 '사랑'의 대상으로 여깁니다. 이 '사랑'에 대해 말할 때 우리는 성의 관능적 측면을 배제하고 정신적 사랑이라는 심리적 측면을 강조합니다. 어머니를 사랑의 대상으로 설정하는 시기에 이르면, 이미 어린아이는 억압이라는 심리적 과정을 겪기 시작하며, 이를 통해서 자신의 성적 목표 가운데 일부를 포기합니다. 어머니를 사랑의 대상으로 선택하는 현상은 '오이디푸스 콤플렉스'라 부르며, 우리가 신경증을 정신분석학적으로 규명하면서 중요하다고 보았던 그 모든 사항들과 관련이 있습니다. 그리고 바로 이 부분이 정신분석에 대해 거부감을 갖게 만든 겁니다.

이제 여러분은 이 끔찍한 오이디푸스 콤플렉스가 어떤 내용인지 알고 싶으실 겁니다. 우리는 모두 오이디푸스 왕에 대한 그리스 전설을 알고 있습니다. 그는 신탁을 피하기 위해 모든 노력을 다 했지만 어쩔 수 없는 운명에 의해 아버지를 살해하고 어머니와 결혼해야 했습니다. 자신도 알지 못하는 사이에 두 가지 범죄를 저질렀다는 사실을 알게 된 그는 스스로의 눈을 찔러 장님이 되었습니다. 소포클레스는 바로 이 전설을 바탕으로 비극을 만들었습니다. 그 작품의 서술 방식은 정신분석의 전개 방식과 어느 정도 비슷합니다. 오이디푸스의 어머니이자 아내인 이오카스테는 정신이 나간 상태로, 사건이 계속 조사되는 것을 거부합니다. 그녀는 "많은 사람들이 꿈속에서 자기 어머니와 동침을 하지만, 이런 꿈들은 무시해야 한다."고 말합니다. 우리는 꿈들을 가볍게 보지 않습니다. 특히 많은 사람들이 꾸는 그런 전형적인 꿈은 더 그렇습니다. 그리고 이오카스테가 언급한 꿈은 틀림없이 전설이 담고 있는 낯설고 소름 끼치는 내용과 긴밀하게 관련되어 있습니다.

사실 근본적으로 소포클레스의 비극은 부도덕하다 할 수 있습니다. 그것은 인륜을 부정합니다. 그리고 이 작품에서 신의 힘은 인간이 죄를 범하도록 강요하고, 범죄를 막으려는 사람들의 도덕적 노력을 무기력하게 만듭니다. 그러나 소포클레스는 신과 운명을 고발하고자 했던 작가는 아니었습니다. 오히려 그는 신들의 뜻에 복종하는 것을 최고의 도덕성으로 보는 비현실적인 억지 이론을 따르고 있습니다. 그러나 이런 도덕적 관점은 작품의 영향력과는 아무런 관련이 없습니다. 관객들은 도덕이 아니라 신화의 내용과 비밀스러운 의미에 대해 반응합니다. 관객은 자신의 내부에 있는 오이디푸스 콤플렉스를 자기 분석을 통해서 인식합니다. 그리고 아버지를 제거하고 그 대신에 어머니를 자기 여자로 삼고 싶어하는 욕망을 기억해 내고, 이런 모습의 자신에 대해 경악합니다. 그는 시인들이 자신에게 다음과 같이 말하려 한다고 여깁니다. '너는 책임을 피하려 했고 죄를 짓지 않으려 했다고 맹세했지만 모두 헛수고였다. 결국 너는 죄인이다. 네가 그런 범죄 의도를 완전히 버리지 못했기 때문이며, 그것은 아직도 네 속에 무의식적으로 남아 있다.' 이 말 속에 심리학적 진리가 담겨 있습니다. 사람들이 자신의 나쁜 충동을 무의식 속에 묶어놓고 그런 충동에 대해서 자기 자신은 아무 책임이 없다고 말해도, 자기도 모르는 사이에 엄습하는 죄책감을 느낄 수밖에 없습니다. 신경증 환자들을 그렇게도 자주 괴롭히는 것은 죄의식인데, 이를 불러일으키는 가장 중요한 원천 하나가 오이디푸스 콤플렉스에서 발견된다는 것은 분명합니다. 그리고 더 나아가, 저는 인류의 종교와 도덕의 근원에 관한 연구 결과를 1913년에 『토템과 터부(Totem and Taboo)』란 제목으로 발표했는데, 여기서 저는 인류 전체가 종교와 도덕의 궁극적 원천인 죄의식을, 역사의 시발점에서 오이디푸스 콤플렉스를 통해 습득하지 않았을까 하는 추론을 제시했습니다.

잠재기에 이르기 전에 사랑의 대상을 스스로 선택하는 어린아이를 관찰했을 때, 어떤 현상을 통해서 어린아이가 오이디푸스 콤플렉스를 가지고 있다는 것을 알 수 있습니까? 우리는 작은 꼬마가 아버지를 거추장스러워하고 어머니를 독차지하고 싶어하는 것을 쉽게 볼 수 있습니다. 종종 어머니와 결혼하고 싶다고 말하기도 합니다. 또 아버지가 사라지는 것을 은근히 바라기도 합니다. 하지만 같은 아이가 다른 상황에서는 아버지에게 깊은 애정을 보이는 것을 볼 수 있는데, 이것 때문에 관점이 흐려지기도 합니다. 바로 그런 상호 대립적인 감정, 좀 더 정확히 말하자면 '양극적 감정'이 성인들에게는 심리적 갈등을 일으키기도 하지만, 어린아이에게는 오랜 기간 동안 충돌하지 않고 잘 병존합니다. 이는 상반된 감정들이 나중에 무의식 속에서 계속 함께 존재하는 것과 마찬가지입니다.

지금까지는 아버지와 어머니에 대한 '사내아이'의 관계만을 주로 이야기했지만, 어린 소녀의 경우에도 약간 수정해야 하기는 하지만 거의 비슷합니다. 아버지에 대한 애착, 어머니를 없애버리고 그 자리를 자기가 차지하려는 욕구, 그리고 일찍부터 나타내는 애교 등은 작은 소녀의 귀여움이라고만 보기에는 뭔가 중요한 의미를 지니는 행동들입니다.

만약 다른 아이들이 태어나면 오이디푸스 콤플렉스는 '가족 콤플렉스'로 확장됩니다. 가족 콤플렉스는 다시 형제들 사이의 이기적인 이해와 맞물려 서로를 미워하게 하고 별 생각 없이 상대방을 없애고 싶다는 생각까지 들게 만듭니다. 동생이 태어나 뒷전으로 밀려난 아이는 처음으로 어머니에게서 떨어지는데, 아이는 이런 어머니를 용서하기 어렵습니다.

우리는 이미 성적 호기심이 어린이의 생생한 인생 체험에서 나온 것이라고 말했습니다. 사내아이는 불성실한 어머니를 대신하는 사랑의 대상으로 누이동생을 택할 수 있습니다. 어린 소녀는 자기 오빠를, 아주 어린 시절만큼 애정을 보여주지 않는 아버지를 대신하는 것으로 여깁니다.

이처럼 별다른 노력 없이 실마리를 찾을 수 있음에도 불구하고, 과학은 근친상간 금지를 설명하기 위해 여러 주장을 늘어놓습니다. 아무리 이성이라도 식구들에게는 성충동을 느끼지 않는다거나 근친상간을 피하려는 생물학적 경향이 근친상간에 대한 두려움으로 나타난다는 겁니다. 만약 근친상간의 유혹을 억제하는 어떤 믿을 만한 자연적 장벽이 있었다면 법과 윤리 같은 엄격한 금지 조항들이 불필요했을 텐데, 사람들은 이런 사실을 여기서 완전히 잊고 있습니다. 진리는 이와 정반대입니다. 사람들이 처음 사랑의 대상을 선택하는 방식은 한결같이 근친상간적입니다. 신화가 우리에게 가르쳐주는 것 중 하나는 사람들은 근친상간을 그렇게도 혐오하지만, 신들은 별다른 생각 없이 받아들인다는 것입니다.

이제 신경증에 걸린 성인들에게로 눈을 돌려봅시다. 정신분석학은 오이디푸스 콤플렉스를 신화가 설명한 것과 같은 방식으로 증명해 보입니다. 정신분석학은 모든 신경증 환자들 자신이 한때 오이디푸스였거나, (결과적으로 같지만) 콤플렉스에 의해 햄릿과 같은 사람이 되었음을 보여줍니다.

분석적으로 확인한 오이디푸스 콤플렉스의 형식을 통찰했을 때 나타나는 임상적 사실은 매우 중요한 의미를 지닙니다. 우리는 사춘기에 처음으로 성적 충동이 완전한 형태로 나타나면, 익숙하고 근친상간적인 옛날의 성 대상들이 다시 등장하고 리비도가 그것을 새롭게 다시 이용한다는 것을 압니다. 이 시기에는 매우 강한 감정들이 오이디푸스 콤플렉스를 활성화시키거나 이 콤플렉스에 반응하게 합니다. 그러나 이런 감정은 지지를 받지 못하기 때문에 대부분 의식의 바깥쪽에 머뭅니다. 이때부터 개개의 인간은 부모로부터 독립하고자 애씁니다. 부모에게서 독립함으로써 비로소 개인은 더 이상 아이가 아닌, 사회 공동체의 구성원이 될 수 있습니다. 아들은 자신의 어머니를 향한 리비도적인 욕망들에서 스스로 벗어나고 그 욕망을 현실적인 다른 대상을 선택하는 데 사용해야 합니다. 그리고 만일 아버지와 계속 대립하고 있다면 그와 화해하는 것도 과제입니다. 그러나 신경증 환자들은 이러한 과제를 해결할 수 없습니다. 그들은 자신의 리비도를 다른 성적 대상에 쏟을 수가 없습니다. 이런 의미에서 오이디푸스 콤플렉스가 신경증의 핵심적인 요인으로 꼽히는 것입니다.

마지막으로 반드시 짚고 넘어가야 할 사항이 있습니다. 오이디푸스의 어머니이자 부인인 이오카스테가 공연히 꿈 이야기를 한 것이 아닙니다. 여러분은 꿈에 대한 우리의 분석 결과를 기억하실 겁니다. 꿈을 이루고 있는 욕망들은 자주 도착적이며 근친상간적인 특징을 보이거나, 아주 가깝고 사랑하는 친척들에게조차 예상하지 못했던 적개심을 드러내보였던 것이 생각나지 않습니까? 우리는 그때 이런 사악한 충동들이 도대체 어디에서 나오는 것인지 밝히지 않았습니다. 이제는 여러분 스스로 답할 수 있을 겁니다. 그것은 의식적인 삶을 살면서 이미 오래전에 포기한, 한때 애착을 가지고 있던, 유아기 초기의 리비도적 에너지와 대상에 의해 만들어진 성향을 보여줍니다. 이런 요소들이 밤이 되면 모습을 드러내고 영향력을 행사하는 겁니다. 하지만 단지 신경증 환자들뿐만 아니라 모든 사람들이 도착과 근친상간, 살인에 관한 꿈을 꾸기 때문에 정상적인 사람들도 성도착과 오이디푸스 콤플렉스의 대상을 향한 리비도의 영향이 절대적이던 과정을 거쳐서 현재와 같은 상태에 이르렀다고 볼 수 있습니다. 그리고 이것은 정상적인 발달 과정입니다. 즉 정상적인 사람들의 꿈을 분석하여 알아낸 것들이, 신경증 환자들에게는 단지 확대되고 거친 방식으로 나타날 뿐입니다.

스물 두 번째 강의 발달과 퇴행 이론—병인론

우리는 리비도가 정상이라고 여겨지는 생식 기능을 위해 쓰일 때까지 풍부한 발달 과정을 겪는다는 사실을 알았습니다. 이제 이런 사실이 신경증 발생에 어떤 역할을 하는지 설명하겠습니다.

리비도의 발달 과정은 두 가지 위험, 즉 '억제'와 '퇴행'을 불러온다고 할 수 있습니다. 비유를 들어 설명해 보겠습니다. 고대 원시시대에 종종 일어났던 일입니다. 만약 한 종족 전체가 살고 있던 주거지에서 벗어나 새로운 거처를 찾아나선다고 해도 종족 모두가 새로운 거처에 안착하는 것은 아닙니다. 다른 손실을 감수하더라도 이동하는 중 몇몇 작은 집단들은 목적지에 이르기도 전에 중간 지점에 정착하는 경우도 있습니다. 물론 대부분의 구성원들은 계속 이동합니다.

간단히 말하자면 모든 개별적인 성 충동의 경우, 충동의 다른 부분들이 최종 목표에 이르는 동안, 일부분이 성적 발달 과정의 초기 단계에 남아 있을 수 있습니다. 물론 충동의 다른 부분들은 최종 목표에 도달할 수 있습니다. 부분적인 충동이 그처럼 발달 과정의 초기 단계에 머물러 있는 현상을 충동의 '고착'이라고 부릅니다.

'퇴행'은 단계적 발달 과정이 안고 있는 두 번째 위험입니다. 퇴행은 지금까지 발전해 왔던 요소를 초기 단계로 되돌려놓을 수 있습니다. 충동의 역할은 목표에 도달하여 만족을 얻는 것인데, 만약 나중에 더 높은 발달 단계에 이르러서 충동이 외부의 거센 장애물들에 부딪히면, 이것이 퇴행의 동기가 됩니다. 고착과 퇴행은 서로 무관하지 않습니다. 발달 과정에서 고착이 강해질수록, 충동의 기능은 과거에 집착했던 지점까지 퇴행함으로써 외부의 난관을 피하려 합니다. 고착이 약할수록 장애물을 극복하는 기능을 완전히 발달시킬 수 있습니다. 한 무리의 사람들이 큰 집단을 떠나 특정 지점으로 이동하다가 강력한 적과 마주치거나 두들겨 맞았다면, 이들이 다시 되돌아오는 것은 당연할 겁니다. 이동하면서 더 많은 구성원들을 뒤에 남겨 놓을수록 패배할 가능성도 높아집니다. 신경증을 이해하기 위해서는 고착과 퇴행 사이의 이런 관계를 계속 주목해야 합니다.

퇴행에 관해 좀 더 살펴보겠습니다. 퇴행에는 두 가지 유형이 있습니다. 하나는, 근친상간적인 성격의 것으로 맨 처음 리비도가 지향했던 대상에게로 퇴행하는 경우입니다. 다른 하나는, 성의 모든 체계가 과거의 단계로 퇴행하는 경우입니다. 퇴행의 이 두 가지 유형은 전이 신경증 환자에게는 동시에 나타나서 신경증의 메커니즘에 중요한 영향을 미칩니다. 특히 최초의 근친상간적인 리비도의 대상들로 퇴행하는 현상은 신경증 환자들에게 지겨울 정도로 반복해서 나타나는 특징입니다. 여러분에게 당부하고 싶은 것은 '퇴행'과 '억압'을 혼동하지 말아야 한다는 것입니다. 이 두 과정들 사이의 관계를 밝혀보겠습니다.

아시다시피 억압은 전의식 체계에 속해 있는 의식할 수 있는 행위를 무의식 속으로 밀어넣음으로써 무의식적인 것으로 만드는 과정입니다. 그리고 우리는 무의식적인 정신 활동들이 가까운 전의식으로 들어오지 못하고, 검열의 통제에 의해 차단되는 현상도 억압이라고 부릅니다. 그러므로 억압은 성(性)과 관련이 전혀 없습니다. 이 점을 특히 유념하시기 바랍니다. 억압은 순수한 심리적 과정입니다.

지금까지 리비도의 고착과 퇴행에 관해 설명했는데, 이 설명을 신경증의 병인론 연구를 위한 준비 단계로 받아들였다면 여러분은 올바르게 이해하신 겁니다. 사람들이 신경증에 걸리는 것은 자신의 리비도를 만족시킬 수 있는 가능성이 사라졌기 때문인데, 저는 이 경우를 '좌절'이라 부릅니다. 그리고 증상들이 바로 좌절된 만족감을 대신하는 것입니다. 물론 리비도적 만족이 좌절되었다고 모든 사람들이 신경증에 걸리는 것은 아닙니다. 단지 신경증의 모든 연구 사례에서 좌절이란 요소가 발견되었을 뿐입니다.

리비도적인 만족이 이루어지지 않을 때, 병에 걸리지 않고서도 이를 견뎌내는 방법들은 다양합니다. 우리는 욕구를 참아야 되는 상황을 잘 견뎌낼 수 있는 사람들을 알고 있습니다. 성 충동은 대단히 '탄력적'이어서 어떤 것은 다른 성 충동으로 대체될 수도 있습니다. 그리고 하나의 충동을 현실에서 만족시킬 수 없을 때 다른 충동을 만족시킴으로써 그것은 완전하게 보상받을 수 있습니다. 이처럼 대상을 바꾸거나 대체물을 받아들임으로써 성적 좌절 때문에 발생할 수 있는 병적인 요인에 강하게 맞설 수 있는 겁니다. 이 과정에서 성적 만족을 위한 노력은 부분적인 쾌락이나 생식에 대한 욕구를 포기하고 다른 목표를 추구하게 됩니다. 그것은 발생적으로는 포기한 목적과 같은 연장선에 놓여 있지만, 더 이상 성적인 것이 아니라 사회적인 것이라고 해야 합니다. 우리는 이 과정을 '승화'라고 부릅니다.

이 기회를 빌려서 당면한 논쟁들을 소개할까 합니다. 이에 대하여 여러분이 꼭 어느 한쪽 편을 들어야 할 이유는 없습니다. 어떤 입장은 이기적인 충동들만 인정하고 성적인 충동들은 부인합니다. 다른 입장은 오직 현실적인 인생 과제들의 영향력만을 강조하고, 개인적인 과거의 영향력은 놓치기도 합니다. 이제 여기서도 그와 비슷한 대립과 논쟁이 발생합니다. 신경증은 외부적 요인 때문에 발생하는가, 아니면 내부적 원인 때문인가? 즉 특정한 기질 때문에 어차피 발병할 수밖에 없는가, 아니면 특히 마음에 상처를 준

외상적인 체험 때문에 발병하는가? 특히, 신경증들은 리비도 고착과 그 밖의 다른 성적 기질 때문에 발생하는가, 아니면 좌절에 의한 스트레스 때문인가?

이런 딜레마는 아이가 아버지의 생식 때문에 태어나는가, 아니면 어머니의 임신 때문에 태어나는가라는 논쟁보다 조금도 나아 보이지 않습니다. 이 두 조건은 동시에 필수적으로 요구되는 것입니다. 마찬가지로 신경증의 원인을 두고 벌어지는 논란 역시 이 경우와 완전히 같지는 않지만, 매우 흡사합니다. 신경증의 원인을 고려할 때 성적 기질과 체험이라는 두 가지 요인이 있는데, 이는 리비도 고착과 좌절로 표현해도 무방합니다. 신경증 가운데는 극단적인 경우가 있는데, 확신을 갖고 이렇게 말할 수 있습니다. 이 사람들은 무엇보다 리비도가 매우 특이하게 발달하여 어떤 경험을 했느냐에 관계없이, 그리고 그들이 아무리 평탄한 인생을 살았다고 하더라도 병에 걸릴 수밖에 없었다. 또 다른 극단에는 우리가 정반대로 판단해야 하는 사람들이 있습니다. 즉 그들이 인생에서 그런 상황에 처하지 않았더라면 병에 걸리지 않았을 수도 있는 경우입니다. 두 극단의 중간에 있는 사례들은 성적 기질과 삶에서 상처받은 경험들이 함께 작용합니다. 이 경우 이들이 그 같은 체험들을 하지 않았더라면 성적 기질로 인해 신경증에 걸리지는 않았을 겁니다. 그리고 이 체험들 역시, 리비도와 관련된 내적 상황이 달랐을 경우 외상적인 영향을 주지는 않았을 겁니다.

리비도가 특정한 방향으로 발전하고 특정 대상들에 집착하는 경향은 소위 리비도의 '점착성'을 말해 줍니다. 이러한 리비도의 성질은 하나의 독립적이며 개인적인 변수로 작용하는 요소입니다. 이 요소를 결정하는 조건들을 우리가 완전히 아는 것은 아니지만, 그 요소가 신경증의 병인론에서 차지하는 중요성을 더 이상 과소평가해서는 안 됩니다. 반대로 이 요소와 신경증 사이의 내적인 긴밀성을 과대평가해서도 안 됩니다. 이러한 리비도의 점착성은 다른 많은 조건들이 주어지면 정상인들에게도 나타납니다. 그리고 어떤 의미에서는 신경증 환자와는 정반대인 도착증 환자들에게서도 이 요소는 결정적인 요인이 됩니다. 우리는 성도착자들의 병력에서, 아주 어린 시절에 비정상적인 충동을 일으키거나 대상을 선택했던 것과 같은 체험이 강한 인상과 함께 남아 있음을 발견합니다. 도착증에 걸린 사람의 리비도는 일생 동안 바로 이러한 인상에 집착합니다.

제가 직접 관찰한 이 유형의 사례를 들어보겠습니다.

한 남자가 있습니다. 그는 여자의 생식기나 다른 일반적 성적 기관들에는 관심이 전혀 없습니다. 그는 오로지 신발을 신고 있는 특이한 형태의 발에만 거부할 수 없는 성적 흥분을 느낍니다. 그는 자신의 리비도가 이처럼 집착하는 데 결정적인 역할을 한 여섯 살 때의 일을 기억합니다. 그는 여자 가정교사에게 수업을 받았습니다. 이 가정교사는 그다지 아름답지 않은 처녀였는데, 어느 날 다리가 아팠던지 벨벳 슬리퍼를 신은 다리를 방석 위에 올려놓았습니다.

그녀의 다리는 아주 우아한 방식으로 가려져 있었습니다. 그 남자가 당시에 목격했던 것은 지독히도 깡마르고 억센 발이었는데, 이 발은 그가 사춘기에 이르러 성생활을 시작할 때부터 유일한 성적 대상이었습니다. 이 발과 함께 그 가정교사를 연상시키는 몇 가지 다른 특징들이 주어지면 그 남자는 속수무책으로 빠져들었습니다. 하지만 그는 리비도 고착을 통해서 신경증 환자가 된 것이 아니고 성도착자, 즉 발 도착자가 된 것입니다.

신경증의 발생 원인은 더 복잡해진 것처럼 보입니다. 인격의 한 부분이 특정 욕망을 대표한다면 다른 부분은 그것에 저항하고 거부합니다. 그러한 갈등이 없으면 신경증은 발생하지 않습니다. 좌절에 의해서 갈등이 일어납니다. 만족감을 얻지 못한 리비도는 이제 다른 대상들에게서 방법을 찾아야 하기 때문입니다.

그런데 리비도적 충동에 반대하여 개입하는 힘은 무엇일까요? 누가 이 병리적 대립의 반대편에 있을까요? 넓은 의미에서 볼 때 그것은 성적이지 않은 충동들입니다. 우리는 이를 포괄적으로 '자아본능(ego-impulses)'이라고 부릅니다. 병인으로 작용하는 갈등은 결국 자아본능과 성본능 사이의 갈등입니다.

정신분석이 어떤 심리적 상황을 너무 억지로 성적 충동들과 연관 짓는다는 반론이 자주 제기됩니다. 하지만 정신분석은 성적인 것이 아닌 다른 본능적 힘들도 존재한다는 사실을 단 한 번도 잊은 적이 없습니다. 정신분석은 성본능을 자아본능에서 분명하게 분리함으로써 구축되었습니다. 그리고 정신분석은 모든 반론이 제기되기 전에, 이미 신경증이 성본능 때문에 발생하는 것이 아니라 자아와 성본능 사이의 갈등 때문에 발생하는 것이라고 주장했습니다. 정신분석은 질병과 삶에서 성본능이 어떤 역할을 하는지 조사했지만, 자아본능들이 실제로 있고 또 나름대로 중요하다는 것을 부정할 이유가 없습니다. 단지 성적 본능들을 다루는 것이 정신분석의 일차적 업무일 따름입니다.

정신분석이 성적 문제가 아닌 인성 부분에 대해서는 전혀 고려하지 않았다는 지적은 옳지 않습니다. 자아와 성을 분리함으로써, 자아본능 역시 중요한 발달 과정을 거친다는 사실을 분명하게 밝혔습니다. 물론 리비도에 대한 것보다 자아의 발달에 대해서 알고 있는 것은 적습니다. 우리는 어떤 사람의 리비도적인 관심들이 처음부터 자아의 자기 보존에 대한 관심과 대립한다고 보지 않습니다. 오히려 자아는 모든 발달 단계에서 그 단계에 해당하는 성적 조직 체계와 조화를 이루고, 이를 자신에게 적응시키려고 합니다. 자아와 리비도의 발달 단계들은 일정한 상응 관계, 즉 일종의 병행 관계를 이룹니다. 이런 상응 관계가 장애에 부딪치면 병의 원인이 될 수도 있습니다.

신경증의 원인에 대한 우리의 통찰은 더 확장되었습니다. 먼저 가장 일반적인 조건으로서 좌절이 첫 번째 요인이며, 리비도를 일정한 방향에 매어놓는 리비도 고착이 두 번째 요인입니다. 세 번째는 자아의 발달 과정에서 생기는 갈등인데 갈등 때문에 리비도적인 본능들이 거부됩니다. 여기에서 자아의 발달이 갈등이나 신경증에 미치는 영향을 보여주기 위해 제가 지어낸 이야기 하나를 들려드리겠습니다. 네스트로이(J. Nestroy)가 쓴 희곡 『일층과 이층』의 제목을 빌리겠습니다.

일층에는 관리인이 살고 이층에는 부자에다 지체 높은 집주인이 살고 있습니다. 두 가정에는 모두 자녀들이 있었는데, 관리인의 딸과 집주인의 딸은 신분 차이에도 불구하고 함께 놀 수 있었습니다. 이런 경우 아이들은 못된 장난이나 성적 유희를 벌일 가능성이 높습니다. 아이들은 부부 놀이를 하거나, 서로의 비밀스런 부분을 쳐다보고 자극하기도 했습니다. 비록 대여섯 살밖에 안 되었지만 관리인의 딸이 성적으로 조숙했음을 짐작할 수 있습니다. 그래서 아마도 관리인의 딸이 유혹하는 역할을 하지 않았을까 짐작합니다. 비록 이런 놀이를 오랫동안 하지 않았더라도 이 정도 체험이면 두 아이의 성적인 충동을 활성화시키기에는 충분합니다. 아이들의 성적 충동은 둘이 함께 놀지 않게 된 다음에도 자위 행위의 형태로 나타납니다. 여기까지는 둘 다 같은 모습을 보이지만 궁극적인 결과는 아주 다르게 나타날 겁니다. 관리인의 딸은 자위 행위를 대략 첫 월경 때까지 지속하다가 별 어려움 없이 중단할 겁니다. 그녀는 얼마 안 있으면 애인도 생길 것이고 아이도 나을 겁니다. 여러 인생 역정을 거쳐 성공적인 부인으로 자신의 인생을 마무리 지을 수도 있습니다. 물론 그녀의 운명이 이처럼 성공적으로 끝나지 않을 수도 있지만 적어도 자신의 때 이른 성적 경험 때문에 상처받거나 신경증에 걸리지는 않을 겁니다.

그러나 집주인의 딸은 다릅니다. 이 여자는 너무 일찍 자신이 무언가 잘못된 일을 저질렀다는 죄책감을 느낍니다. 그녀는 심한 갈등을 겪기는 하겠지만, 얼마 안 가서 자위를 통해서 성적 만족을 얻는 행위는 그만둘 겁니다. 그럼에도 무언가 가슴을 짓누르는 것이 남아 있습니다. 성교에 관한 이야기를 들으면 고개를 돌리거나 알려 하지 않을 겁니다. 이제 그녀는 다시 자위를 하고 싶다는 충동에 굴복할 수도 있습니다. 이런 고민을 감히 누구에게 털어놓을 용기도 없습니다. 여자로서 남자의 사랑을 받아야 할 나이에 신경증에 걸릴 수도 있습니다. 분석을 통해서 자신의 신경증을 이해하게 되면, 지적이면서 열정적이었던 이 여자는 자신이 성적 충동을 완전히 억압해 왔다는 것을 알게 됩니다. 이 충동은 그녀에게는 무의식적인 채로, 그녀의 소꿉친구와 나누었던 체험에 고착되어 있었던 겁니다.

같은 체험을 했음에도 이 두 사람의 운명이 서로 다른 이유는, 한 사람의 자아는 발달한 반면 다른 사람의 경우는 그렇지 못했다는 데 있습니다. 관리인의 딸에게 성행위는 어린 시절이나 성인이 된 후에도 자연스럽고 별 문제가 없는 행위로 받아들여졌습니다. 집주인의 딸은 자신이 받은 교육을 그대로 받아들였습니다. 그 교육은 여성적인 순결함과 경건함을 강조하는 것이었습니다. 그녀는 자아가 도덕적으로나 지적으로나 이같이 고상하게 발달함으로써 자신의 성적 욕구들과 갈등하게 된 겁니다.

스물세 번째 강의 증상 발전

이번에는 신경증의 증상 발전과 관련하여 강의할 텐데, 심리적인 증상들과 심리적인 병을 다루겠습니다. 우리는 신경증 증상들이 리비도를 새로운 방법으로 충족시키려 할 때 생겨나는 심리적 갈등의 결과임을 이미 알고 있습니다. 대립하고 있던 두 힘이 증상 속에서 다시 합쳐진 겁니다. 이 두 힘은 동시에 증상 발전이라는 타협을 통해서 화해합니다. 그래서 증상은 저항할 수 있는 겁니다. 갈등의 두 당사자들 가운데 하나는 현실에서 거부당한 불만족스러운 리비도이며, 이 리비도는 이제 자신의 만족을 위해서 다른 방법을 찾아야 합니다. 현실을 바꿀 수 없다면, 비록 리비도가 좌절당한 대상이 아닌 다른 대상을 받아들일 자세가 되어 있어도 결국은 퇴행이라는 길을 택할 수밖에 없습니다.

이제 성도착에 이르는 길과 신경증을 향한 길의 갈림길에 서게 됩니다. 이 같은 퇴행이 자아의 반발을 불러일으키지 않으면 신경증으로 이어지지는 않습니다. 그리고 리비도는 현실적인 만족에 도달합니다. 그러나 의식을 마음대로 통제할 뿐만 아니라 운동 신경의 자극까지도, 다시 말해 정신적 충동을 마음대로 실현할 수 있는 자아가 이 퇴행과 맞서서 갈등을 일으키는 겁니다. 이때 리비도는 저지된 상태에서 쾌락을 만족시키고자 에너지를 방출시킬 수 있는 다른 출구를 찾으려 합니다. 리비도는 자아로부터 벗어나야 합니다. 이렇게 피해감으로써 리비도는 현재 거슬러 가고 있는 발달 과정에 고착할 수 있지만, 한편에서 자아는 이러한 고착들에 맞서서 나름대로 억압을 통해서 자신을 보호했던 겁니다. 리비도는 발달 과정을 거슬러 올라가는 과정에서 이런 억압되었던 지점들에 머무르며 자아와 자아의 영향으로부터 벗어납니다. 리비도는 충족시킬 가능성이 있는 한 무엇이든 할 수 있습니다. 안팎으로 좌절을 겪고 압박을 받는 리비도는 반항적이 되었으며, 과거의 좋았던 시절을 회상하게 됩니다. 이 모습이 근본적으로 변하지 않는 리비도의 속성입니다.

그런데 리비도는 억압을 뚫고 나가기 위해 필요한 고착을 어디서 찾아낼까요? 리비도는 그것을 유아기의 성생활이나 그 당시의 성적 체험들에서 발견합니다. 유아기는 이중적 성격을 갖는데, 첫째 이 시기에 자신이 타고난 기질 속에 가지고 있는 충동이 처음 나타나며, 둘째 외부의 영향이나 우연한 체험들로 인해서 그가 지닌 다른 충동들이 처음으로 일깨워집니다. 타고난 기질에 대해서는 비판의 여지가 없지만, 분석적 경험에 따르면 어린 시절의 우연한 체험들이 리비도 고착을 유발할 수 있습니다. 신경증의 병인론에서, 우리는 성인의 리비도 고착을 대표적인 기질적 요인으로 간주했습니다. 리비도 고착은 이제 두 가지 계기, 유전적 기질과 아주 어린 시절에 습득한 기질로 나누어집니다. 이 내용은 다음과 같은 도식으로 정리할 수 있습니다.

신경증의 원인 = 리비도 고착에 의한 기질 + 우연한 체험
(외상적 요소)

성적 기질 (선사적先史的 체험) | 유아기의 체험

여기서 우리가 잠시 주목하고 넘어가야 할 분석 연구 결과는, 신경증 환자들의 리비도가 유아기의 성 체험들과 밀접한 관계가 있다는 겁니다. 유아기의 성 체험은 나머지 일생과 건강에 지극히 중요해 보입니다. 그러나 모든 것을 너무 지나치게 신경증의 입장에서만 해석할 위험도 있기 때문에 유아기의 체험들이 지니는 의미를 다음과 같이 제한해야만 합니다. 즉 리비도는 자신이 도달한 지점에서 추방된 다음, 퇴행에 의해 유아기의 체험들로 되돌아갔다

는 사실을 감안해야만 합니다. 반대로 보면, 리비도의 체험들이 그 당시에는 전혀 의미가 없다가, 퇴행에 의해서 비로소 의미 있어졌다고 볼 수 있습니다.

이제 증상들을 다시 한 번 살펴봅시다. 증상들은 좌절된 만족을 대신해서 나타나는 것으로, 결국 리비도가 발달의 초기 단계로 퇴행함으로써 발생합니다. 이러한 리비도 퇴행은 대상 선택이나 성적 조직 체계와 관련해서 초기 발달 단계로 되돌아간다는 뜻입니다. 우리는 앞에서 신경증 환자들이 자신의 과거에서 어느 특정한 시기에 고착되어 있다는 사실을 밝혀냈습니다. 그 시기는 바로 리비도가 만족을 누렸던 시기입니다. 신경증 환자는 그러한 시기를 찾아 자신의 인생을 샅샅이 뒤집니다. 자신의 기억을 통해서 또는 이후에 받은 영향으로 그 기억을 재구성하면서 젖을 빨던 때까지라도 거슬러 올라갑니다. 증상은 어떤 방식으로든 유아기에 느꼈던 만족의 유형을 반복합니다. 이때 증상은 갈등 때문에 생기는 검열에 의해서 왜곡되고, 대체로 고통스러운 느낌으로 바뀝니다.

지금부터 할 이야기는 놀랍고도 혼란스러운 겁니다. 우리는 증상 분석을 통해서 유아기 체험을 인식하게 되었습니다. 또 리비도는 유아기의 체험들에 고착하며, 이것 때문에 증상이 나타난다는 점도 알았습니다. 놀라운 점은 이 유아기의 장면들이 항상 진실만은 아니라는 것입니다. 대부분의 사례에서 그것은 사실과 내용이

랜 시간이 걸립니다. 그럼에도 불구하고 이것이 그런 심리적 산물에 대한 가장 올바른 태도입니다. 그러한 심리적 산물 역시 어떤 면에서 현실적인 것이며, 환상으로 뭔가를 만들어냈다는 사실 자체가 중요한 겁니다. 그리고 만일 그가 이런 환상들의 내용을 실제로 체험한 것처럼 느낀다면, 이것은 그의 신경증과 관련해서 나름대로 의미가 있습니다. 이러한 환상들은 '물리적 실재'와 반대되는 '심리적 실재'들을 함축하고 있습니다. 그리고 우리는 점차 '신경증의 세계에서는 심리적 실재가 결정적'이라는 사실을 인식하고 있습니다.

신경증 환자의 유년기에는 다음과 같은 이야기들이 반복적으로 등장합니다. 즉 부모의 성교를 목격한 것, 성인들에게 받은 성적인 유혹, 거세의 위협 등에 대한 기억입니다. 이와 같은 사건들이 어떤 형태로든 신경증을 구성하는 필수적인 요건이라는 인상을 받습니다. 이런 일들이 실제로 일어났을 수도 있고, 실제로 일어나지 않았다면 그것은 암시에 의해서 만들어지고 상상에 의해서 보완된 겁니다. 그러면 이 같은 상상을 하고 싶어하는 욕구나 상상의 자료들은 어디서 나온 것일까요? 저는 유년기의 환상을 '원시적 환상'이라 부를 생각입니다. 경험이 부족할 때, 개인은 원시적 환상을 통해서 자신만의 체험을 넘어 태고 시대의 경험에 이릅니다. 원시적 환상은 바로 이러한 계통 발생적인 역사의 유산을 말합니다.

그러면 '환상'이라고 부르는 정신 활동은 어떻게 생성되는 것일까요? 인간의 자아는 외부 세계의 영향으로 서서히 현실을 인정하게도 무언가를 말하려 하지 않습니다. 꿈은 의사소통 수단이 아니며, 이해될 수 없는 채로 남아 있을 수밖에 없습니다. 그러므로 꿈의 다의성과 불확실성 때문에 꿈을 해석할 때 결정을 내리기 어려운 것은 당연합니다.

(2) 꿈 해석이 억지로 끌어다 맞추기 때문에 부자연스럽고 우스꽝스러워 보인다는 일반적인 인식에서 정신분석에 관한 두 번째 의혹들이 제기됩니다. 흔히 접할 수 있는 비난들 중 대표적인 한 가지를 들어보겠습니다. 최근 자유의 나라 스위스에서 정신분석을 연구했다는 이유로 해직되었으며, 그러한 결정에 이의를 제기한 교수에 대한 학교 당국의 평가가 신문에 실렸습니다.

> "놀라운 사실은 그가 취리히의 피스터(Pfister) 박사 책에 나와 있는 인위적이고 가식적인 내용들을 인용했다는 것입니다. …… 하지만 더 놀라운 사실은 지도교수가 이런 주장이나 거짓 증거들을 무비판적으로 받아들였다는 것입니다."

이렇게 비판의 대상이 되는 것은 일반적으로 꿈 검열의 가장 강력한 수단인 전위(轉位)의 결과와 관련이 있습니다. 꿈 검열은 전위를 통해 암시라는 대체물을 만들어냅니다. 그러나 암시하는 것을 찾는 것도 쉽지 않은 작업입니다. 암시는 본래의 것을 찾기가 쉽지 않고, 그다지 잘 쓰이지 않는 특이한 연상을 통해 맺어져 있기 때

고 현실을 따르도록 교육받습니다. 인간은 쾌락을 추구하는 과정에서 여러 가지를 잠정적으로 혹은 영원히 포기해야만 합니다. 그러나 쾌락을 포기하는 일이 쉽지는 않습니다. 따라서 어떤 식으로든 보상을 받지 않은 상태에서는 쾌락을 포기하지 않습니다. 그래서 쾌락을 느낄 수 있는 것과 그것을 얻는 방법을 정신 활동 영역 안에 따로 남겨놓습니다. 이 같은 현실 원칙에서 벗어난 보호 구역이 환상이라는 심리의 영역입니다.

환상이나 상상이 만들어내는 것 중 가장 알려진 것이, 우리가 익히 알고 있는 '백일몽'입니다. 환상을 통해 느끼는 만족감의 본질은 현실의 동의 없이도 쾌락을 추구하겠다는 자주성의 회복이며, 이것은 백일몽을 통해서 분명하게 나타납니다. 우리는 그런 백일몽이 밤에 꾸는 꿈의 핵심이며 전형이라는 사실을 압니다. 꿈들은 근본적으로는 백일몽에 불과한 것입니다. 꿈이란, 밤이 되어 자유로워진 본능 충동들이 만들어낸 정신 활동이 꿈이라는 형식에 의해 왜곡된 백일몽입니다. 우리는 백일몽이 반드시 의식되지는 않으며, 무의식적인 백일몽들도 있다는 것을 알고 있습니다. 따라서 그러한 무의식적인 백일몽들은 신경증 증상의 원천이자 꿈의 원천이기도 합니다.

증상 발전과 관련해서 환상은 다음과 같은 중요한 의미를 갖고 있습니다. 우리는 리비도가 과거에 포기했던 지점에 일정한 심리적 에너지를 갖고 고착할 수 있다고 했습니다. 리비도는 자신이 고착할 수 있는 지점을 어떻게 찾는 걸까요? 리비도는 방향과 대상을 완전히 포기하지 않은 채, 일정한 강도를 유지하면서 환상의 표상들 속에 보존되어 있었습니다. 따라서 리비도는 모든 억압된 고착들로 가는 길을 발견하기 위해서 단지 환상 속으로 후퇴하기만 하면 됩니다. 리비도가 환상의 세계로 돌아가는 단계는 증상 발전 과정의 중간 단계로, 아직까지는 무해하며 환상이 지나치게 축적된 상태입니다. 이러한 리비도의 축적은 현실적으로 만족할 수 있는 가능성을 외면하고 과도한 심리적 에너지를 환상에 부여하는 현상입니다.

신경증 환자의 증상 발전과 관련해서는, 다음과 같은 점을 다시 한 번 강조하면서 마무리하겠습니다. 즉 여기서 언급한 내용들은 오직 히스테리 환자의 증상 발전에만 해당된다는 점입니다. 비록 원칙은 같다고 해도, 강박 신경증의 경우 본능의 요구에 대한 반격이 더 눈에 띄는 등 많은 다른 사실들을 발견할 수 있습니다. 이 외 다른 신경증들의 경우, 증상이 발전되는 메커니즘에 관한 연구는 어떤 관점에서 보더라도 아직 마무리되지 않은 상태입니다.

스물네 번째 강의

일반적인 신경 질환

지난번 강의에서는 너무 어려운 주제를 다룬 것 같습니다. 구체적인 사례들을 들어 쉽게 설명하기보다는 어려운 이론 중심으로, 그것도 대단히 포괄적으로 다루었음을 인정합니다. 그 이론이라 하는 것들도 아직은 완전하지 않으며 잘 알려지지 않은 개념들을 끄집어내기도 했습니다. 한마디로 여러분의 기대와 동떨어진 무언가를 그저 주마간산으로 다루었습니다. 좀 더 단순하고 일반적인 신경증 유형에서 시작해서 복잡하고 극단적인 신경증에 관한 문제로 접근했어야 한다는 지적이 나올 만도 합니다.

사실 '정신분석 입문'이라는 말은 신경증을 다루는 것과는 어울리지 않습니다. 정신분석 입문은 실수 행위나 꿈에 대한 연구 결과를 다루어야 합니다. 신경증론은 입문이 아니라 정신분석학 그 자체입니다. 하지만 신경증론은 짧은 시간에 지금처럼 축약하지 않으면 별달리 소개할 방법이 없습니다. 여기서 핵심은 증상의 의미를 증상이 나타나는 내·외적 조건들과 그 메커니즘과 관련해서 소개하는 것이었습니다. 저는 그러기 위해서 리비도나 리비도의 발달 과정에 관해 많은 것들을 설명해야 했으며, 자아에 대해서도 일부 언급해야 했습니다. 그리고 이 모든 지식들은 이른바 전이 신경증을 앓고 있는 일부 집단에 대한 연구에서 얻었음을 밝혔습니다. 심지어 저는 증상이 나타나는 메커니즘을 오직 히스테리성 신경증의 경우로 제한하여 조사하기도 했습니다. 여러분이 모든 내용을 다 이해하지는 못하더라도 최소한 정신분석의 방법, 문제, 그리고 결과에 대해 올바르게 이해하길 바랍니다.

여러분은 제가 신경증을 설명할 때 신경과민적 행동, 신경증으로 인한 고통의 특성, 신경과민인 사람들이 병을 갖게 되는 경로, 스스로 그 병에 적응하는 방법을 먼저 설명하길 바라겠지만, 그렇게 하면 무의식을 놓칠 위험이 있습니다. 또 그런 방식으로 서술하면 리비도의 중요성을 놓치고 모든 사태들을 신경증 환자의 자아에 나타난 대로 판단할 위험이 있습니다. 자아가 내리는 판단은 믿을 수 없으며 불공정하다는 것은 명확합니다. 자아는 바로 무의식을 부정하고 억압하는 힘인데, 자아가 무의식을 공평하게 다룰 것이라고 어떻게 믿을 수 있겠습니까? 처음에 거부된 성 욕구들이 이 억압된 것들 중에 있습니다. 자아의 입장에서는 그런 욕구들의 범위와 의미를 전혀 알아낼 수 없는 것이 당연합니다. 우리는 자아가 능동적으로 모든 증상들을 만들어내는 것이 아니라, 사실은 상당히 수동적일 수밖에 없지만 이를 숨기고 스스로를 미화하고 싶어한다는 것을 알고 있습니다.

자아의 이런 속성을 알지 못하고, 자아의 거짓된 증언을 그대로 받아들이는 사람은 당연히 문제를 너무도 쉽게 처리해 버릴 수 있습니다. 그들은 정신분석학이 무의식과 성, 그리고 자아의 수동성을 강조할 때 직면했던 그 모든 저항들을 간단히 피해 갈 수 있습니다. 그런 사람들은 '신경증적인 성격'이 신경증의 결과가 아니라 원인이라고 주장할 것입니다. 그들은 당연히 증상이나 꿈에 대해 단 한마디도 설명할 수 없습니다.

그러나 자아는 신경증이 발생하고 지속되는 것에 관심이 있습니다. 우리는 이미 자아는 증상이 계속되는 것을 견딘다고 했습니다. 왜냐하면 증상은 억압하는 자아의 속성을 만족시키는 측면이 있기 때문입니다. 증상에 의해서 자아는 부담스럽고 고통스러운 내적인 작업에서 벗어날 수 있습니다. 갈등이 신경증으로 발전하는 것이 덜 해롭고 사회적으로도 쉽게 허용되는 사례들이 있으며, 이는 의사들도 어쩔 수 없이 인정하는 요소입니다. 자아는 신경증으로 도피함으로써 일종의 내부적인 '질병에 의한 이익'을 얻습니다. 이런 유형들 가운데 흔한 사례를 살펴봅시다. 폭력적인 남편 때문에 고생하는 한 여자가 있습니다. 그녀는 거의 항상 신경증이라는 탈출구를 찾습니다. 위안을 얻으려고 다른 남자를 사귀기에는 지나치게 겁이 많거나 도덕적인 경우, 어려움을 무릅쓰고 남편과 헤어질 정도로 강하지 못할 경우 신경증으로 도피합니다. 자기 힘으로 살아갈 수 없거나 더 나은 남자를 구할 수 있는 가능성이 없는 경우에도 신경증에 걸립니다. 또 성적인 목적 때문에 아직도 남편에게 매달린다면 신경증은 탈출구가 됩니다. 그녀는 의사를 찾아나섬으로써 자신에게 유리한 상황을 만듭니다. 외출도 할 수 있고, 결혼의 속박에서 잠시 벗어날 수도 있습니다.

그런데 질병의 이익에 관한 이런 설명은 자아 자체가 신경증을 원하고 만들어낸다는 것을 부정했던, 즉 수동적이라고 했던 저의 본래 주장과 모순되는 것처럼 보일 겁니다. 그러나 아마도 이것은 다음과 같은 의미일 것입니다. 즉 자아는 신경증을 막을 수 없는 상황에서 신경증을 그냥 견디고 있는 겁니다. 신경증 증상이 이익을 주는 한, 자아는 신경증을 긍정적으로 받아들일 것입니다. 그러나 이익만 주어지는 것이 아닙니다. 갈등을 줄이기 위해 자아는 비싼 대가를 치렀습니다. 증상에 수반하는 고통은 갈등의 고통만큼이나 큰 것이며, 보통 불쾌감은 더 늘어납니다. 자아는 증상 때문에 느끼는 이 불쾌감에서 벗어나고 싶지만 한편으로는 질병을 통해 얻는 이익을 포기할 생각도 없습니다. 결국 자아는 스스로 생각하는 만큼 능동적이지 못한 것입니다.

질병으로부터 얻는 이익은 과소평가해서도 안 되지만 이론적으로 지나치게 그 이익에 압도당해서도 안 됩니다. 이를 동물들의 지혜를 연상케 하는 비유로 설명해 보겠습니다. 한 아랍인이 깎아지른 듯한 산비탈 외길에서 낙타를 타고 가다가 성난 사자를 만났습니다. 아래는 낭떠러지이고 앞에는 굶주린 사자가 있는 상황에서 그는 옴짝달싹 못했습니다. 그러나 낙타는 달랐습니다. 낙타는 등에 탄 사람과 함께 낭떠러지로 뛰어내렸습니다. 이처럼 신경증이 주는 도움은 대체로 환자에게 조금도 유익하지 않습니다. 이는 증상을 통해서 갈등을 해소하는 것이 인생에 적절히 대처했다고 볼 수 없기 때문이기도 하고 인간이 자신의 가장 탁월하고 훌륭한 능력을 사용하는 것을 포기했기 때문입니다. 만약 할 수만 있다면, 사람은 운명과 명예롭게 싸워서 지는 편이 더 나을 겁니다.

여러분은 만일 제가 일반적 신경증에서부터 신경증론을 서술했다면, 아마도 신경증의 성적인 원인을 증명하기 어려웠을 것이라고 생각할지 모릅니다. 그러나 이른바 '실제 신경증'이라고 불리는, 일반적인 신경증의 형태들에서도 성생활이 병인으로 작용한다는 점은 관찰을 통해서 증명할 수 있습니다. 저는 이미 20년 전에 이것을 발견했으며, 당시에 이 문제를 탐구하면서 환자들에게 엄청난 반감을 샀습니다. 그러나 저는 이 문제를 탐구한 지 얼마 지나지 않아 이미 '정상적으로 성생활을 하는 경우 신경증이 발생하지 않는다.'는 결론을 제시할 수 있었습니다. 그리고 오늘날에도 비슷한 사례의 환자들을 다룬다면 동일한 결과가 나오리라는 것을 의심하지 않습니다.

그러나 당시 저는 모든 신경증 질환이 언제나 성생활에서 비롯되는 건 아니라는 사실도 알 수 있었습니다. 성적으로 문제가 있어서 병에 걸린 사람들도 있었지만 재산을 잃거나 신체적 질병으로 인해 신경증 질환을 앓을 수도 있습니다. 이 같은 다양한 경우들은 자아와 리비도 사이의 관계를 살펴봄으로써 파악할 수 있습니다. 어떤 사람이 신경증 질환에 걸리는 것은 그의 자아가 리비도를 받아들일 수 있는 능력을 잃었기 때문입니다. 자아가 강하면 강할수록 이것을 쉽게 해결할 수 있습니다. 어떤 이유에서든 자아가 약해지면 리비도의 요구가 엄청나게 늘어나는 것과 같은 효과가 있으며, 결국 신경증이라는 병에 걸리게 됩니다. 어떤 경로를 통해 병이 들건 모든 경우에 신경증 증상은 리비도에 반대되며, 이는 리비도의 비정상적인 사용을 보여줍니다.

실제 신경증은 세 가지 형식 '신경쇠약', '불안 신경증', '심기증(心氣症, hypochondria)'으로 구분됩니다. 실제 신경증이나 정신 신경증(이 신경증의 첫 번째 집단)인 전이 신경증에 관해 우리는 지금까지 자세히 다루었습니다. 모든 증상들은 리비도 때문에 발생하며, 결국 증상들은 리비도를 비정상적으로 사용하는 데서 오는 대리 만족입니다. 그러나 실제 신경증의 증상인 두통, 고통을 수반하는 감각, 특정 기관의 흥분 등은 그 어떤 심리적 의미도 없습니다. 그 증상들은 히스테리 증상들처럼 주로 신체에만 나타나며 그 자체가 신체의 물리적 과정입니다. 이 경우에는 우리가 거론했던 모든 복잡한 심리적 메커니즘들을 고려하지 않아도 됩니다. 그런가 하면 오랫동안 신체의 물리적 증상을 정신 신경증의 증상으로 여겼습니다. 그러나 신체의 증상들이 우리가 심리적 과정으로 받아들이고 있는 리비도의 사용 방식과 무슨 관련이 있을까요? 사람들은 심리학 이론들로는 결코 질병을 설명할 수 없다고 주장했습니다. 하지만 사람들은 성적인 기능이 순전히 심리적인 것도 아니며, 또 단순히 신체적인 현상도 아니라는 사실을 자주 잊습니다. 성 기능은 신체와 정신 활동 모두에 영향을 미칩니다.

신경증은 성적인 물질 대사 과정에 이상이 발생한 결과라고 볼 수 있습니다. 이 경우, 신경증이 성적 독소가 너무 많이 생겨서 이를 처리해 내지 못해서 생기는 것인가, 아니면 정신적으로 문제가 있어 이들 독소가 정상적으로 사용되지 못하여 생기는 것인가 하는 문제는 아무 상관이 없습니다. 사람들은 성적인 요구의 본성을 흔히 그처럼 독성과 연결시켜 표현해 왔습니다. 사랑을 '도취 상태'로 부르거나, 사랑에 빠지는 것을 '사랑의 묘약'을 마셨다고 표현하는 것이 그것입니다. 그러나 한편으로는 '성적 물질 대사'나 '성의 화학 작용'이라는 말은 별 내용이 없어보입니다. 우리는 이에 대해 아는 바가 없습니다. 그리고 우리가 '남성적'이거나 '여성적'인 것으로 불리는 두 가지 성 물질을 구분해서 말해야 하는지, 아니면 리비도의 모든 자극을 전달하는 물질로서 '단 하나'의 성적 독성 물질을 설정하는 것으로 만족해야 하는지 판단을 내릴 수 없습니다. 우리가 설립한 정신분석의학의 학설 체계는 사실상 상부 구조에 해당하며, 언젠가는 이를 뒷받침할 토대가 신체기관에 대한 이론을 통해서 제시되기를 바랍니다.

정신분석학을 학문으로 규정짓는 것은 다루고 있는 주제가 아니고 분석의 기술적 방식입니다. 정신분석학을 신경증론에 적용한 것처럼, 그 특징을 유지하면서도 문화사나 종교학 그리고 신화학 등에 적용할 수 있습니다. 정신분석은 정신 활동에서 무의식을 발견하는 작업이며 또 그런 의도만을 갖고 있습니다. 실제 신경증의 증상들은 확실히 직접적인 독성 물질의 나쁜 영향 때문에 발생하는 것으로 보이는데, 이 실제 신경증들의 문제가 정신분석학을 공격하는 구실이 될 수는 없습니다. 정신분석학은 실제 신경증을 규명하는 데 약간 기여한 것뿐이며, 그것을 규명하는 것은 생물학적이며 의학적인 연구의 과제입니다. 신경증에 대한 지식을 확보하는 것보다 중요한 것은, 여러분이 정신분석이 어떤 학문인가를 이해하는 것입니다.

스물다섯 번째 강의

공포와 불안

지난 강의에서 '불안'에 관해서는 특별히 언급하지 않았습니다. 대부분의 신경증 환자들은 불안을 호소하며, 불안이 가장 고통스럽다고 말합니다. 이제 이 불안에 대하여 자세하게 설명하도록 하겠습니다.

불안이라는 문제는 아주 다양하고 중요한 질문들이 서로 만나는 일종의 접합점입니다. 수수께끼와도 같은 불안이라는 문제는 모든 정신생활의 문제를 해결할 수 있는 열쇠를 쥐고 있습니다. 한편, 우리가 이 문제에 접근하는 방식은 대학의 의학 강의와는 다릅니다. 그들은 불안 상태에 이르는 해부학적인 과정에 관심을 가지지만, 불안을 심리학적으로 이해하는 과정에서 그처럼 자극을 전달하는 신경계에 대한 지식보다 무의미한 것은 없다고 봅니다.

일단, 신경증을 언급하지 않고도 불안을 다룰 수 있습니다. 제가 이 불안을 신경증적 불안과 대조적으로 '현실 불안'이라고 해도 여러분은 큰 어려움 없이 이해하실 것입니다. 현실적 불안은 외부의 위협에 대한 반응이며, 도망갈 때 나타나는 반사작용과 관련 있는 자기 보존 본능이 표현된 것으로 볼 수 있습니다. 불안이 어떤 상황에서 나타나는가는 자연히 외부 세계에 대한 우리의 지식 수준과 함께, 외부 세계를 제어할 수 있는 우리의 힘에 대한 자각에 달려 있습니다.

불안 그 자체가 합리적이거나 목적에 부합하는 것은 아닙니다. 위기에 처했을 때 목적에 부합되는 행동은 냉철한 판단 아래 '도망' 갈 것인지 공격할 것인지 결정하고 행동을 하는 것이지, '불안에 떠는' 것은 아닙니다. 불안은 우선 위험에 대비하는 상태입니다. 이것은 온 신경을 곤두세우고 운동 신경을 최대로 발휘하는 데서 나타납니다. 처음에는 도망가려고 하지만 더 높은 단계에서는 능동적 방어 태세를 취합니다. 그리고 다른 한편에서는 우리가 불안이라고 느끼는 상태가 나타납니다. 여기까지는 불안의 발달 과정 중 초기이며, 이것은 신호에 불과합니다. 불안에 대한 준비 태세가 거침없이 행동으로 바뀔수록 불안도 전체적으로 목적에 부합해 갑니다. 한 단계 위에서는 능동적 방어 태세가 갖추어집니다. 따라서 저는 불안에 대한 준비 태세는 목적에 부합하지만, 불안의 감정이 진행되는 과정은 목적과 반대되는 요인이라고 봅니다.

결국, 불안이라는 말은 여러 가지 뜻으로 쓰이며 모호하다는 것을 인정해야 합니다. 대개 사람들은 불안을 주관적인 상태로 이해하는데, '불안한 감정'이 극에 달했을 때 그것을 느끼기 때문입니다. 그렇다면 이 '감정'이란 무엇일까요? 불안한 감정은 여러 가지가 복합되어 있는 것으로 보입니다. 감정은 첫째, 특정한 운동 기관의 신경 자극이나 방출을 의미합니다. 둘째로 특정한 감각을 나타냅니다. 이 감각들에는 두 가지 유형이 있는데, 하나는 운동 행위에 대한 지각이며 다른 하나는 직접적인 즐거움이나 고통입니다. 이 즐거움이나 고통을 사람들은 느낌의 색깔이라고 합니다.

제가 지금까지 감정에 관해 언급한 것들은 정통 심리학에서 인정하는 것이 아니고 오직 정신분석에서 나온 것이며 이 토대에서만 통용됩니다. 불안이라는 감정은 인생 초기에 겪는 특별한 체험과 관련이 있습니다. 우리는 그것을 '출산 체험'이라 합니다. 출생과정에서는 신체적 고통, 분만 당시의 자극들이 통합되어 나타납니다. 이는 생명을 위협하는 모든 경우의 전형이 되며, 이후 불안상태로 우리들에게 되풀이되어 나타납니다. 출생 당시 혈액이 원활히 공급되지 않아 엄청난 자극을 받는데, 이는 불안의 원인이자 최초의 지독한 불안이기도 합니다. 우리는 엄마에게서 분리될 때 처음으로 불안을 느낀다는 것이 얼마나 중요한지 알아야 합니다. 물론 이 첫 불안이 반복되는 경향이 많은 세대를 거쳐 뿌리 깊게 박혀 있다는 것은 확실합니다.

 이제 신경증적 불안에 대해 이야기하기로 합시다. 이 불안은 모든 대상에 그대로 달라붙을 준비가 되어 있습니다. 우리는 이런 상황을 '기대 불안'이라고 부릅니다. 이런 종류의 불안을 느끼는 사람들은 모든 가능성들 중에서 항상 가장 끔찍한 경우를 예상합니다. 이들은 모든 우연을 불길한 조짐으로 해석하고, 모든 불확실성을 두려운 것으로 받아들입니다. 이처럼 불행을 예상하는 성향은 많은 사람에게서 나타나서 병적이라고 하기는 힘들지만, 그중에서도 유난히 두드러지는 기대 불안은 대체로 신경증 질환에 속합니다. 저는 이를 '불안 신경증'이라 부르며, 실제 신경증과 같은 것으로 분류합니다.

불안의 두 번째 요소는 심리적인 요인들과 관련이 있으며, 특정한 대상 및 상황들과 관련이 있습니다. 이는 매우 다양하고 특이한 형태로 나타나는 공포증입니다. 모든 것들이 이 공포의 대상이 될 수 있습니다. 어둠, 바깥 공기, 광장, 고양이, 벌레, 뱀, 쥐, 벼락, 날카로운 물건, 피, 폐쇄된 공간, 인파, 고독, 다리를 건너는 일, 배와 기차를 타는 일 등 다양합니다. 이런 복잡한 대상들은 세 가지 유형으로 구분할 수 있습니다.

첫 번째로 우리들이 뱀과 마주칠 때 꺼림칙한 것처럼, 인간이 갖는 보편적인 공포심입니다.

두 번째 공포심의 유형은 위험과 관련이 있기는 하지만 보통 사람들은 그것에 익숙해져 있어서 언제나 불안해하지는 않는 것입니다. 대부분의 상황 공포증이 이에 속합니다. 우리는 배가 가라앉거나 다리가 무너질 수도 있다고 생각합니다. 그러나 그런 일들은 아주 드물게 일어나므로 심각한 위험으로 생각하지 않습니다. 우리가 비정상이라고 생각하는 신경증 환자들의 공포증은 그 내용이 아니라 강도에 있습니다.

공포증의 세 번째 유형은 우리가 전혀 이해할 수 없는 것입니다. 만일 어떤 건장한 남자가 불안에 떨면서 익숙한 거리와 광장에 나가지 못하는 경우나 또 건강한 부인이 고양이가 자신의 치맛자락을 스쳐 지나가거나 쥐가 앞에서 지나가는 것을 보았다고 해서 정신을 놓을 정도로 불안에 빠질 경우, 어떻게 공포증과 실제로 존재하는 위험 사이에서 연관성을 찾아낼 수 있겠습니까? 특히 동물 공포증은 일반적인 공포증과는 거리가 멉니다. 애완동물을 끔찍이 사랑하는 사람들이 얼마나 많습니까? 그리고 거리 공포증이나 광장 공포증을 느끼는 남자들에 대해서 우리는 그가 마치 어린아이처럼 행동한다고밖에 말할 수 없습니다.

신경증적 불안의 세 번째 유형은 수수께끼처럼 보입니다. 왜냐하면 이 경우 불안과 위협적인 위험 사이의 연관성을 전혀 찾아볼 수 없기 때문입니다. 이것은 히스테리 증상들에 수반하는 히스테리성 불안이거나 감정적 조짐이 예상되는 흥분 상태에서 발생하는 불안입니다. 또는 거의 예상하지 못한 상황, 즉 주변에서 원인이나 위험을 찾을 수 없는데도 무작정 불안해하는 경우도 있습니다. 이러한 모든 불안은 강렬한 증상으로 나타날 수 있습니다. 경련, 현기증, 맥박 이상, 호흡 곤란 등이 대표적입니다.

위험과 아무 상관없거나 거의 상관없는 신경증적 불안을 어떻게 받아들여야 할까요? 임상적 관찰은 신경증적 불안을 이해할 수 있는 여러 가지 실마리를 줍니다. 이제 그것에 대해 여러분과 논의해 보고자 합니다.

(1) 기대 불안이나 일반적인 불안은 성생활의 특정 과정과 깊이 관련 있다는 사실을 쉽게 확인할 수 있습니다. 말하자면 리비도의 특정 형태와 관련 있습니다. 이런 유형은 일례로 성적 자극이 충분히 배출되지 못하고, 성적으로 만족하지 못하는 등 욕구불만을 느끼는 사람들에게서 나타납니다. 이들은 성행위를 만족스럽게 끝마치지 못하는 사람들입니다. 이런 상황에서는 리비도적 자극이 사라지고, 그 대신에 불안이 등장합니다. 임신 등에 대한 걱정 때문에 성행위를 제대로 못하는 상황이 계속될 경우 일반적으로 불안 신경증을 일으키는 원인이 될 수 있는데, 특히 여성의 경우가 더 심합니다. 따라서 잘못된 성생활을 그만둔 경우 불안 신경증도 사라지는 사례들을 무수히 관찰할 수 있습니다.

(2) 두 번째로는 히스테리와 같은 정신 신경증을 분석함으로써 힌트를 얻을 수 있습니다. 이러한 상태에서는 불안이 증상들과 함께 나타납니다. 그리고 환자들은 무엇을 두려워하고, 무엇이 그 두려움과 연관 있는지 말하지 못합니다. 불안이나 불안이 수반된 증상들을 분석해 보면, 어떤 정상적인 정신 과정이 빠져버리고 그 자리가 불안에 의해서 대체되었는지 알 수 있습니다. 이를 다르게 표현하면, 무의식적 과정이 마치 아무 억압도 받지 않은 듯 거침없이

의식의 영역으로 나아가는 과정과 같습니다. 놀랍게도 정상적인 과정을 밟고 있는 감정이 억압을 경험한 후에는 자신의 원래 성질과 상관없이 불안으로 대체된다는 것을 알아냈습니다.

(3) 강박 행위 때문에 힘들어하는 환자들은 특이하게도 불안을 전혀 느끼지 못하는 것처럼 보이는데, 세 번째는 이들에 관한 것입니다. 우리는 강박 행위로 불안을 감추고, 단지 불안을 피하기 위해서 강박 행위를 한다는 것을 압니다. 따라서 강박 신경증의 경우, 나타났어야 할 불안이 어떤 증상으로 대체되는 겁니다. 억압의 결과는 순수하게 불안만을 불러일으키거나 아니면 증상이 나타나면서 불안을 일으키거나, 또는 불안이 아예 없는 상태에서 더 완전한 증상이 나타날 수도 있습니다.

우리가 자주 내세우는 자아와 리비도의 대립이라는 측면에서 불안을 설명할 수도 있습니다. 불안은 자아가 위험에 대해 보이는 반응이며, 도피를 준비하고 있다는 신호입니다. 신경증적 불안의 경우에도 자아는 같은 식으로 도피하려고 하는데, 그것은 자기 내부에서 발생한 위험을 마치 외부에서 비롯된 것처럼 취급하며 자신의 리비도의 요구로부터 벗어나려는 것과 같습니다. 이러한 분석을 더 확대해서 적용해 볼 수 있습니다. 즉, 외부 위험에서 도망치려는 시도가 위험을 견뎌내고 방어하려는 태도로 대체될 수 있는 것처럼, 신경증적 불안은 불안을 묶어놓는 증상이 나타나는 것으로 대체됩니다. 그러나 불안이 발생하는 과정에서 어떠한 심리적 에너지들이 사용되는지, 그리고 어떠한 심리적 조직들에서 에너지가 분출되는지 명확하지 않습니다. 다만 우리는 어린아이에게 불안이 발생하는 과정을 통해서 신경증적 불안에 대해 좀 더 깊이 통찰할 수 있습니다.

어린아이의 불안은 아주 일반적이며, 신경증적 불안인지 현실적 불안인지를 판단하기 어렵습니다. 아이가 모든 낯선 사람들이나 새로운 상황, 사물들을 대할 때 놀라는 것을 우리는 당연하게 생각합니다. 이것은 그의 약함과 무지 때문이며, 이는 아이에게 현실 불안의 경향이 있음을 알려줍니다. 그러나 한편 모든 아이들이 동일하게 불안을 느끼지 않는다는 사실과 어떤 상황에 처했을 때 특히 수줍어하는 아이들은 나중에 신경증을 보이기 쉽다는 사실도 주목할 필요가 있습니다. 그리고 현실 불안의 조건들을 계속 연구하면, 자신의 무력함에 대한 의식이 성인기까지 지속되는 경우 이것이 신경증의 숨겨진 원인이라는 결론에 이릅니다.

어린이는 무엇보다 낯선 사람에 대해서 불안을 느낍니다. 이러한 불안은 낯선 대상의 강함과 자신의 약함을 비교해서 느끼는 구체적인 불안이라기보다는 단지 낯선 형상에 대해서 놀라는 것뿐입니다. 왜냐하면 어린이는 어머니와 같이 익숙하고 사랑하는 대상을 바라보는 데만 익숙해져 있기 때문입니다. 불안으로 변형된 것은 사실은 아이의 바람이 무너진 데서 오는 실망감입니다. 결국 사용할 수 없게 된 어린이의 리비도는 더 이상 멈출 수 없는 상태에서 불안으로 배출되는 겁니다. 모든 아이들이 불안을 느끼는 이 같은 전형적인 상황은 아기가 태어날 때 처음 느꼈던 불안, 즉 어머니에게서 분리되는 과정의 반복이며, 이것은 결코 우연이 아닙니다.

또 아이는 세상에 나올 때 거의 현실 불안을 가지고 있지 않은 것 같습니다. 왜냐하면 나중에 공포증의 대상이 되는 모든 것들, 즉 높은 곳이나 강물 위의 다리, 기차나 배를 타는 여행 등에 대해서 유아는 전혀 불안해하지 않기 때문입니다. 어린아이는 아직 위험에 대해 모르는 겁니다. 만일 어린아이에게 현실 불안이 나타난다면 그것은 교육의 결과입니다. 결국 유아기의 불안은 현실 불안과 거의 관련이 없지만, 성인들의 신경증적 불안과는 매우 가깝다는 결론을 도출할 수 있습니다.

스물여섯 번째 강의

전이

정신분석의 성패 여부는 치료의 가능성에 달려 있습니다. 따라서 치료에 관한 이야기를 하고 넘어가야 할 필요가 있습니다. 그러나 저는 여러분이 치료를 위해서 정신분석을 어떻게 사용하는지 그 기술을 배우고자 하는 것이 아니라는 것도 알고 있습니다. 여러분이 알고 싶어하는 것은 단지 정신분석학적 요법이 일반적으로 어떻게 작용하고, 대략 무엇을 해 낼 수 있는가입니다.

우리는 질병의 조건들에 관한 본질적 내용과 요인들을 알아냈습니다. 그렇다면 치료에 영향을 미치는 요소는 무엇일까요? 첫째로, 유전적 기질이 있습니다. 사실 유전적 기질은 다른 학문의 영역이기는 하지만, 이 요소를 과소평가하지는 않습니다. 우리가 이것을 바꿀 수는 없으므로 주어진 조건으로 받아들여야 합니다. 둘째로는, 유년기에 겪은 체험의 영향이 있습니다. 이는 과거의 경험이며, 우리가 되돌릴 수 없는 것입니다. 그리고 셋째로, 우리가 '현실적 좌절'이라 표현하는 모든 상황들이 있습니다. 여기에는 사랑의 결핍, 빈곤, 가정 불화, 잘못된 결혼, 엄격한 윤리적 기준과 불리한 사회적 조건 등 불행을 야기하는 모든 것들이 속합니다.

정신분석 요법은 모든 면을 개혁적으로 빨리 변화시키는 것이 아니라 시간이 많이 걸리고 오랜 노력을 기울여야 하는 것입니다. 만약 사회가 지나친 도덕적인 절제를 요구하여 환자가 박탈감을 느꼈다면, 그런 한계를 뛰어넘을 수 있도록 환자를 격려하거나 직접 지침을 줄 수도 있습니다. 그렇게 함으로써 환자는 사회가 강요하는 도덕에서 벗어나 만족을 느끼고 건강을 유지할 수도 있습니다. 성적으로 충분히 즐김으로써 건강해지도록 하는 겁니다.

한편 분석적 요법이 보편적 도덕을 거스른다고 주장할 수도 있습니다. 그러나 성적으로 문란한 것과 분석적 요법은 아무 상관이 없습니다. 우리는 이미 환자가 리비도적인 자극과 성적인 억압 사이에서, 즉 관능적인 경향과 금욕적인 경향 사이에서 심하게 갈등한다고 했습니다. 이 두 경향 중 하나가 상대방을 이기고 누르도록 도와준다고 해서 갈등이 사라지는 것은 아닙니다. 우리는 신경증 환자들에게 금욕적 경향이 우세하다는 것을 압니다. 그 결과 이런 억압된 성적 충동이 증상을 통해서 숨쉴 공간을 마련하는 겁니다. 갈등하는 두 힘들 중 하나는 전의식과 의식의 단계로 보내졌지만,

다른 힘은 무의식의 단계에 묶여 있는 상태입니다. 그래서 갈등은 결코 해결될 수 없는 것입니다. 만약 이 둘이 만난다면 실제로 결단을 내릴 수 있습니다. 이것을 이루는 것이 저는 치료 요법의 유일한 과제라고 생각합니다.

우리가 개혁가도 아니지만 성에 관한 사회적 관습이 옳다고 동의할 생각도 없습니다. 다시 말해 사회가 성생활을 통제하는 방식에 대해서 높이 평가할 수도 없습니다. 우리는 사회가 인륜이라고 정해 놓은 것이 지나친 희생을 요구하며, 그 과정에는 진실도 지혜도 없다고 봅니다. 따라서 우리는 환자들이 다른 문제뿐 아니라 성적인 문제에 대해서도 편견을 버리게 합니다. 그리고 치료가 끝났을 때 환자 스스로 성적 자유와 금욕 사이에서 적절한 입장을 택한다면, 우리는 우리의 치료의 성과에 대해 떳떳할 겁니다. 자기 자신에게 진실해지는 것을 성공적으로 배운 사람이 반인륜적 행위를 계속할 이유는 없습니다. 성적 좌절과 같은 상황은 리비도가 배출되지 못하고 적체되게 만들며, 오직 이런 경우에만 성행위와 같은 최소한의 노력을 통해서 병인이 되는 상황을 해결할 수 있습니다.

따라서 성적인 분방함은 정신분석의 치료 효과를 설명할 수 없습니다. 우리에게 필요한 것은 무의식을 의식으로 대체하고, 무의식을 의식으로 해석해 내는 일입니다. 무의식을 의식의 차원으로 끌어올림으로써 억압과 함께 증상이 나타나는 조건들을 없앨 수 있으며, 병인이 되는 갈등 역시 해결될 수 있는 정상적인 갈등으로 바꿀 수 있습니다. 물론 우리는 환자의 심리 상태만을 변화시킬 수 있습니다.

그러면 환자의 무의식을 의식으로 대체하기 위해 무엇을 해야 할까요? 우리는 처음에 이것이 아주 간단하다고 생각했지만, 근시안적인 오류였습니다. 만일 무의식과 관련하여 우리가 알고 있는 지식을 환자에게 알려주면 그는 그 지식으로 자신의 무의식을 '교체'하는 것이 아니라 그 '옆에' 가져다 놓습니다. 그러므로 변화되는 것은 거의 없습니다. 무의식은 기억 속에서, 억압에 의해 그것이 발생했던 곳에서 찾아야 합니다. 이 억압을 없앨 경우, 무의식을 의식으로 성공적으로 대체할 수 있습니다.

그러면 이제 억압을 어떻게 없앨 수 있을까요? 다음과 같은 방식이 가능합니다. 억압을 일단 들추어내서 환자에게 이야기해 주는 것입니다. 불쾌한 욕망을 억압하기 위해 나타난 리비도의 반격과 이 반격에 의해 발생하는 저항은 무의식이 아니라 자아에서 벌어집니다. 따라서 이 억압을 무의식이 아니라 자아에서 깨뜨리고자 합니다. 이런 식으로 저항과 리비도의 반격이 사라질 것으로 기대하는데, 이는 해석을 통해서 자아가 동일한 사태를 인식하게 만들 때 가능합니다. 이런 경우 어떤 힘들을 이용해야 할까요? 첫째로 건강해지고 싶어하는 환자의 노력을 들 수 있으며, 이 노력이 환자가 우리와 함께 치료 과정에 잘 참여하게 만듭니다. 둘째로 해석을 통해서 환자의 지성의 도움을 받아야 합니다. 환자의 지성을 통해서 저항을 더욱 쉽게 찾아내고, 무의식의 언어로 번역된 억압도 더 쉽게 발견할 수 있습니다. 처음 현미경을 보는 학생은 선생님의 지도를 받아야 합니다. 그렇지 않으면 현미경 속에 보이는 것이 무엇인지도 제대로 알지 못합니다.

히스테리, 불안, 강박 신경증들과 같은 수많은 신경증 질환들에도 우리의 전제는 들어맞습니다. 이 같은 방식으로 억압을 밝히거나 저항을 발견 · 해석한 후 그러한 것들을 제거하고 무의식을 의식으로 전환시키는 것입니다. 그러나 이와 같은 노력으로도 치료 요법이 전혀 효과를 거둘 수 없는 집단이 있습니다. 편집증, 우울증, 조발성 치매 환자들은 전반적으로 다룰 수 없으며, 정신분석으로 치료할 수 있는 대상이 아닙니다. 우리는 이들의 저항이나 억압을 제거하지 못합니다. 이쯤에서 다른 신경증 환자들에게서 성과를 거둔 그 모든 조건들을 우리가 제대로 이해했는지 의심이 들 만도 합니다.

다시 히스테리 환자들과 강박 신경증 환자들에게로 돌아가 봅시다. 이들에게서 예견하지 못했던 전혀 새로운 현상을 발견할 수 있습니다. 고통에서 벗어나는 일에만 신경을 쓰던 환자가 한 인간으로서 의사에게 아주 특이한 관심을 보이기 시작합니다. 환자는 어떤 때는 자기 자신보다 의사에 관한 일을 더 중요하게 생각하기도 하며, 결국 환자는 자신이 아프다는 사실을 잊기도 합니다. 그리고 더욱 상냥해지며, 의사에게 극도의 존경심을 표합니다. 또 의사는 환자의 친지들에게 끝없는 칭찬을 듣게 됩니다. 그러나 이러한 가운데서도 조금 더 날카로운 의견이 나옵니다. 즉 환자가 다른 모든 일에는 무관심하며 오로지 의사에 관한 이야기만 해서 주위 사람들이 지겨워할 정도라는 겁니다.

치료가 진행됨에 따라 환자는 자신의 교양이 놀라울 정도로 넓어지고 해방되는 체험을 합니다. 세상에서 그처럼 뜨거운 논쟁을 불러일으켰던 새로운 심리학적 사실들도 환자는 기꺼이 수용하면서 만족해합니다. 그러나 언제나 이처럼 좋은 날씨만 바랄 수는 없습니다. 궂은 날이 오게 마련입니다. 환자는 이제 더 이상 아무 생각이 떠오르지 않는다고 말합니다. 환자는 마치 자신이 치료를 받고 있지 않는 것처럼 행동하며 의사와 했던 약속도 없었던 것처럼 굽니다. 도대체 무슨 일이 일어난 것일까요?

환자가 강렬하고 애정 어린 감정들을 의사에게 전이시킴으로써 장애가 발생한 겁니다. 치료 과정에서 의사가 취하는 태도나 치료 과정에서 만들어진 관계 때문에 그런 일이 일어나는 것은 아닙니다. 그보다는 두 당사자들 사이의 개인적 관계 때문에 발생합니다. 만약 젊은 여자 환자라면 젊은 의사에게 치료받는 과정에서 연정을 품을 수도 있습니다. 젊은 처녀가 젊은 남자와 단둘이 오랜 시간을 보내면서 자신보다 우월한 위치에서 도움을 베푸는 남자에게 연정을 품는 것은 어쩌면 당연한 일인지도 모릅니다. 그리고 조금 더 기이한 감정적 관계들이 형성될 수 있습니다. 예를 들면, 불행한 결혼 생활을 하던 여인이 독신인 의사를 열렬히 좋아하게 되면 이혼을 하거나 비밀스러운 연애를 하려 들 수 있습니다. 이들은 오직 사랑을 통해서만 건강해질 수 있다는 것을 알고 있었다고 말합니다. 치료 초기부터 이들은 그런 희망 때문에 치료의 어려움을 극복하고 있다고 말합니다. 그러나 이러한 상황은 우리의 예상을 뒤엎는 것입니다. 이러한 경험이 많아질수록 우리의 성과를 수정해야 할지도 모릅니다. 그러나 만약 환자가 의사에게 그런 애정을 품는 일이 일관되게 모든 새로운 사례들에서 발견된다면, 그리고 전혀 그런 일이 일어나리라고는 예측할 수 없는 상황에서도 되풀이된다면, 우리는 이것을 치료에 끼어든 우연한 방해로만 볼 수는 없습니다. 이것은 질병의 본질과 아주 밀접한 하나의 현상이라는 것을 인식하게 됩니다.

결국 우리가 인정하기를 꺼려했던 이 같은 사태는 '전이(轉移, transference)'라고 불립니다. 의사라는 한 개인에게 감정이 전이된다는 뜻입니다. 왜냐하면 치료 상황이 그런 감정들을 발생시킨다고 보지 않기 때문입니다. 오히려 우리는 환자의 그런 감정 상태가 다른 곳에서 시작되었으며, 환자의 마음속에 있다가 분석적 치료를 받게 되자 바로 의사에게 전이되었던 것으로 봅니다. 전이는 열렬한 사랑을 요구하는 형태로 또는 좀 더 온건한 형태로 나타나기도 합니다. 어린 처녀라면 연인 대신에 의사가 자신을 사랑하는 딸로서 받아주기를 바라는 욕구가 나타날 수도 있습니다. 그런 경우 리비도적인 충동은 완화되고, 이상적이며 정신적인 우정 관계를 맺자고 제안하는 형태로 나타날 수 있습니다. 이러한 감정의 전이를 승화시켜 합리적인 수준으로 바꿀 줄 아는 여자들도 있지만, 다른 여자들은 세련되지 못한, 그리고 대개는 이루어질 수 없는 방식으로 표출합니다. 그러나 이러한 전이는 근본적으로 항상 같은 것이며, 그 근원 또한 같습니다.

그렇다면 남자 환자들의 경우는 어떨까요? 남자 환자들도 여자들과 크게 다를 바가 없습니다. 의사에게 집착한다거나 의사의 장점들을 과대평가하는 것들은 모두 같습니다. 남자와 남자 사이에는 전이가 훨씬 더 승화되어 나타나므로, 직접적인 성적 요구는 드뭅니다. 의사는 전이의 한 형식이 여자 환자보다 남자 환자에게서 더 자주 나타나는 것을 볼 수 있습니다. 이는 지금까지 서술했던 내용과는 반대되는 것처럼 보이는, 적대적이거나 '부정적인' 전이입니다.

치료 초기에 전이를 감지하는 것이 어렵기는 하지만, 전이가 환자의 분석에 좋은 영향을 미치는 한 그것에 대해 염려할 필요는 없습니다. 전이가 저항으로 전환될 경우, 우리는 이를 주목해야 합니다. 다음 두 가지 상반된 조건들이 치료에 대한 그들의 관계를 바꾸었다는 것을 발견하게 됩니다. 첫째, 애정의 감정이 지나치게 표출될 경우, 환자의 내부에서 저항이 일어날 만큼 강한 성적인 욕구에서 전이가 비롯되었다는 증거가 드러납니다. 둘째, 전이는 애정이 아닌 적대적 충동에서도 일어날 수 있습니다. 적대감은 대체로 애정보다 늦게 등장하고 애정에 뒤이어 나타납니다. 적대감은 애정과 마찬가지로 감정적인 집착을 암시합니다. 강력한 저항이 종속을 의미하는 것처럼, 적대감 또한 감정의 순응을 의미합니다. 의사에 대한 적대감을 전이로 취급하는 데는 이론의 여지가 없습니다. 왜냐하면 치료 자체는 적대감을 발생시킬 만한 충분한 이유가 안 되기 때문입니다.

우리가 전이에서 비롯된 환자의 요구 사항들을 들어줄 필요는 없습니다. 물론 그런 요구들에 화를 낼 필요도 없습니다. 환자의 감정들이 현재의 상황이나 의사 개인 때문에 발생한 것이 아니라, 이미 오래전에 나타났던 것이 반복되는 것뿐이라는 사실을 환자에게 입증해 보임으로써 전이를 극복할 수 있습니다. 애정이든 적대감이든 관계없이 치료에 장애가 되었던 전이가 바로 효과적인 치료 수단이 되어 정신 활동의 잠긴 부분을 여는 데 기여하게 만들어야 합니다.

여기서 한 가지 덧붙이겠습니다. 우리가 분석하는 환자의 질병은 마치 살아 있는 생물처럼 계속 성장하며, 치료가 시작되었다고 해서 멈추는 것이 아닙니다. 그러나 치료를 위해 환자를 받아들인 다음부터는 병의 새로운 결과는 오로지 의사와의 관계에만 집중됩니다. 전이는 이렇게 해서 나무의 목질(木質)과 표피 사이에 있는 형성층과 비교될 수 있습니다. 이 형성층에서 새로운 조직들이 생겨나고 나무둥치가 두꺼워집니다. 더 이상 환자의 예전 질병이 문제가 아니라, 이를 대신해서 새롭게 형성된 변화된 신경증이 문제가 됩니다.

이처럼 전이가 히스테리, 불안 신경증, 강박 신경증의 치료에 절대적으로 중요하기 때문에 이들을 총칭하여 전이 신경증으로 불러야 합니다. 억압된 자극은 이런 신경증에서 증상으로 나타나며 리비도적인 특성을 여지없이 드러냅니다. 리비도적인 만족을 대신하는 증상의 의미에 대해서 우리가 확신할 수 있었던 것은 바로 이러한 전이의 정의를 확인한 다음부터였습니다.

스물일곱 번째 강의

분석 요법

정신분석 요법의 효과는 본질적으로 감정의 전이, 즉 암시에 달려 있다고 말할 수 있습니다. 그렇다면 여러분은 정신분석이 왜 직접적인 암시를 사용하지 않는지 궁금하지 않나요? 직접적인 암시는 증상이 나타나는 것을 막는 암시이며, 환자의 힘과 병의 동기 사이에서 벌어지는 투쟁을 의미합니다. 이 과정에서 직접적인 암시는 그 동기에는 주의를 기울이지 않고, 환자가 증상을 통해서 표현하지 못하게 막을 뿐입니다. 직접적인 암시(최면)를 사용했던 대표적인 의사인 베르넹은 그 특유의 통찰력을 가지고, 암시는 최면의 기초가 되는 필수적 현상이며, 최면 자체는 암시의 결과이며 암시된 상태라고 주장했습니다. 이 문제와 관련한 저의 경험담을 이야기해 보겠습니다.

저는 과거에 베르넹의 제자였으며, 암시와 관련한 그의 책을 독일어로 번역하기도 했습니다. 저는 여러 해에 걸쳐 최면술 요법을 익혔습니다. 베르넹의 방법은 분석적 방법보다 효과가 빠르고, 환자도 불편해하지 않는 것처럼 보였습니다. 그러나 장기적으로 볼 때 그 방법은 의사에게 단조롭게 보였습니다. 모든 사례들에 동일한 방법이 적용되었습니다. 즉 상이한 증상들의 의미나 내용이 무엇인지는 밝혀내지 못한 채 항상 같은 방법을 통해서 증상을 사라지게만 하면 그만이었습니다. 그것은 과학적이라기보다는 마술이나 주술과 같았습니다. 다음으로, 최면 요법은 신뢰하기 어려운 점이 있습니다. 어떤 사람에게는 듣지만 다른 사람에게는 전혀 통하지 않습니다. 그런데 그 이유도 전혀 모릅니다. 이러한 변덕스러움보다 더 나쁜 것은 치료의 효과가 지속적이지 못하다는 점입니다. 환자는 일정 기간이 지나면 같은 고통을 겪거나 새로운 고통을 겪게 됩니다. 간혹 완전하고 지속적인 성과를 거둔 적이 있기는 하지만 그러한 좋은 결과가 나온 조건들이 무엇인지는 알지 못합니다.

그러면 최면의 암시와 정신분석적 암시는 어떻게 다를까요? 최면 요법은 정신 활동 속에 있는 것을 감추고 덮어둡니다. 분석적 요법은 바로 그것을 드러내보이고 없애려 합니다. 전자를 화장술에 비교한다면 후자는 외과수술에 비교할 수 있습니다. 최면 요법은 증상이 나타나는 것을 막기 위해 암시를 사용하고 억압을 강화

합니다. 그러나 증상 발전으로 이어지는 그 밖의 과정들은 그대로 남아 있습니다. 분석 요법은 증상을 유발한 갈등에 이르기까지 병의 근원을 추적해 들어갑니다. 최면 요법은 환자를 활동적이지 않고 변화되지 않은 채로 내버려둡니다. 그렇기 때문에 질병의 새로운 계기가 생길 때마다 저항하지 못합니다. 반면에 분석적 치료를 위해서는 의사나 환자나 모두 열심히 노력해야만 합니다. 이러한 노력을 통해서 내적 저항들이 제거됩니다. 이런 저항들을 극복함으로써 환자의 정신 활동은 계속 발전하고 새로운 질병에 걸리지 않도록 자신을 지킬 수도 있습니다. 이처럼 질병을 극복하도록 하는 것이 분석적 치료의 핵심이며, 이는 환자 자신이 성취해야 합니다. 그리고 의사는 마치 학생을 교육하듯이, 암시의 도움을 받아 환자가 그런 작업을 하도록 도와줍니다. 그러므로 정신분석을 가리켜 일종의 '재교육'과 같다고 하는 것은 근거 있는 말입니다.

이제 치료와 관련하여 리비도 이론을 빌려서 설명해 보도록 하겠습니다. 신경증 환자들은 즐거움도 느끼지 못하며 일을 할 수도 없습니다. 그 이유는 첫째, 그의 리비도가 어떤 현실적인 대상을 향하지 않기 때문입니다. 둘째, 엄청난 에너지로 리비도를 계속 억압해야 하고, 리비도의 공격에 대비해 자신을 무장해야 하기 때문입니다. 만약 자아와 리비도 사이의 갈등이 끝나서 자아가 다시 리비도를 장악할 수 있다면 그는 다시 건강해질 수 있습니다. 치료의 과제는 결국 리비도가 자아에서 분리되어 묶여 있는 상태에서 벗어나서 다시 자아를 위해 일할 수 있도록 만드는 데 있습니다. 그렇다면 신경증 환자의 리비도는 어디에 있을까요? 그것은 찾기 쉽습니다. 리비도는 바로 증상들에 묶여 있으며, 이 증상들은 당시 유일하게 얻을 수 있는 대리 만족입니다. 따라서 우리는 증상을 장악하고 없애야 하며, 이는 바로 환자들이 우리에게 요구하는 것이기도 합니다. 증상을 없애기 위해서는 그 기원을 찾아 거슬러 올라가야 하며, 그 증상을 불러일으킨 갈등을 새롭게 부각시켜야 합니다. 억압 과정을 이처럼 교정하는 것은 그 원인이 되었던 과정에 대한 기억의 흔적을 따라감으로써만 할 수 있으며, 이 작업에서 가장 중요한 부분은 의사와의 관계에서 전이를 통해 과거의 갈등을 새롭게 만들어내는 겁니다. 이런 관계에서 환자는 과거에 했던 대로 행동하려고 합니다. 하지만 의사는 환자가 그의 모든 정신적 힘을 발휘해서 갈등에 대해 다른 결정을 내리도록 요구합니다. 전이는 결국 서로 싸우고 있는 힘들의 전투장이 됩니다.

모든 리비도는 의사와의 관계에 집중됩니다. 여기서 리비도의 증상들은 어쩔 수 없이 완전히 드러나게 됩니다. 환자가 처음 갖고 있던 장애 대신에 전이된 인위적인 장애가 등장합니다. 즉 아주 다양하고 비현실적인 리비도의 대상들을 대신해서 의사가 공상적인 대상으로 다시 등장하는 겁니다.

치료 과정은 두 단계로 나눌 수 있습니다. 첫 번째 단계에서는 모든 리비도가 증상에서 벗어나 전이를 향해 집중됩니다. 두 번째 단계는 이 새로운 대상을 둘러싼 투쟁의 과정이며, 리비도는 이 대상에서 놓여납니다. 한편 치료는 리비도가 운동 능력이 부족하기 때문에 한계에 부딪힐 수도 있습니다. 리비도가 자신의 대상에서 벗어나려 하지 않는 겁니다. 치료의 또 다른 장애 요인은 대상 전이가 어느 정도 이상으로는 진전되지 못하도록 방해하는 강한 나르시시즘[자신의 신체나 정신 요소가 리비도의 대상이 되는 것, 즉 자기 자신에게 리비도가 집중되어 있는 상태 – 역주]에 있습니다.

결론적으로 다음과 같이 치유의 역동적 과정을 설명할 수 있을 것입니다. 즉 우리는 전이 과정에서 리비도의 한 부분을 우리 쪽으로 끌어당김으로써 자아를 벗어난 리비도 전체를 집결시킬 수 있습니다.

리비도 이론의 관점에서 마지막으로 꿈에 대해 이야기해 보겠습니다. 신경증 환자들의 꿈은 실수 행위나 자유연상처럼 증상의 의미를 알아내고, 리비도가 어떤 성질을 갖고 있는지 알아내도록 돕습니다. 꿈은 소망 충족이라는 형태로 나타나서 어떤 소망 충동이 억압되어 있는지를 우리에게 보여줍니다. 또 꿈은 자아로부터 벗어난 리비도가 어떤 대상들에 집착해 왔는지 보여줍니다. 따라서 꿈을 해석하는 일은 정신분석적 치료에서 중요한 역할을 합니다. 꿈을 연구함으로써 자아에서 벗어나 있던 리비도적인 억압된 무의식을 가장 쉽게 알아낼 수 있습니다.

우리는 신경증 환자들의 꿈과 증상 사이의 관련성을 추적해서 얻어낸 결론들을 건강한 사람들에게도 적용할 수 있다고 여깁니다. 결국 신경증과 건강한 상태의 차이는 오직 낮 동안에만 적용되며, 꿈의 활동에까지는 적용되지 않는다고 봅니다. 건강한 사람도 증상이 나타날 수 있는 요인을 가지고 있음을 부정할 수 없습니다. 그리고 우리는 건강한 사람도 억압을 사용하며, 그러한 충동을 통제하기 어렵다는 것, 그의 무의식도 억압된 충동을 감추지만 여전히 에너지를 갖고 있다는 것, 그리고 '그의 리비도의 한 부분이 자아의 통제에서 벗어났다.'는 것 등의 결론을 내릴 수밖에 없습니다. 다시 말해, 건강한 사람도 잠재적인 신경증 환자라는 점입니다. 그리고 꿈은 그가 나타내는 유일한 증상입니다. 결국 차이는 그가 충분히 인생을 즐기고 생활을 유지할 수 있는 능력이 있느냐의 여부에 달린 겁니다. 그 차이는 아마도 자유롭게 남아 있는 심리 에너지의 양과 억압에 묶여 있는 에너지의 양 사이의 상대적 관계로 바꿔 말할 수 있을 겁니다.

우리의 강의는 이제 종착역을 얼마 남겨놓지 않았습니다. 정신분석학을 향한 공개적 반론은 학술회의에서 거듭 제기되고 있고, 동료 의사들에게도 위협을 받고 있습니다. 그들은 분석적 방법의 실패 사례나 해악을 거론하며 정신분석학이 가치가 없다고 주장합니다. 분석적 치료는 아시다시피 아직 역사가 짧습니다. 분석적 치료 기술을 확립할 수 있을 때까지는 오랜 시간이 필요할 수밖에 없습니다.

분석적 치료 과정에서 시도했던 많은 방법들이 초창기 몇 해 동안은 실패로 끝났는데, 그 이유는 분석의 방법을 전혀 적용할 수 없는 사례들을 대상으로 했기 때문입니다. 한참 진행된 편집증이나 조발성 치매는 치료되지 않는다는 사실을 우리는 처음에 몰랐습니다. 그러나 이 실패 사례들은 의사의 잘못이나 적절치 못했던 대상들 때문이 아니라, 외부 조건들이 적절치 못했기 때문이었습니다. 우리의 관심은 오로지 환자의 내적 저항에 관한 것들뿐이었습니다. 분석과 관련한 외적 저항들은 환자의 주변 환경에 의해서 생겨나는데, 이는 별로 이론적 관심의 대상은 아니었지만 실제로는 대단히 중요한 것들입니다. 정신분석적 치료는 외과수술과 같습니다. 적절한 공간과 충분한 조명, 보조 인력 등 필수적인 조건이 갖추어져야 하고, 환자의 친지들이 수술실에 들어오지 못하게 하는 등의 조치가 뒤따라야 합니다. 정신분석적 치료에서 환자의 가족들이 끼어드는 것은 특히 위험합니다. 그리고 의사는 환자의 친지들과 공조 체제를 유지하려 해도 안 됩니다. 왜냐하면 그럴 경우 의사는 환자에게서 신뢰를 잃을 수도 있기 때문입니다. 환자는 자신이 신뢰하는 의사가, 다른 사람이 아닌 바로 자신의 편에 서기를 바랍니다.

의사로서 환자를 배려해야 했기에 난처한 상황에 빠질 수밖에 없었던 제 경험을 들려드리겠습니다. 저는 여러 해 전에 한 젊은 처녀를 분석 요법으로 치료했습니다. 이 처녀는 이미 오래전부터 불안감에 사로잡혀 거리에도 나가지 못하고 집에서도 혼자 있지를 못했습니다. 그녀는 집안끼리 알고 지내는 어떤 부유한 남자와 자신의 어머니의 성관계를 우연히 목격함으로써 불안감이 생겨났다고 고백했습니다. 그녀는 교묘하게도 불안감을 핑계로 어머니의 외출을 가로막고, 어머니가 자신을 혼자 내버려둬서는 안 된다고 고집했습니다. 그리고 정신 요법을 받으면서 저에게 말했던 내용을 어머니에게도 넌지시 흘렸습니다. 그 어머니도 과거에 신경증에 걸린 적이 있었지만 몇 년 전에 한 수치료법(水治療法) 요양원에 다니면서 치유되었습니다. 여러 가지 정황으로 볼 때 바로 이 요양원에서 문제의 남자를 알게 된 것 같습니다. 결국 딸이 자신의 은밀하고 즐거운 만남을 방해한다고 판단한 어머니는 이 해로운 분석적 치료를 더 이상 딸이 받지 못하게 결단을 내렸습니다. 그녀는 신경증 요양소로 보내졌고 몇 년 동안 '정신분석 요법의 불쌍한 희생자'로 알려지게 되었습니다. 그리고 치료가 나쁜 결과를 낳았다는, 저에 대한 험담으로 이어졌습니다. 저는 의사로서 환자의 사생활을 보호해야 한다는 의무감 때문에 계속 침묵을 지켰습니다. 결국 비밀 아닌 비밀 때문에 치료가 희생되었던 겁니다.

실패로 끝난 치료 사례들의 대부분이 외부 장애 요소 때문이었다고 하더라도, 이런 상황에서는 정신분석의 치료 효과 자체에 대한 전망도 불투명한 것이 아닐까 하는 의구심도 듭니다. 이와 관련하여 정신분석에 호의를 보이는 사람들은 우리에게, 실패 사례와 성공 사례의 통계를 제시하여 그런 비난에 맞서야 한다고 충고합니다. 그러나 그런 통계는 비교할 수 있는 성질의 것이 아니며 많은 면에서 근본적으로 다르다면 별로 가치가 없다고 생각합니다.

 가장 큰 장애물은 사람들이 치료 요법과 관련하여 전적으로 불합리하게 행동한다는 사실을 잘 알고 있기 때문이며, 그 결과 합리적으로 그들에게 영향력을 행사할 수 있는 가망이 없기 때문입니다. 일반적으로 사람들은 새로운 치료 요법이 등장하면, 코흐(Koch)가 결핵의 처방약으로 투베르쿨린을 최초로 공개했을 때처럼 열렬하게 환영하거나, 아니면 실제로는 신의 은총과도 같은 획기적인 제너(Jenner)의 면역 요법에 적대자들이 반응하는 것처럼 한없는 불신을 보낼 수도 있습니다. 정신분석학에 대해 분명히 선입견이 있습니다. 심각한 사례를 치료할 경우, 우리는 이런 소리를 듣게 됩니다. "이것은 아무 증거도 없어. 그 사람은 시간이 지나면 원래 저절로 낫게 되어 있었어." 선입견에 대해서 우리는 무기력합니다. 또 다시 여러분은 전쟁 중에 한 집단이 다른 집단에게 보이는 광기와 같은 선입견과 마주하게 되는 겁니다. 가장 현명한 방법은 그런 선입견들이 저절로 사라지도록 기다리면서 시간에 맡기는 것입니다.

여러분, 저의 강의도 이제 막바지에 이르렀습니다. 제 강의의 부족한 부분 때문에 기분이 가라앉는다고 말하는 것이 그저 입바른 소리는 아닙니다. 무엇보다 유감스러운 것은, 제가 짧게 언급한 내용을 다른 곳에서 자세하게 거론하겠다고 약속해 놓고는 그것을 지키지 못한 경우입니다. 아직 미완성으로 현재 진행하고 있는 사안에 대해 보고를 하기도 했습니다. 저는 여러분을 전문가로 만들고자 한 것이 아니고 단지 여러분에게 정신분석학을 이해시키고, 자극을 주고 싶었습니다.

freud
Vorlesungen zur Einführung
in die Psychoanalyse

부록

- 정신분석의 역사를 만들어온 **프로이트의 반대자들과 지지자들**
- **프로이트 연보**

정신분석의 역사를 만들어온

프로이트의 반대자들과 지지자들

프로이트의 이론에 동조했거나 반대했던 이들은 다양한 이론과 논쟁으로 정신분석의 역사를 만들어왔다. 흥미로운 점은 지지자들보다는 반대자들이 학문적 지명도도 높았고 눈에 띄는 성과를 거두었다는 것이다. 정신분석에 대해 자세히 더 알고 싶다면 이 주요 반대자들과 지지자들의 저서들이 도움이 될 것이다.

정신분석의 역사는 좌절과 도전의 역사라 할 만하다. 이론 및 치료법에 관한 논쟁으로 얼룩져 있으며, 이러한 논쟁은 곧잘 능력을 겨루는 경쟁이 되고는 했다. 정신분석 이론은 그 다양성을 통해 더욱 단단해졌지만, 일부는 이론이나 치료 면에서 프로이트의 중심 이론과는 거리가 먼 연구를 했다. 이들은 정신분석 이론과 결별하거나 배척당한 이들이었다. 바로 이 반대자들의 움직임이 역으로 프로이트의 지지자들로 구성된 '비밀 위원회The Secret Committee'가 창단되는 계기가 되었다.

국제정신분석학회 참가자들, 독일 바이마르, 1911년

프로이트와 비밀 위원회
랑크, 아브라함, 아이팅곤, 존스, 프로이트, 페렌치, 작스(왼쪽 위부터)

프로이트의 변함없는 **지지자들, 비밀 위원회**

프로이트가 협력자들과 연구를 시작하는 순간부터 반대자들도 나타났다. 초창기에는 열렬한 지지를 보냈던 이들도 나중에는 프로이트가 일궈낸 정신분석 이론을 반대하고 나섰으며, 나아가 '개인 심리학individual psychology'의 알프레트 아들러나 '분석 심리학analytical psychology'의 칼 융처럼 스스로 학파를 세우기까지 했다.

프로이트의 노선에서 처음으로 뛰쳐나온 아들러나 스테켈, 융의 활동은 어니스트 존스가 프로이트를 위한 변치 않는 수호자Old Guard 역할을 하는 모임, '비밀 위원회'를 결성하게 만들었다.

변치 않는 수호자를 결성하자는 제안은 1912년 처음 나왔고, 같은 해 7월 30일에 존스는 이 제안을 프로이트에게 밝히고 허락을 받았다. 이 모임에는 존스와 페렌치 외에도 오토 랑크, 한스 작스, 그리고 칼 아브라함이 참여했으며, 1919년 막스 아이팅곤이 합류해서 모두 여섯 명으로 구성된다. 이 지지자들의 모임은 창립 후 20년이 지나 해체된다.

어니스트 존스 Ernest Jones, 1879~1958

존스는 개인적으로뿐만 아니라 지리적으로도 프로이트와 가장 멀었을 것이다. 그러나 역설적이게도 프로이트의 추종자들 중 가장 믿음직하고 돈독했다. 나치즘이 기승을 부려 프로이트가 말년에 오스트리아를 떠날 때도 그를 지켜주었다. 또 동료들이 모두 죽은 다음에도 정신분석이 영향력을 잃지 않도록 헌신적으로 일했다.

영국 웨일스에서 태어난 존스는 의학과 신경학을 공부하다가 1903년 프로이트의 이론에 눈을 돌리게 된다. 그는 곧바로 이 새로운 이론에 빠져들었고, 이를 자신의 연구에 적용할 방법을 찾았다. 1908년 잘츠부르크에서 열렸던 첫 번째 정신분석 회의에 참석하여 프로이트를 만났고 자신의 첫 번째 논문을 보여주었다. 1908년 말경에 캐나다 토론토에 정착했고, 이후 4년 동안 캐나다와 미국에 프로이트의 이론을 전파했으며, 특히 미국에서는 정신분석과 관련된 조직을 만들고자 노력했다.

이후 런던에 정착해서 여생을 프로이트의 업적을 관리하는 일로 보내며, 프로이트의 전기들 중 가장 뛰어난 하나를 남긴다. 주요 저서로는 『프로이트의 일생과 저작The Life and Work of Sigmund Freud』(1953~1957), 그의 자서전 『자유연상Free Associations』(1959)이 있으며, 이 외에도 프로이트의 이론을 꾸준히 영어로 번역하였다.

샨도르 페렌치 Sándor Ferenczi, 1873~1933

헝가리 출신의 페렌치는 미지의 영역을 탐구하는 것을 무시하지 않는, 섬세하고 빛나는 품성의 인물이었다. 빈에서 의학 과정을 이수한 후, 왕립 정신과 의사가 되기 전까지는 신경의학자로 활동했다. 부다페스트에 자리 잡은 후 1908년 동료를 통해 프로이트를 처음 만난다. 초창기 그룹 내에서도 페렌치는 정신분석 결과 고통의 궁극적 근원에 더욱 주목해야 한다고 주장했다. 이런 관점에서 전형적 분석법의 고된 작업보다는 고통의 원인에 직접 초점을 맞추는 간단한 작업으로 신경증을 치료할 수 있다고 결론 내린다. 즉 프로이트가 강조했던 오이디푸스 콤플렉스보다는 분리라는 충격을 처음 겪게 되는 '출생 후 외상'에 초점을 맞춰야 한다고 보았다. 이러한 주장은 그의 책 『출생 후 외상The Trauma of Birth』(1924)에 잘 나타나 있다.

한스 작스 Hanns Sachs, 1881~1947

작스는 유대인 변호사 집안에서 태어나, 1904년 빈 대학에서 법률 공부를 마치고 변호사로 일하기 시작했다. 같은 해 프로이트의 『꿈의 해석』(1900)을 읽고 강한 인상을 받았고, 이것은 결국 그의 삶에서 결정적 경험이 된다. 이후 프로이트와 연락하며 진가를 인정받은 그는 빈 정신분석학회의 '수요일 밤의 토론회'에서 중요한 인물이 된다. 또한 정신분석의 수호자 역할을 맡은 '비밀 위원회'에 초대받는다.

작스는 정신분석의 역사에서 사려 깊은 역할을 했고, 프로이트에게 변함없는 우정과 충성심을 보였다. 프로이트의 그룹과 함께한 인물로서는 처음으로 의학계 출신이 아니었으며, 문학적이며 예술적 재능이 있었다.

작스는 랑크와 함께, 응용 정신분석에 초점을 맞춰 발간되던 『이마고 Imago』지의 공동 편집인으로 당대에 영화를 누렸다. 『정신과학을 위한

게도 무언가를 말하려 하지 않습니다. 꿈은 의사소통 수단이 아니며, 이해될 수 없는 채로 남아 있을 수밖에 없습니다. 그러므로 꿈의 다의성과 불확실성 때문에 꿈을 해석할 때 결정을 내리기 어려운 것은 당연합니다.

(2) 꿈 해석이 억지로 끌어다 맞추기 때문에 부자연스럽고 우스꽝스러워 보인다는 일반적인 인식에서 정신분석에 관한 두 번째 의혹들이 제기됩니다. 흔히 접할 수 있는 비난들 중 대표적인 한 가지를 들어보겠습니다. 최근 자유의 나라 스위스에서 정신분석을 연구했다는 이유로 해직되었으며, 그러한 결정에 이의를 제기한 교수에 대한 학교 당국의 평가가 신문에 실렸습니다.

> "놀라운 사실은 그가 취리히의 피스터(Pfister) 박사 책에 나와 있는 인위적이고 가식적인 내용들을 인용했다는 것입니다. …… 하지만 더 놀라운 사실은 지도교수가 이런 주장이나 거짓 증거들을 무비판적으로 받아들였다는 것입니다."

이렇게 비판의 대상이 되는 것은 일반적으로 꿈 검열의 가장 강력한 수단인 전위(轉位)의 결과와 관련이 있습니다. 꿈 검열은 전위를 통해 암시라는 대체물을 만들어냅니다. 그러나 암시하는 것을 찾는 것도 쉽지 않은 작업입니다. 암시는 본래의 것을 찾기가 쉽지 않고, 그다지 잘 쓰이지 않는 특이한 연상을 통해 맺어져 있기 때

정신분석의 중요성The Significance of Psychoanalysis for the Mental Sciences』(1913), 『프로이트: 대가와 친구Freud: Master and Friend』(1944) 등을 썼다.

칼 아브라함 Karl Abraham, 1877~1925

아브라함은 '대상과의 관계에 관한 이론', '에고의 심리학' 등과 같은 반대 이론의 기원이 되어 정신분석의 역사에 지대한 공헌을 했다. 그는 프로이트가 발전시킨, 성 심리의 발전 단계 이론과 관련된 패턴에 관심이 있었고, 이것은 미국과 영국에서 현대 정신분석학의 문을 열어주었다.

독일 브레멘 지방에서 태어난 아브라함은 의학에서 뛰어난 연구 업적을 거두었으며, 이로 인해 스위스에 있는 부르크횔츨리Burghölzli 정신병원에서 일할 수 있었다. 그가 융의 도움을 받아 처음으로 정신분석에 입문하게 된 것도 이 병원에서였다. 1907년 프로이트와 처음 만났으며, 이후 프로이트의 가장 믿을 만한 동료이자 절친한 친구가 된다.

가장 균형 잡힌 초기 정신분석학자라는 평을 받기도 하는 아브라함은 가장 먼저 프로이트에게 융을 조심하라고 조언하여, 이미 융이 프로이트와 갈라설 것을 예견했다. 1910년에 독일로 돌아가 '베를린 정신분석학회'를 결성했다.

주요 저술로는 『꿈과 신화: 인종 심리학 연구Dreams and Myths: A Study in Race Psychology』(1909), 『정신 장애의 관점에서 본 리비도 발달에 관한 짧은 연구A Short Study of the Development of the Libido Viewed in the Light of

Mental Disorders』(1924)가 있다.

막스 아이팅곤 Max Eitingon, 1881~1943

아이팅곤은 러시아에서 태어났고, 취리히에서 의학을 공부했다. 초기 분석가의 한 사람으로, 연구 업적이 별로 알려지지 않은 편이다. 정신분석 운동에서 안정적이고 실제적인 역할을 했다고 인정받는다.

아이팅곤은 부르크횔츨리 병원에서 일했고, 아브라함과 마찬가지로 여기서 융에 의해 처음으로 정신분석을 접한다. 1907년 프로이트를 처음 만나 정신분석가로 활동하기 시작하고 마침내는 '빈 정신분석학회'에 참여한다.

이후 아이팅곤은 베를린에서 아브라함을 만나 독일 정신분석의 발전에 함께 공헌한다. 부유했던 그는 재정 지원과 조직 구성에 뛰어난 역할을 한다. 나치 운동으로 발생한 30년대의 위기 때문에 모든 것을 잃어버린 후, 팔레스타인으로 이민 가서 예루살렘 정신분석학회의 설립에 공헌한다.

「천재, 재능 그리고 정신분석Genie, Talent und Psychoanalyse」(1912), 「신과 아버지Gott und Vater」(1914), 「낭독 사례Ein Fall von Verlesen」(1915)를 비롯한 30여 개의 논문을 썼으며, 국제정신분석학회에 열두 개의 보고서를 냈다.

'유대인에게서 사지 말라'는 문구를 들고 있는 나치스트들, 1933년

프로이트의 위대한 **반대자들** |

칼 융 Carl Jung, 1875~1961

융은 정신분석의 역사에서 특히 중요한 인물이다. 프로이트 이론의 대표적 반대자이며, 이후 그가 이끌었던 반대 노선의 활동과 영향력으로 인해 뛰어난 명성을 얻었다.

융을 어떻게 해서든지 자신의 신실한 후원자로 만들고자 했던 프로이트는 융과 이론차를 줄여보려 했다. 프로이트는 정신의 발달 과정에서 성의 역할을 중요한 것으로 보았지만, 실제로 융은 단 한 번도 프로이트의 성 이론에 동조한 적이 없었다.

1907~1912년 두 사람은 공동 작업을 하기도 했지만, 이들의 견해차는 1912년 융이 프로이트의 의견과 크게 다른 『무의식의 심리학Wandlungen und Symbole der Libido』(1912)을 출판함으로써 심각해졌다. 융의 큰 성과 가운데 하나는 사람들의 태도에 따라 외향성과 내향성 및 사고, 감정, 감각, 직관 등을 가지고 여덟 가지 심리 유형으로 나누었다는 것이다. 이 연구 결과를 『심리적 유형Psychologische Typen』(1921)으로 집대성했다.

소년 시절 비정상적일 정도로 강렬한 꿈을 꾸고 환상도 많이 경험했던 융은 프로이트와 결별한 이후, 자신의 타고난 비이성적인 측면을 자유롭게 표현했다. 동시에 자신의 기묘한 경험을 자세히 기록하면서 이를 과학적으로 연구했다. 후에 그는 이러한 경험이 정신 영역에서 나온다는 이론을 발전시켰고 그 영역을 모든 사람이 공동으로 갖고 있는 '집단무의식'이라 불렀다.

알프레트 아들러 Alfred Adler, 1870~1937

프로이트 이론에 합류한 초기 인물들 중 하나인 아들러는 빈의 젊은 의사로서 '수요일 밤의 토론회'에 참여했다. 하지만 프로이트가 중요한 연구 업적을 내놓지 못하는 추종자들을 경시했기 때문에 그는 한 번도 프로이트와 친밀하게 지내지 못했다. 이후 프로이트의 제자이기보다는 의심 많고 야심 찬 동료로 남는다.

아들러는 성본능을 중시하는 프로이트의 이론에 반대하여, 인간의 행동과 발달을 결정하는 것은 인간에게 보편적인 열등감과 이를 보상 또는 극복하려는 권력에의 의지라고 했다. 예를 들면 나폴레옹은 키가 작았기 때문에 위대해졌고, 색약(色弱)은 이따금 대(大)화가를 만들어낸다는 식이다. 그리고 이러한 입장에서 신경증 생성, 가정에서 인간 관계, 경쟁을 본질로 하는 현대 문화 등에 관하여 고찰했다.

아들러는 프로이트로부터 떨어져 나온 이후 교육학 분야에서 많은 활동을 했다. 주요 저서로는 『신경쇠약의 특성에 관하여Über den nervösen Charakter』(1912), 『개인심리학의 이론과 실제Praxis und Theorie der Individual psychologie』(1924)가 있다.

게오르크 그로데크 Georg Groddeck, 1866~1934

그로데크는 프로이트의 반대자로 알려진 인물들 중에서 독특한 위치를 차지한다. 의사였던 그의 아이디어에 이끌린 프로이트는 그로데크를 자신의 그룹에 끌어들이고자 했다. 그러나 사실 그는 이미 자신만의 이론적 노선을 갖고 있었다.

바덴바덴 출신의 그로데크와 프로이트가 처음 만난 것은 1912년으로 거슬러 올라가는데, 이때 이미 그로데크는 정신분석과 관련하여 고도로 비판적인 분석을 출판하고 있었다. 몇 년이 흐른 후, 그는 프로이트를 다시 만나 정신분석에 대한 자신의 무지를 인정했다. 이것을 계기로 두 사람은 오랫동안 편지를 주고받는다.

프로이트는 그로데크에게서 '이드' 개념을 차용하지만 그로데크가 처음 이 용어를 알려주었을 때와 달리 상당히 수정을 가한다. 그로데크에게 이드는 모든 육체적 질병의 원인인, 인간을 통제하는 어떤 알지 못하는 힘을 의미하는 것이었다. 프로이트는 이것을 정신적인 힘, 즉 모든 충동의 원인으로 바꾸어 놓는다.

그로데크의 주요 글을 모은 『질병의 의미: 정신분석 글 선집The Meaning of Illness: Selected Psychoanalytic Writings』(1977)이 있으며, 『이드에 관한 책The Book of the It』(1923)을 펴내기도 했다.

빌헬름 라이히 Wilhelm Reich, 1897~1957

지금은 폴란드에 속하는 갈리시아에서 태어난 라이히는 프로이트의 반대자들 중에서 가장 널리 알려진 인물 중 하나이다. 빈에서 의학 연구를 하던 중, 일찍이 1920년에 '빈 정신분석학회'에 가입했으며, 이를 통해 뛰어난 젊은 정신분석가들과 합류했다.

라이히의 『성격 분석Character Analysis』의 첫 부분은 항상 성격 분석의 고전처럼 거론된다. 이 책을 출간함으로써 정신분석을 향해 산뜻하게 출발했으나, 나중에 정신분석과 급격하게 멀어져서 사회 현상과 관련하여 점점 더 마르크스주의적 입장을 취한다. 공산주의 운동에 참여하고, 정신분석을 부정함으로써 분석가들로부터 마르크스주의자로 취급받는다.

라이히는 '성적인 억압'을 '억압'의 문제로 보았다. 사회적 억압은 정신 내부의 억압 기능을 강화시키기 때문에 신경증을 치료하기 위해서는 성적 자유와 혁명이 필요하다고 보았다.

빌헬름 스테켈 Wilhelm Stekel, 1868~1940

폴란드 태생의 스테켈이 분석을 위해 프로이트와 처음 만난 것은 1902년이었다. 이후 그는 아들러를 만나 '수요일 밤의 토론회'에 참여한다. 바이마르 학술대회 이후 아들러와 함께 기관지 『정신분석 중앙 신문Zentralblatt für Psychoanalyse』을 창립하고 그 방향을 정했다.

프로이트는 편지에서 그를 괴롭히는 무능한 두 추종자(아들러와 스테켈)에 관해 언급했다. 아들러가 프로이트와 전격적으로 갈라선 것에 비하면 스테켈은 다소 유보적인 태도를 취한다. 이후 그는 프로이트와 다시 합류하고자 했지만 프로이트는 오래된 견해차를 되돌리고 싶은 생각이 없었다. 어쨌거나 스테켈은 더욱 적극적으로 짤막한 분석 기법을 치료의 일부로 사용했다.

많은 책을 냈지만 주요 저서로는 『자기 성애: 자위와 신경증에 대한 정신분석적 연구Auto-erotism: A Psychiatric Study of Onanism and Neurosis』(1961)가 있으며, 『빌헬름 스테켈 자서전The Autobiography of Wilhelm Stekel』(1950)도 출간되었다.

프리츠 위텔스 Fritz Wittels, 1880~1950

위텔스는 1905년부터 프로이트의 강의에 참여하기 시작했고, 이듬해 봄에 그의 삼촌이 프로이트의 모임에 그를 소개했다.

1910년 '빈 정신분석학회'에서 탈퇴했는데, 이는 자신의 책 『이방인 에스겔Ezechiel der Zugereiste』(1910)을 출간하는 과정에서 프로이트와 논쟁이 벌어졌기 때문이었다. 이 책 때문에 정신분석이 불리한 논쟁에 휘말릴까 봐 걱정했던 프로이트는 이렇게 말했다. "당신이 만일 그 책을 출간한다면 우리 모임에 참여할 필요가 없소."

위텔스는 1924년에 프로이트의 전기를 출간해서 영국과 미국에서 큰 반향을 불러일으켰다. 그 전기 『지그문트 프로이트: 그의 인간성, 가르침, 학문Sigmund Freud: his personality, his teaching, his school』(1924)은 프로이트에게 혹평을 들었지만, 그는 기를 쓰고 1925년에 '빈 정신분석학회'로 되돌아왔고, 2년 뒤 회원으로 다시 받아들여졌다. 프로이트와 화해한 후, 그는 1932년에 프로이트 전기를 일부 수정하였다.

이 외에도 회고록 『프로이트와 어린아이 여자Freud and the Child Woman』(1995), 『미국 여성의 성 습관The Sex Habits of the American Women』(1951)을 저술했다.

프로이트

연　　보　　*1856~1939*

1856년　5월 6일, 체코 모라비아의 프라이베르크에서 태어남.

1860년　가족들 빈으로 이주, 정착.

1873년　빈 대학 의학부 입학.

1876년　1882년까지 빈 생리학 실험실에서 에른스트 브뤼케의 지도 아래 연구 활동.

1881년　의학 박사 과정 졸업.

1882년　1885년까지 빈 종합병원에서 뇌 해부학 연구.

1884년　1887년까지 코카인의 임상적 용도에 관한 연구.

1885년　신경 병리학 강사 자격 획득.

1885년　10월부터 이듬해 2월까지 파리의 살페트리에르 병원에서 장 샤르코의 지도 아래 연구.

1886년　빈에서 개인 병원 개업. 신경 질환 환자를 치료하기 시작.

1887년　치료에 최면 암시 요법을 사용하기 시작.

1888년　J. 브로이어를 따라 히스테리 치료에 최면술을 이용하기 시작. 그러나 점차 최면술 대신 자유연상 기법을 도입, 활용하기 시작.

1891년　실어증에 관한 논문 발표.

1895년　브로이어와 함께 『히스테리 연구』 출판. 『과학적 심리학을 위한 구상』 집필. 이 책은 1950년에야 출판됨.

1896년　'정신분석'이란 용어를 처음으로 소개하기 시작함.

1900년　프로이트의 기념비적인 저서 『꿈의 해석』 출판.

1904년　『일상생활의 정신 병리학』 출판.

1905년 「성욕에 관한 세 편의 에세이」 발표. 유아기 성 이론 연구.

1908년 잘츠부르크에서 제1회 국제정신분석학회가 열림.

1909년 프로이트와 융이 미국으로부터 강의 초청을 받음. '꼬마 한스'라는 어린이의 병력(病歷) 연구를 통해 처음으로 어린이에 대한 정신분석을 시도.

1910년 최초로 '나르시시즘' 이론 등장.

1911년 아들러가 정신분석학회에서 탈퇴.

1913년 정신분석학을 인류학에 적용한 『토템과 터부』 출판.

1914년 융과 결별. 「정신분석 운동의 역사」라는 논문 발표. 이 논문엔 프로이트가 아들러 및 융과 벌인 논쟁이 담겨 있음.

1915년 1917년까지 『정신분석 입문』 출판.

1920년 『쾌락 원칙을 넘어서』 출판.

1921년 『집단 심리학과 자아 분석』 출판.

1923년 『자아와 이드』 출판. 종전의 이론을 수정해 마음의 구조와 기능을 이드, 자아, 초자아로 나누어 설명.

1923년 암에 걸림.

1926년 『억압, 증상 그리고 불안』 출판.

1927년 『환상의 미래』 출판.

1930년 본능과 문명 간의 갈등을 다룬 『문명 속의 불만』 출판. 프랑크푸르트 시로부터 괴테 상을 받음.

1933년 히틀러가 권력을 장악하면서 프로이트의 저서들이 베를린에서 공개적으로 소각됨.

1934년 1938년까지 마지막 저작인 『인간 모세와 유일신교』 집필.

1936년 영국 학술원의 객원 회원으로 선출됨.

1938년 히틀러가 오스트리아를 침공하자 빈을 떠나 런던으로 이주. 미완성의 저작 『정신분석학 개요』 집필.

1939년 9월 23일 런던에서 83세로 사망.

인간 본성과 지성의 고결함에 **던지는 의문**

여기, 실제로는 착실하고 가정적인 남편임에도 불구하고, 자기 남편이 어떤 여자와 바람을 피운다는 망상이나 강박관념에 사로잡힌 여인이 있다고 하자. 이런 식의 망상은 본인뿐만 아니라 주변 사람들까지도 고통에 빠뜨리는, 치료를 받아야 하는 신경증의 증상이다. 프로이트는 이러한 신경증을 치료하는 의사였다. 그가 인간의 정신분석, 즉 신경증의 심리적 요소에 관심을 갖기 시작한 것도 바로 이런 신경증을 치료하는 과정에서였다. 그런데 프로이트가 활동하던 시절 의학계는 — 심지어는 정신의학계 내에서조차 — 이러한 프로이트의 접근 방식에 심한 거부감을 드러냈다. 당시의 의학계는 이와 같은 정신적 장애들도 기질적 요인이나 신경계통의 이상에서 기인한 질병으로 보고 종래의 치료법인 물리적 · 화학적 요법에만 매달리고 있었던 것이다.

프로이트가 주목한 것은 신경증적 장애를 일으키는, 육체와 정신 사이의 특별한 연관성이었다. 그에 따르면, 신경증 환자들의 증상은 아무런 의미 없는 우연한 것이 아니고, 뚜렷한 무의식적 동기를 가지고 있다. 그러므로 원인이 되는 무의식적 동기 내지는 사건을 환자로 하여금 의식하도록 하면 병적 증상의 원인이 드러나고 이를 통해 병을 치료할 수 있다고 본 것이다. 다시 말해서 어떤 신경증들의 증상에는 분명한 의미가 있는데, 그 의미를 파악해 내는 것이 바로 치료의 첩경이라고 생각한 것이다. 그리고 그 증상을 형성하도록 만든 원인을 추적해 들어가다 보면 환자의 무의식을 만나게 되는데, 바로 그 무의식의 존재를 파헤치는 일이 정신분석의 근간이라고 보았다. 바로 이런 이유로 프로이트를, 전통 의식 심리학에 대항해 무의식의 심리학을 처음으로 주창한 창시자라고 하는 것이다.

신경증 치료를 위한 정신분석에 대해 강의하면서 프로이트가 처음부터 신경증을 거론한 것은 아니다. 그는 처음에는 인간의 실수 행위에 관해, 그리고 다음으로는 꿈에 대해 이야기를 하고 마지막으로 신경증에 관해 이야기한다. 크게 세 부분으로 나누어져 있는 그의 강의는 결국 숨겨져 있는 어떤 의도에 관한 이야기이다. 처음 실수 행위의 연구 결과를 이야기하면서, 그는 인간이 왜 잘못 말을 하거나 잘못 글을 쓰는 식의 실수를 저지르는가에 주목한다. 인간의 실수 행위는 실수하도록 만드는, 원래 의도를 방해하려는 어떤 의도가 자리 잡고 있기 때문에 일어나며, 그렇기 때문에 실수 행위라 할지라도 아무런 의미가 없는, 우연한 행위가 아니라는 것이 그의 주장이다.

꿈 또한 마찬가지여서, 이상하게 보이고 아무 의미 없이 뒤죽박죽되어 있는 꿈이라 할지라도 연구해 보면 그런 식으로 꿈이 왜곡되도록 만든 분명한 원인이 있다는 것이다. 꿈은 분명한 정신 활동이며, 낮 동안의 의식 세계에서는 드러나지 않았던, 숨겨져 있는 무의식적 충동이 일정한 과정을 거쳐 드러나는 현상으로 보았다. 다시 말해, 자유연상을 통해 환자의 꿈을 해석해 보면 꿈 또한 의미가 있는 것이며 대부분은 욕구의 표현인데, 이 욕구는 무의식적이고 성적인 것이라 그대로 표현되지 못하고 자아의 검열을 거쳐 왜곡 · 변형되어 나타난다는 것이다. 그러므로 이상하고 무의미한 꿈처럼 보이는 것도 분석해 보면 무의식의 욕구를 확인할 수 있다는 것이다.

이와 같은 환자의 무의식에 접근하는 수단으로 프로이트는 처음에는 최면 요법을 사용하였다. 그러나 최면을 걸면 일시적 효과는 있으나 근본적인 치료에는 이르지 못한다는 결론에 다다르게 되었다. 이후 그는 환자가 스스로 자신의 기억을 환기해 내도록 하는 '자유연상' 기법을 동원하여 환자의 꿈을 해석함으로써 망각되고 무의식 속에 억압되어 있던, 충족되지 못한 욕망을 끄집어낼 수 있었다. 자유연상을 통해 환자의 기억을 환기시키고, 환자로부터 꿈 내용을 유도하던 중 그는 신경증의 원인에는 제대로 배출되지 못한 성욕이 큰 부분을 차지한다는 점을 확신하게 되었다. 여기서부터 프로이트는 '리비도'라는, 인간이 가지고 있는 특별한 성적 에너지에 주목하게 된다.

리비도는 생의 본능인 관능적 에너지이다. 이 리비도가 제대로 표출되지 못하거나 자아와 타협하지 못하면 인간은 신경증에 걸리게 된다. 이 리비도가 자신에게 과도하게 쏠리는 현상을 '자기애(나르시시즘)'라 하고, 과거의 애정 대상에 얽매여 있는 현상을 '고착'이나 '퇴행'이라 한다. 또 리비도가 심하게 억제당하는 것을 '억압'이라 하고, 다른 대상을 향해 이 에너지를 긍정적으로 발산할 때 이를 '승화'라고 한다.

프로이트가 리비도 이론이나 성적 에너지의 중요성을 내세우며, 신경증의 원인이 제대로 발산되지 못한 무의식적인 충동 — 특히 성적 에너지와 관련된 갈등 — 때문이라고 주장을 한 시기는 지금부터 100년도 더 되는 19세기 후반 무렵이다. 지금은 프로이트의 사상을, 인간의 지성의 폭을 넓혀준 획기적 사건으로 인정하고 있지만 당시로서는 이러한 식의 접근 방식은 불순하고 무례하며, 심지어는 불경하기까지 했을 것이다. 성적 에너지가 삶을 규정한다는 주장은 말할 것도 없고, 유아에게도 성생활이 있다거나, 오이디푸스 콤플렉스 같은 것들이 존재해서 아버지를 제거하고 어머니를 차지하고자 하는 욕구가 원천적으로 아들에게 내재한다는 주장들을 당시의 사람들이 어떻게 받아들였을까를 추측하는 것은 그리 어려운 일이 아니다. 프로이트 주장의 상당 부분은 인간 본성의 원시성과 관련되어 있다. 인간 본성에 내재되어 있는 야만성이나 폭력성 등을 무의식이라는 이름을 빌려 여실히 드러냈던 것이다. 프로이트가 본서에서 일관되게 주장하는 것은, 인간에게는 어쩔 수 없는 태곳적부터 이어져온 생득적 야수성이 존재하는데 인간은 이를 제대로 인식하고 규명해 냄으로써 보다 인간다워지고 삶의 질을 높일 수 있다는 점이다.

바로 이런 식의 주장과 학문적 견해를 굽히지 않음으로써 그는 당대의 주류 학계로부터 배척당하고, 나치 정권으로부터도 추방당해야 했다. 게다가 본 강의가 이루어졌던 시기는 1차 세계대전 중이었다. 그는 본 강의 중에도, 그런 전쟁이야말로 인간의 생득적 야만성이 그대로 드러나고 있는 것이라고 주장한다. 자신이 학문적으로 규명해 낸 결과가 바로 현실에서 벌어지고 있는데, 이에 침묵하지 않았던 것은 그가 뛰어난 업적을 남긴 학자였을 뿐만 아니라 양심적 지식인이기까지 했다는 것을 여실히 증명해 준다. 강의 중에도 강변한 것처럼 그는 자신의 주장을 한 번도 굽힌 적이 없었다.

이 책이 '입문'이라는 제목을 달고는 있지만, 단순한 입문서가 아니라 당시 정신분석학에서 연구된 내용 자체를 집대성해 놓은 업적으로 보아야 할 것이다. 프로이트 스스로도 강의 중에, 본 강의가 단순히 입문자를 위한 것이 아님을 강조하기라도 하듯 누차 다음과 같이 말한다. "내 강의를 듣는 사람들이 아무리 정신분석에 문외한이라고 해도, 심오

한 학문적 가치를 지닌 내용을 너무 가볍게 취급하고 싶지 않다." 따라서 독자들 중에 보통의 입문서들처럼 아주 읽기 편하고 이해하기 쉬운 내용일 것이라고 짐작하고 본서를 읽기 시작했다면 당혹감을 느꼈을 것이다. 또 리비도나 전의식 등을 거론한 부분은 그의 다른 연구 업적들과 병행해서 살펴보아야 이해가 될 정도로 난해한 것도 사실이다. 그럼에도 본서가 정신의학과 관련된 전문서적보다는 고전으로 취급받고 있는 것은, 세상과 인간에 대한 새로운 해석을 던져주고 있기 때문일 것이다.

프로이트 스스로도 이야기하고 있지만, 프로이트 사상이 지향하고 있는 것은 정신의학 분야에 국한된 것이 아니다. 그의 사상은, 다윈의 진화론이 단순히 생물의 진화 법칙에만 국한되지 않은 것처럼, 코페르니쿠스의 지동설이 단순히 천체의 운동 법칙에만 국한되지 않은 것처럼, 정신의학 분야를 뛰어넘어 인간 이성과 본성에 대한 근본적인 물음을 던지고 있는 것이다. 그렇기 때문에 문학, 역사, 사회학, 미학, 인류학, 교육학, 종교학 등의 인간 지성을 다루는 모든 학문에서 그의 사상은 끊임없이 논란의 대상이 되고 있는 것이다. 프로이트가 '정신분석'을 소개한 이후에도 신화나 민속학 그리고 인류학이나 언어학 등에 대한 관심의 폭을 넓혀갔다는 점은 그가 인간의 삶에 얼마나 폭넓은 관심을 가지고 있었는지를 보여주는 징표이다.

본서는 편역서이다. 실제로 원서에서는 — 강의 내용을 묶어놓은 책이라서 그럴 수밖에 없었겠지만 — 많은 부분에서 중복된 내용이 등장하고 다소 혼란스러운 개념들을 사변적으로 늘어놓은 듯한 부분이 없지 않다. 따라서 본 편역서는 가능한 일반인들이 읽기 쉬운 책이 되도록 하는 데 일차 목표를 두었다. 바라기는, 원서의 분량 때문에 읽기를 주저하고, 난해함 때문에 읽기를 망설이는 독자들 중 그래도 반드시 프로이트 사상을 맛보고 싶어하는 이들에게 조금 편한 지름길이 되었으면 한다.